Florian Kührer

Vampire

Florian Kührer

Vampire

Monster – Mythos – Medienstar

Butzon & Bercker

Bibliografische Information der Deutschen Nationalbibliothek

Die Deutsche Nationalbibliothek verzeichnet diese Publikation in der Deutschen Nationalbibliografie; detaillierte bibliografische Daten sind im Internet über http://dnb.d-nb.de abrufbar.

Das Gesamtprogramm von Butzon & Bercker finden Sie im Internet unter www.bube.de

ISBN 978-3-7666-1396-7
E-BOOK ISBN 978-3-7666-4129-8
EPUB ISBN 978-3-7666-4130-4

Umschlagmotiv: *Rechte:* Friedrich-Wilhelm-Murnau-Stiftung; *Vertrieb:* Transit Film GmbH
Umschlaggestaltung: Christoph Kemkes, Geldern
Satz: Schröder Media GbR, Dernbach
Printed in Germany

Inhalt

Einleitung: vom Dorfmonster, das auszog, um die Welt zu erobern 7

Der Vampir im Volksglauben – ein Monster aus der Mitte der Gemeinschaft

Der blutgierige Wiedergänger – sein Wesen, seine Namen, seine Verwandtschaft 11
Überirdisch, unterirdisch – vampirische Wandlungen zwischen Diesseits und Jenseits 32
Krankheit, Diener, Mediator – den Vampir erklären 44

Monster der Moderne – der Vampir als Medienstar

Die Entdeckung des Vampirs – eine Blitzkarriere . . 61
Die Erfindung des Vampirs – Schönheit der Verdammnis 86
Zweierlei Dracula: der Pfähler und der Aufhänger . . 108
Was der Vampir zu sagen hat – das Monster wird zum Menschen 141

Globaler Code und blutige Realität – ein Mythos zwischen den Extremen

Ein ganz gewöhnlicher Saft – der Mythos vom Blut 193
Fragil, fatal, komplex – der Vampir zwischen den Geschlechtern 204
Von „Jud Süß“ bis „Dra-Cola“ – der Blutsauger-Code in Politik, Gesellschaftskritik und Rassismus 224

Serienmörder und Subkulturen – „echte“ Vampire und ihre Konstruktion 242

Resümee: vom Monster zum Medienstar – Stationen eines Mythos 263

Epilog 275

Anhang

Weiterführende Literatur 279

Anmerkungen 283

Literaturverzeichnis 286

Abbildungsverzeichnis 297

Einleitung: vom Dorfmonster, das auszog, um die Welt zu erobern

Transsilvanien. Das Land hinter den Wäldern. In einer uralten Klosterkirche steht in einer Ecke, gleich unter der Stiege zur Orgelempore, eine Staubsaugerschachtel mit dem Aufdruck: „Vampyr".

Springfield, Heimatort der „Simpsons", die erfolgreichste Zeichentrickserie der Welt. In der Parteizentrale der Republikaner sitzt in einer illustren Runde mit dem örtlichen Mafiaboss, einem unlustigen Clown und dem Besitzer des städtischen Atomkraftwerks auch Graf Dracula und hilft bei der Planung des nächsten Wahlkampfs.

Und dann noch Edward Cullen, der milchgesichtige Teenie-Schwarm-Vampir der „Twilight"-Saga, der darauf verzichtet, Menschenblut zu trinken, und in der Sonne glitzert, anstatt zu Staub zu zerfallen. Welten liegen zwischen ihm und dem Stummfilm-Blutsauger Nosferatu von 1922 mit seinen von tiefen Altersringen eingefassten Augen und Krallen an den Händen, die ihm jede zärtliche Berührung zu verbieten scheinen.

Was ist los mit dem einst so stolzen Geschlecht der Blutsauger, dass sie ihren Namen gar für ein Reinigungsgerät hergeben müssen? Waren sie nicht die edelsten unter den Monstern, grausame, aber gut situierte Herren über Land und Leute, tief in den rumänischen Karpaten? Jetzt spielen sie Comichelden und gründen Familien mit Sterblichen. Graf Dracula würde sich wohl im Grabe umdrehen, wenn er von einem solchen Missbrauch seiner Art Wind bekäme …

Halt!, ruft da der Vampirkundige, in Rumänien habe es doch niemals richtige Vampire gegeben und Graf Dracula sei die Erfindung des irischen Autors Bram Stoker! Und Mythen, das sind die Geschichten der Helden aus den antiken Schöpfungsgeschichten, was hat eine so banale Gestalt wie der blasse Blutsauger mit den spitzen Zähnen dabei verloren?

Nun, der Reihe nach: Mythen auszubilden ist längst kein Privileg der Antike mehr. Mythen der Moderne brauchen auch keine religiöse Legitimation, sie entstehen aus einer Mixtur von mündlich und medial überlieferten oder gar erst erfundenen Geschichten, dem Kult um populäre Persönlichkeiten oder dem von der Werbung geschaffenen Image eines bekannten Produkts. Der Vampir, wie er heute in all seiner Widersprüchlichkeit vor uns steht, ist das Ergebnis einer solchen Kette von Bildern: ein Toter, der unter den Lebenden wandelt, ein Gestaltenwandler, der sich an wenigen Merkmalen erkennen lässt, Ausdruck der Angst, der die Neugier weckt, triviales Werbesujet und komplex-giftiges Motiv für ideologische Polemiken, Witzfigur und Actionheld, erotisch und neurotisch, bigotter Antichrist und Ausdruck unseres Hoffens auf Unsterblichkeit.

Der Vampir gleicht einer modernen Ikone: Spiegel unseres Daseins und zugleich Fenster zu einer anderen Welt. Kaum ein anderes Motiv hat uns die vergangenen Jahrhunderte so verlässlich begleitet. Die Metapher vom untoten Blutsauger wird auf der ganzen Welt verstanden. Und doch wirft der Hype, der von der „Twilight"-Saga ausgelöst wurde und nun schon mehrere Jahre anhält, so manche Frage auf: Warum kommt gerade dieser sanfteste aller Vampire so gut an? Was qualifiziert ihn noch mehr als die alten Vampir-Helden wie Max Schreck oder Christopher Lee zum Superstar? Hat denn gar niemand mehr Angst? Zumindest vor der neuen Enthaltsamkeit des Untoten?

Das Thema Vampir, sein Wesen, sein Motiv, ist alles andere als trivial. Seine fast unbegrenzte Kapazität als Projektionsfläche macht ihn selbst zum Spiegel unserer Ängste und Wünsche. Er ist Teenie-Schwarm und Werbeträger, Antisemit und Massenmörder – „allen ist er alles geworden". Läuft der Vampir Gefahr, sich durch seine ausufernde Präsenz selbst zu trivialisieren? Dieses Buch entwirrt mit kritischem Blick die Motivstränge des Vampir-Mythos und erzählt dabei die Geschichte vom Aufstieg eines Dorfmonsters zum Popstar der Moderne.

Der Vampir im Volksglauben – ein Monster aus der Mitte der Gemeinschaft

Der blutgierige Wiedergänger – sein Wesen, seine Namen, seine Verwandtschaft

Ob die Menschen an ihre Wiedergeburt, an ein Jenseits oder an gar kein Leben nach dem Tod glauben, eines trifft sie alle: Die sterblichen Überreste werden sich über kurz oder lang auflösen – denn der Körper ist der Verwesung preisgegeben. (Ein Vorgang, der durch Feuerbestattung sogar noch beschleunigt wird.) Im Alten Testament gibt es dafür eine Erklärung als Folge des Sündenfalls: „Denn Staub bist du, zum Staub musst du zurück" (1 Mose 3,19 EÜ). So sprach Gott zu Adam, nachdem dieser vom verbotenen Baum der Erkenntnis gekostet hatte und mit Eva das Paradies verlassen musste. Nach der Bibel bzw. dem Glauben der Juden und Christen kam der Tod aus diesem Grund in die Welt und begrenzt damit die irdische Existenz des Menschen. Lediglich die Seele bekommt die Chance, zu ihrem Schöpfer zurückzukehren, der Leib soll ihr – so lehrt es der christliche Auferstehungsglaube – am Ende der Zeiten nachfolgen.

Allerdings scheinen unabhängig von diesem Glauben manche Seelen diese Welt nach dem Absterben ihrer körperlichen Hülle nicht verlassen zu können (oder zu wollen). Und auch nicht jeder menschliche Leib hält sich daran, nach dem Tode verwesen zu müssen: Auf der ganzen

Welt finden wir Geschichten und Legenden über die Gestalt des sog. Untoten, der als Wanderer zwischen Leben und Tod diese Welt nicht verlassen kann. *Kuei-shen* nennt man ihn z.B. in chinesischen Legenden, *Pontianak* in Malaysia, und auch die amerikanischen Ureinwohner kennen in ihrer Überlieferung die Gestalt des lebenden Leichnams.

Nicht immer verfügen diese wandelnden Leichname noch über eine Seele. Der Zombie, einer der bekanntesten Exemplare unter den Untoten, taumelt der Überliefung nach als willen- und seelenloser Körper durch die Welt. Das Wesen des Vampirs, der nicht zuletzt in neuerer Zeit durch seine Karriere als Medienstar einen ganz speziellen Untoten darstellt, ist aber nicht so einfach zu fassen: Die mündlichen Erzähltraditionen des Volksglaubens halten sich nicht an jene oft übergestülpten Kategorien, auf die sich Wissenschaft und „Vampirologen" gerne festlegen. Vielmehr haben wir es mit einer Vielzahl von regional geprägten Vorstellungen zu tun: Mancherorts glaubt man, es mit dem entseelten Körper zu tun zu haben, oft aber hält man den Untoten nur für den Schatten eines Verstorbenen. Andere Völker wollten in ihm lediglich eine vom Leib gelöste Seele erkennen. Eine weitere Deutungsvariante finden wir in der Ansicht, dass der Körper eines Vampirs in seiner menschlichen Gestalt verbleiben müsse, während sich seine Seele in allerlei Tiere oder Gegenstände verwandeln könne.

Erst die moderne Wissenschaft hat versucht, das Vampir-Phänomen systematisch zu erfassen und diese Wesen, die das weite Land zwischen persönlicher Phantasie, regionaler Legende und globalem Mythos bewohnen, nach Gattung, Art und Unterart einzuordnen. Nicht immer gelingt das eindeutig, trotzdem ist uns der Versuch einer Typologie bei der Suche nach den Wurzeln des Vampirglaubens durchaus hilfreich. Im Gegensatz zu lebenden Monstern wie Werwölfen, Hexen, Zauberern einerseits und reinen Geisterscheinungen andererseits wird der Vampir den Wiedergängern *(revenants)* zugeordnet. Wie schon der Name besagt, handelt es sich um mobile Untote. Sie verlassen das Grab, um ihren postmortalen Aktivitäten nachzugehen. Diese Unterscheidung ist notwendig, denn nicht alle auf Erden gebliebenen Toten wandeln an der Oberfläche. Vor allem aus dem Wendland (Grenzgebiet zwischen Niedersachsen, Mecklenburg-Vorpommern und Sachsen-Anhalt) und aus Schlesien kennen wir den sog. „Nachzehrer", der nach seinem Begräbnis sein Leichentuch, seine Kleidung und anschließend sein eigenes Fleisch zu verzehren beginnt. Dadurch wird über eine empathische Verbindung Krankheit und Tod zu den Hinterbliebenen gebracht, die der „Nachzehrer" auf diese Weise ins Grab holt.

Untote müssen aber nicht zwangsweise boshaft veranlagt sein. Wir finden unter ihnen auch harmlose, unschädliche Exemplare. So mancher unter ihnen hat gute Gründe, diese Welt nicht verlassen zu wollen: Die tote Mutter kehrt zurück, um sich weiter um ihr Kind zu kümmern, der Bräutigam sorgt sich auch über den Tod hinaus um seine Braut (und versucht des Öfteren auch gleich, sie ins Grab nachzuziehen), der tote Bruder kümmert sich um seine auf Erden zurückgelassene Schwester. Oft will ein wiederkehrender Toter auch nur vor einem Unglück warnen oder holt seine zu früh abgelaufene Lebenszeit als Wiedergänger nach. Ebenso kennen wir die Erzählungen von Betrogenen, die erst nach ihrem Tode die Möglichkeit wahrnehmen können, Vergeltung zu üben. So mancher jedoch büßte auf diese Weise auch seine zu Lebzeiten begangenen Verbrechen, und viele wurden einfach nur die Opfer ihres Schicksals, denn auch Verunglückten, Ermordeten und Gefallenen droht ein untotes Weiterleben. Die Mehrheit der wandelnden Toten hegt jedoch schädigende Absichten. Sie plagen und quälen die Lebenden, hocken sich auf ihre Brust und würgen sie im Schlaf.

Selbst von menschenfressenden Wiedergängern erzählt man sich im Volksglauben.

Konstanten des Vampirs – untot, mobil, blutgierig

Der Glaube an die Existenz des Untoten scheint so alt zu sein wie die Menschheit selbst. Schon im alten Babylon kannte man den Totengeist *Etemmu*, eine Menschenseele, die im Grabe keine Ruhe finden kann, weil er eines gewaltsamen Todes starb, ihn eine unerwiderte Liebe auf Erden hielt oder schlicht die Bestattungsriten nicht sorgfältig genug durchgeführt worden waren. Auch in den skandinavischen Sagas sind uns Geschichten von wiederkehrenden Toten überliefert. So war der *haugbúi* als Hügelgrab-Bewohner vor allem in der Nähe seiner Ruhestätte anzutreffen. Ein weiterer „klassischer" Wiedergänger aus jener Gegend ist die Gestalt des *draugr*. Er bevorzugte es, dort zu wandeln, wo ihn einst sein Leichenzug auf dem letzten Weg begleitet hatte. (Man nennt ihn auch *aptrgangr*, was wörtlich „Nach-Geher" bedeutet.) Auch diesen nordischen Mythenwesen sagte man nach, dass sie weder reiner Geist noch seelenlose Hülle seien, sondern – ganz im Sinne unseres Untotenbegriffs – ein Mensch, der nach seinem Tode diese Welt nicht verlassen kann und als Wesen aus Materie und Geist auf Erden wandelt.

Trotz dieser Hinweise in der Mythologie ist es nicht einfach nachzuweisen, dass es sich beim Wiedergängerglauben um ein schon im Mittelalter weit verbreitetes Phänomen handelt. Nur wenige schriftliche Zeugnisse aus jener Zeit erwähnen die Untoten. So ist uns z.B. die Geschichte eines gewissen Heinrich, der im 13. Jahrhundert im Bistum Trier sein Unwesen getrieben haben soll, überliefert. Er hatte im Laufe seines Lebens eine Reihe von Verbrechen begangen, man warf ihm Diebstahl, Ehebruch, Meineid und Inzest vor. Nach seinem Tode begann er, das Haus seiner Tochter heimzusuchen. Der Erzähler betont jedoch, dass es sich nicht um einen Geist, sondern vielmehr um ein stoffliches Wesen gehandelt habe. Denn wenn die Menschen versucht hätten, sich mit Gewalt gegen ihn zu wehren, habe dies ein Geräusch verursacht, als „schlüge man auf ein weiches Bett".

Rund ein Jahrhundert später aber schien man mit solchen Phänomenen sehr routiniert umzugehen, und auch ein Begriff war für die Körperlichkeit der Untoten bereits eingeführt: Gespensterfleisch. Der Kirche war dieser heidnische Volksglauben jedoch ein Dorn im Auge und sie erklärte die Wiedergänger zu reinen Trugbildern. Zu sehr bedrohten sie den Glauben an die Auferstehung mit Leib und Seele am Ende der Zeiten. Trotz dieser Bestrebungen erzählt Johann, Abt von Viktring (Kärnten) und Hofschreiber bei Habsburg im 14. Jahrhundert, die Geschichte einer verstorbenen Wöchnerin, die zurückkehrt und ihrem Mann noch zwei Kinder geboren hat.

Der berühmteste unter den Wiedergängern der neueren Geschichte ist unbestritten der Vampir. Wie bereits angedeutet, ist es nicht einfach, den Vampir zu definieren. Unsere Vorstellungen von ihm setzen sich aus vielen verschiedenen Quellen und regional unterschiedlichen Erzähltraditionen zusammen. Mit ziemlicher Sicherheit lässt sich sagen, dass der Ursprung des Vampirglaubens in Südosteuropa zu suchen ist. In seiner reinsten Ausprägung finden wir ihn in jenem Gebiet, das heute Serbien, Mazedonien und Bulgarien umfasst, und nicht, wie man aufgrund des gängigen Klischees annehmen mag, im heute rumänischen Transsilvanien (Siebenbürgen).

Abwandlungen und Varianten des Vampirglaubens kennen wir aber durchaus auch aus dem rumänischen, albanischen und dem west- und ostslawischen Raum. Dementsprechend allgemein muss auch eine Definition des Vampirs ausfallen. Der Historiker und Balkanologe Peter Mario Kreuter grenzt das Phänomen folgendermaßen ein:

„Ein Vampir ist ein wiederkehrender Toter, der sein Grab verlässt, um Lebenden das Blut auszusaugen und das Vieh zu ruinieren. Er ist kein dämonisches Wesen und auch kein Geist, sondern ein wandelnder Leichnam und somit stofflich. Er ist greifbar und stets ein Individuum."[1] Dieser Beschreibung wollen wir uns anschließen. Sie ist allgemein und umfassend genug, um die große Zahl von regionalen Spielarten des Vampirglaubens zu berücksichtigen, und zeigt uns auch, was ihn neben der geographischen Begrenztheit auf Mittel- und Osteuropa vom Phänomen des „gemeinen" Wiedergängers unterscheidet: Es verlangt ihm nach dem Blut von Lebewesen. Diese Gier befriedigt der Vampir jedoch nicht auf so aufsehenerregende Weise, wie es ihm später in Literatur und Film angedichtet wurde, nämlich mit einem Biss in den Hals. Vielmehr scheint er seinen Opfern das Blut ganz unspektakulär durch seine bloße Nähe zu entziehen. Der Saugvorgang an sich spielte im Volksglauben ursprünglich keine Rolle. Einzig im Mund der exhumierten Verdächtigen schien man oft frisches Blut zu finden. Das Blut steht im Volksglauben also eher für die entzogene Lebensenergie der Opfer als für ein konkretes Nahrungsmittel des Vampirs. Zudem ist der Blutentzug nicht die einzige schädigende Aktivität, die vom Vampir bekannt ist. Man kennt ihn auch als Würger, Vergewaltiger und Verursacher von Seuchen und Missernten.

Blutsaugerlegenden sind eigentlich kein auf Südosteuropa beschränktes Phänomen. Auf der ganzen Welt erzählt man sich die Geschichten dieser Wesen. In der armenischen Folklore, die besonders reich an solchen Sagen ist, kennt man einen Berggeist namens *daschnawar*, der sich an die Fußsohlen von Reisenden heftet, um ihnen den Lebenssaft auszusaugen. In Malaysien erzählt man sich die Geschichte des *polong*, von „Vampirologen" auch Flaschenvampir genannt, der nach seiner Brutstätte, einer mit dem Blut eines Mörders gefüllten Flasche, benannt ist. Auf den Philippinen kennt man den *danag*, der als freundliches Wesen des Menschen sogar Nahrung gebracht hatte, bis er an der blutenden Wunde einer Bäuerin auf den Geschmack gekommen ist und sie bis auf den letzten Tropfen ausgesaugt hat. Diese drei Beispiele stehen für eine ganze Serie von hämatophilen Gestalten, die auf der ganzen Welt die Legenden und Erzählungen des Volksglaubens bereichern.

Es wäre jedoch zu weit gegriffen, den Untoten im Allgemeinen und den Blutsaugern im Speziellen eine weltweite mythologische Verwandtschaft zu unterstellen! Vielmehr gehen die Ethnologen davon aus, dass sich diese Geschichten zumeist unabhängig voneinander entwickelt haben. Diese Vielfalt zeigt uns, dass der „Blutmythos" durchaus als universell bezeichnet werden kann. Der im Volksglauben entstandene Vampir ist trotzdem kein *global player*, sondern ein regionales Spezifikum. Zum weltweit bekannten Medienstar ist er erst durch die Kunstschaffenden der letzten zweihundert Jahre geworden.

Das Monster beim Namen nennen – Variationen des Volksglaubens

Die europäischen Wurzeln dieses berühmtesten aller Blutsauger suchen „Vampirologen" gerne in besonders düsteren Wesen der griechischen Mythologie, den *Lamien* und *Empusen*. Diese dämonischen Frauengestalten verführten mit ihren weiblichen Reizen mit Vorliebe junge Männer, um anschließend ihr Blut zu trinken. Auch wenn wir diese Monster noch heute im griechischen Volksglauben finden, ist der Zusammenhang mit dem Vampirglauben umstritten, handelt es sich doch bei ihnen eher um dämonenartige Wesen und nicht um Untote. Unwahrscheinlich erscheint es jedoch in Anbetracht der großen Vielfalt an erzählerischen Komponenten nicht, dass auch die Mythen von den *Lamien* und *Empusen* zum Vampirglauben beigetragen haben.

Wie und über welchen Zeitraum hinweg sich dieser in Osteuropa tatsächlich entwickelt und verbreitet hat, bleibt im Nebel der Geschichte verborgen, da wir kaum schriftliche Aufzeichnungen über dieses Phänomen vor dem Ende des 17. Jahrhunderts kennen. Lediglich beim serbischen König Stefan Dušan (1308–1355) finden wir einen Hinweis auf einschlägige Praktiken, wenn er schon 1349 in seinem Gesetzbuch das Exhumieren und Verbrennen von Bestatteten bei schwerer Strafe verbietet.

Mit letzter Sicherheit lässt sich auch nicht sagen, woher der Ausdruck Vampir kommt. Die Sprachwissenschaftler sind sich bis heute nicht einig, ob das Wort ursprünglich aus dem Türkischen, dem Griechischen oder dem Slawischen stammt. Am wahrscheinlichsten scheint heute eine Herkunft aus der Slawia, möglicherweise als Lehnwort aus einer Turksprache. Im Westen kennt man das Wort Vampir seit dem Ende des 17. Jahrhunderts, als Gelehrte begannen, den Aberglauben im Osten Europas größere Aufmerksamkeit zu schenken und die Zeitschriften mit Vorliebe von den „Vampirseuchen" am Rand des Habsburgerreiches berichteten, wie im Kapitel „Die Entdeckung des Vampirs – Eine Blitzkarriere" noch ausführlich erzählt wird. Letztlich war es die Sensationsgier des aufgeklärten Westens, dass dieses Wesen heute fast ausschließlich unter dem Namen Vampir bekannt ist. Es hätte aber durchaus auch anders kommen können. Hätte man die „Vampir-Story" zuerst in anderen Regionen Osteuropas für sich entdeckt, wäre die gängige Bezeichnung heute vielleicht *drakos, karakondžo, talasăm* oder *vălkolak*, wie man den Vampir im bulgarischen Sprachraum alternativ bezeichnet. Oder man würde das Klischee vom nachtaktiven Blutsauger mit anderen serbischen Bezeichnungen wie *strigun, kosac* oder *vukodlak*, was eigentlich „Wolfspelz" bedeutet, verbinden. Auch das Albanische böte Alternativen wie *lugat* oder – immerhin etymologisch mit dem Vampir verwandt – *dhampir.* (Letzterer ist eigentlich ein „Halbvampir" – als Spross eines Vampirs und einer menschlichen Mutter ist er mit besonderen Fähigkeiten und Fertigkeiten ausgestattet, die zur Bekämpfung eines Vampirs notwendig sind. Diese Zwittergestalt – meist eher abwertend als „Halbwesen", kaum aber jemals als „Doppelwesen" bezeichnet – wird später auch die Literatur und Filmemacher inspirieren: Man denke z.B. an den Vampirjäger und Halbvampir Blade aus der gleichnamigen Film-Trilogie.) In Polen nennt man das Phänomen *upierzyca* und im vermeintlichen Ursprungsland des Vampirismus, Transsilvanien, heißt das Wesen *strigoi* oder *moroi.* Den Begriff Vampir fand man im rumänischen Sprachraum lange Zeit nur in einem Wörterbuch für Neologismen. Heute ist das freilich anders – auch in den Ländern Osteuropas kennt und benützt man den Begriff Vampir – paradoxerweise aber meist als (Re)Import aus der westlichen Literatur.

Wie dieser „volkstümliche" Vampir nun tatsächlich aussieht, lässt sich nur in wenigen Punkten generalisieren. Meist verändert er sein Äußeres über den Tod hinaus nur wenig, zeigt sich ohne gröbere Verletzungen, ist beweglich und – wenn man das für einen lebenden Leichnam so ausdrücken kann – körperlich fit. Gleichsam um seinen „Stand" zu markieren, trägt er gerne sein Leichentuch über der Schulter. Oftmals scheint er besser genährt als zu Lebzeiten, sein Gesicht ist meist von gesunder Farbe und etwas aufgequollen. In vielen Erzählungen werden ihm auch blutunterlaufene Glotzaugen, eine gespaltene Oberlippe, eiserne Zähne, auffällig lange Fingernägel und ein einziges Nasenloch nachgesagt. Wie wir bemerken, hat dieses Wesen mit den heutigen Vorstellungen vom Vampir wenig gemein: Er war ein Monster aus der Mitte des Volkes, nicht der hagere, leicht affektierte Graf mit vornehmer Blässe und ausgezeichneten Manieren, wie er später von den Literaten des 19. Jahrhunderts geschaffen wurde.

Ein Blick in die volkskundliche Literatur offenbart uns eine große Vielfalt an Vorstellungen von diesem besonderen Wiedergänger. Bei den Slawen finden wir die Idee, dass der Vampir keine Knochen hat. In manchen Gegenden will man ihn gar nur als die vom Teufel aufgeblasene Haut eines Verstorbenen begreifen, die sich beim Saugen immer mehr mit Blut füllt. Die Serben meinen, dass aus seinem Mund Flammen schlügen, die griechischen Mazedonier beschreiben seinen Körper als glühend heiß. Mancherorts sind ein zweifärbiger Schnurrbart, pechschwarz gefärbtes Haar oder Hahnenfüße eindeutige Kriterien zur Identifikation eines Vampirs. Und tatsächlich gibt es (wie in Buch und Film oft behauptet) auch im Volksglauben manchmal die Ansicht, dass der Vampir keinen Schatten und kein Spiegelbild besitzt. Wenn er in seinem Sarg weilt, schläft er mit offenen Augen, bisweilen findet man ihn auch mit dem Gesicht nach unten liegend. Die Sonne ist für ihn tatsächlich nicht sehr angenehm – aber nicht alle Vampire scheuen das Licht. Wir kennen Exemplare, die ohne Komplikationen auch tagsüber wandeln, allerdings unter Schwächung oder gar Verlust ihrer übernatürlichen Kräfte. Wenn er aber nicht vom Tageslicht gebremst wird, kann der Vampir auf eine ganze Reihe von Talenten zurückgreifen: Er verfügt nicht nur über ungewöhnlich große Körperkraft und einen hypnotischen Blick, sondern soll auch niedere Lebewesen und Gegenstände kontrollieren, das Wetter oder gar die Qualität von Brot beeinflussen können.

Besonders interessant sind die rumänischen Spielarten des Vampirglaubens, wo man mehrere Bezeichnungen für den Wiedergänger kennt: *moroi* leitet sich möglicherweise von der *mora*, der südosteuropäischen Version des Nachtmahrs, ab, *strigoi* von *strix*, einem lateinischen Begriff für Hexe. Unter diesen Phantomen, nicht ausschließlich als Wiedergänger imaginiert und in ihrem Verhalten oft an einen Poltergeist erinnernd, versteht man einerseits all jene Wiedergänger, die unschuldig an ihrem Schicksal sind. Sie wurden schon mit einem Makel geboren: Ein „Schwanz“, also ein zusätzlicher Wirbel am Steißbein, oder eine Glückshaube, die in Südrumänien konsequenterweise als „Wiedergängerhaube“ oder „Wiedergängerhemd“ bezeichnet wird, kündigen ein Schicksal als Untoter an. Schon zu seinen Lebzeiten nennen die Rumänen einen solchen Menschen einen „lebenden“ *moroi* bzw. *strigoi*, den sie am bösen Blick zu erkennen vermeinen, auch wenn er sich völlig friedfertig gegenüber seinen Mitmenschen verhält. Versäumen es die Angehörigen, nach dem Tod dieses Menschen die notwendigen Rituale durchzuführen, wird er unweigerlich zu einem „toten“ *moroi* bzw. *strigoi*, zum „echten“ Wiedergänger. *Strigoi* und *moroi* bezeichnen auch all jene Wiedergänger, die durch ihr vom Durchschnitt abweichendes, meist böswilliges Verhalten selbst Schuld an ihrem Schicksal tragen. In manchen Gebieten des heutigen Rumänien verwendet man auch den Slawismus *vârcolac* oder den Begriff *pricolici*, dessen etymologische Herkunft unbekannt ist.

Viele Vorstellungen über Vampire stammen noch aus vorchristlicher Zeit. Animistische Traditionen teilen den Kosmos in eine materielle, sichtbare und in eine geistartige, unsichtbare Welt. Die Seele eines Menschen wird als an den Körper gebunden betrachtet. Wenn dieser nicht verwesen kann, wird auch die Seele nicht frei, in eine jenseitige Welt zu wechseln. Dementsprechend schwerwiegend ist der balkanische Fluch, jemanden zu wünschen, nach dem Tode unverwest zu bleiben. Aus derselben Vorstellungswelt stammt die Idee, dass die Seele den Körper eines Vampirs in Gestalt eines Seelentiers verlassen könne. Besonders häufig wird dem Schmetterling nachgesagt, dass er in seiner wahren Gestalt ein solches Wesen sei. Diese Vorstellung beschränkt sich nicht nur auf Vampire. Auch Hexen wird im Volksglauben gerne unterstellt, dass sie in Insektengestalt Milch und Rahm stehlen würden. Daher auch der Name des Schmetterlings, er leitet sich vom slawischen Wort *smetana* ab, was so viel wie Rahm bedeutet. Auch im Deutschen kennen wir den Regionalismus Schmetten für den fetthaltigen Teil der Milch. Ebenso trägt der englische *butterfly* seinen Namen nicht zufällig!

Vampire werden nicht nur in der Gestalt von Fröschen, Hühnern, Hunden, Wölfen, Pferden, Eseln, Katzen, Ziegen, Eulen, Wanzen und Mäusen gesichtet, sie sind überdies in der Lage, die Form von unbeseelten Dingen anzunehmen, darunter so seltsame Objekte wie mit Öl gefüllte Ziegenhautschläuche oder ganze Heuschober. Nur eines finden wir nicht im Volksglauben: die Verwandlung in eine Fledermaus. So ist der Zusammenhang zwischen Vampir und Fledermaus nur über den Umweg der Biologie zustande gekommen, als der französische Naturforscher Georges-Louis Leclerc (1707–1788) eine wenig erforschte Fledermausart als Vampirfledermaus bezeichnete. Er kannte die zu dieser Zeit so populären Berichte von Wiedergängern aus Südosteuropa und verlieh mit seiner Namensgebung der Vermutung Ausdruck, diese Fledermausart sauge bei den Menschen im Schlafe das Blut. Ein Irrtum, wie sich herausstellte – diese Art jagt lediglich Insekten. Andere Vampirfledermäuse machen aber tatsächlich Probleme: Der in Mittel- und Südamerika beheimatete „Gemeine Vampir“ *(Desmodus rotundus)* fällt gelegentlich auch Menschen an, was ihn als Überträger der Tollwut tatsächlich zu einer Gefahr für seine „Opfer“ werden lässt.

Mit der Missionierung Südosteuropas wurde der ursprünglich heidnische Vampirglaube um die christliche Dimension erweitert. Erst durch diesen Einfluss ist zu erklären, warum der Vampir in manchen Gegenden an Freitagen und Samstagen, aber auch zu gewissen „heiligen

Zeiten" wie zwischen Weihnachten und Dreikönigsfest, sein Grab nicht verlassen kann. Wenn er seiner Ruhestätte entsteigt, bevorzugt er es, sich im Haus seiner Opfer aufzuhalten. (Rumänische *strigoi* machen es sich da manchmal leichter, sie müssen nicht zwangsweise zu ihrem Grab zurückkehren und ruhen sich auch in einer dunklen Ecke eines Zimmers ihrer Opfer aus.) Ebenso ist er an Kreuzwegen, Mühlen und wenig überraschend auf Friedhöfen anzutreffen, die man aus diesem Grunde des Nächtens zu meiden versucht.

Monströser Pluralismus – die Verwandtschaft des Vampirs im Volksglauben

Wie bereits angedeutet, ist der Vampir bei Weitem nicht das einzige wundersam-grausame Wesen, das sich Mittel- und Osteuropa als Lebensraum mit den Menschen teilt. Für unser Vorhaben, den Vampir-Komplex und seinen Mythos möglichst umfassend zu untersuchen, ist es notwendig, die wichtigsten dieser „Co-Monster" vorzustellen, um die Vielfalt und vor allem die Überschneidungen und Parallelen zu den Eigenschaften des Vampirs verständlich zu machen. Das Bild von der „Verwandtschaft" ist tatsächlich am ehesten geeignet, die Erscheinungen und Wesen im Volksglauben in Relation zum Vampir zu setzen.

Als „naher Verwandter" kann in diesem Sinne gewiss der Nachzehrer bezeichnet werden, dessen wichtigste Eigenschaften und Unterschiede zum „klassischen" Vampir bereits weiter oben angedeutet wurden: Auch er ist ein Untoter, verzichtet jedoch auf das Wiedergehen und entfaltet seine Wirkung im Grabe, ohne es zu verlassen. Dort soll er zuerst unter lautem Schmatzen sein Leichentuch und seine Kleidung verschlingen, bevor er beginnt, auch sein eigenes Fleisch zu verzehren. Solange er dieser Tätigkeit nachgeht, sterben laufend Lebende aus seinem Umfeld. Ein Nachzehrer ist bei einer Exhumierung leicht an dem „frischen" Blut zu identifizieren, das sich in und um seinen Mund gesammelt hat und das er seinen Opfern durch seine emphatischen Kräfte entzogen hat. Der Glaube an diese „fernzauberische" Betätigung von Untoten finden wir vor allem im Norden und Westen des slawischen Siedlungsgebietes: im Wendland, bei den Kaschuben, in Westpreußen, in Ostpommern und in Schlesien. In Südosteuropa ist der Nachzehrer unbekannt – wie wir bereits im Detail ausgeführt haben, dominiert dort eine spezifische, „ambulante Version" des lebenden Leichnams, der vor allem in Serbien als „Vampir" bezeichnet wird.

Trotzdem finden sich bemerkenswerte Parallelen im Umgang mit diesen beiden Arten des „nachholenden Toten". Beide weisen ähnliche Entstehungsgeschichten auf: Hinter ihrer imaginierten Existenz stehen epidemische Krankheiten wie die Pest und die allgemeine Angst vor der Wiederkehr der Toten. Dementsprechend ähnlich sind auch die Methoden, sie unschädlich zu machen; Nachzehrer und Vampire werden, nachdem sie aufgespürt wurden, in gleichem Maße verstümmelt, enthauptet, durchbohrt und verbrannt.

Nicht alle Nachzehrer aber hält es in ihren Gräbern. Diese mobilen Exemplare stellen somit ein Bindeglied zum Vampir dar. Von kaschubischen Nachzehrern erzählt man sich, dass sie nachts die Kirchenglocken läuten würden und alle Menschen, die das Läuten hörten, sterben müssten. Die schlesische Variante steigt ebenfalls auf den Kirchturm, entfaltet seine todbringende Wirkung jedoch nicht akustisch, sondern mit seinem „bösen Blick" und holt alle Menschen seines Alters, die er erblicken kann, unter die Erde.

Die „Blutsverwandtschaft" im übertragenen Sinne des Wortes erweist sich zwischen Vampir und der Nachzehrer-Gattung des Doppelsaugers als besonders eng. Ihm wird nachgesagt, dass er im Grab nicht nur sein eigenes Fleisch verzehre, sondern (über Fernzauber) auch das Blut seiner Verwandten aussauge und sie so ins Grab nachhole. Von diesen Gestalten, die auch als „Gierrach" oder „Gierhals", seltener auch als „Blutsauger" bezeichnet werden, ist es nur mehr ein kurzer Weg bis zum besonderen Wiedergänger in Südosteuropa. Auch sind es ähnliche Funktionen, die die beiden Untoten-Arten für die Lebenden erfüllen – sie fördern die Wachsamkeit hinsichtlich epidemischer Krankheiten (der Nachzehrer-Experte Thomas Schürmann hat dieses Phänomen als „volksmedizinischen Ersatz für Seuchenprävention" genannt) und liefern gleichzeitig auch eine (fiktive) Ursache für die Epidemie.

Es bleibt jedoch eine etymologische Unsauberkeit, den Nachzehrer als Vampir zu bezeichnen, wie dies im Zuge der ersten großen Vampir-Hysterie im 18. Jahrhundert geschehen ist. Im Detail unterscheiden sich selbst die wandelnden Nachzehrer von den Vampiren: Die südosteuropäische Variante trägt viel persönlichere Züge als die mitteleuropäische. Der Nachzehrer weist, wenn er auch ein ganz konkreter Toter ist, immer recht allgemeine Charakterzüge auf, während der Vampir auch nach seinem Tod eindeutig als das Individuum zu erkennen ist, das es vor dem Tode war.

Leider können wir nicht bestimmen, zu welchem Zeitpunkt sich aus der recht allgemeinen Angst vor Wiedergängern so spezielle Varianten wie die des Nachzehrers oder des Vampirs herausgebildet haben. Wir können aber feststellen, dass der Glaube an tötende Wesen – Totengeister, die die Lebenden terrorisieren – ein globales und in allen Zeiten verbreitetes Phänomen ist. Beim Blutsaugen bleibt es da jedoch selten, das Fleisch der Opfer wird meist mit ähnlicher Gier konsumiert wie der rote Lebenssaft. Es ist daher kaum verwunderlich, dass auch der

Vampir im Volksglauben nicht nur auf seine – später herausgeschälten – „Grundeigenschaften" Wiedergehen und Blutsaugen reduziert, sondern gerne auch als Menschenfresser imaginiert wird.

Lebendige Monster – Werwolf und Hexe

Diese raubtierartigen Eigenschaften lenken den Fokus unseres monströsen Panoptikums auf einen anderen Verwandten des Vampirs – den Werwolf. In den literarischen und filmischen Ausfaltungen des Vampir-Komplexes fungiert der Werwolf *(loup-garou)* meist als Antagonist, sei es, um dem Vampir zu dienen, wie z. B. bei „Dracula" und in der Underworld-Saga, oder gar um ihn zu töten wie bei „Van Helsing". Im südosteuropäischen Volksglauben hingegen hat der Vampir den Werwolf fast vollständig in seine Gestalt integriert.

Davon zeugen viele regionale Synonyme für den Vampir: Der slawische Ausdruck *vărkolak* (Bulgarisch) oder *vukodlak* (Serbisch und Kroatisch) heißt nichts anderes als Wolfspelz. Auch das Rumänische *(vârcolac)* und das Griechische *(vrykolakas)* haben diesen Begriff entlehnt und bezeichnen damit verwandte Wesen, die je nach lokaler Ausprägung eher beim Werwolf oder aber beim Vampir angesiedelt sind.

Der Wolf gilt vielen Kulturen als ein Verkünder des Todes und Geschöpf der dunklen Mächte. So scheint es naheliegend, dass diese negativen Eigenschaften des Tiers in traditionellen Kulturen auf „böse" Menschen übertragen werden. Sich vorzustellen, dass so eine Person sich tatsächlich in einen Wolf verwandelt (Lykanthrophie), ist in jener Lebenswelt nicht ungewöhnlich.

In seinem Menschsein liegt auch der größte Unterschied zum untoten Vampir – der Werwolf ist eine „normale", lebende Person, die sich aufgrund gewisser Umstände vorübergehend in einen Werwolf verwandelt. In Gegenden, wo der Wolf nicht das stärkste Tier ist, übernehmen andere Werwesen seine Aufgaben – den Glauben an Tierverwandlungen (Therianthropie) existiert auf der ganzen Welt. Nicht immer aber muss es sich um die größten und gefährlichsten Tiere handeln, wir kennen neben Wertigern, Werbären und Werleoparden auch Geschichten über Werhunde, Werigel oder Werschweine.

Zum Werwolf wird man entweder gezwungenermaßen durch einen Fluch oder freiwillig, indem man durch zauberische Praktiken selbst die Verwandlung herbeiführt. Hilfreich dabei sind je nach Erzählungsstrang Salben, Zauberformeln, das Überstreifen eines „Wolfshemdes" bzw. eines aus der Haut eines Gehenkten hergestellten Gürtels oder aber körperliche Übungen wie ein dreifacher Überschlag. Wie auch bei Hexen und Zauberern wird hinter der Fähigkeit, sich in einen Werwolf zu verwandeln, meist ein Pakt mit dem Teufel vermutet.

Noch ausgeprägter als beim Vampir finden wir bei ihm präanimistische Elemente: Im Werwolf scheinen sich Körper und Seele – die in jener archaischen Vorstellungswelt eine untrennbare Einheit bilden – gemeinsam zu verwandeln, nur selten wird davon ausgegangen, dass nur die Seele als Tier wandelt und der Körper (an der Ruhestätte) zurückbleibt. Dies erklärt auch die verbreitete Ansicht, dass sich ein Werwolf nach einer Verwundung sofort in den Menschen, der in ihm steckt, zurückverwandle und die Verletzung sichtbar bliebe. (Den Menschen im Wolf namentlich anzusprechen, soll ihn ebenfalls zur Rückverwandlung zwingen.)

Ethnologen suchen die Wurzeln des Glaubens an Lykanthrophie in den rituellen Verwandlungen archaischer Jagdkulturen, bei denen das Fell des erbeuteten Tiers übergestreift wurde, um sich seine Kräfte anzueignen. Ebenso tief in der Vergangenheit finden wir Vorstellungen von Schutzgeistern, die – in Tiergestalt imaginiert –

oft über eine ganze Sippe wachen sollten. Besonders dort, wo Werwolf- und Vampirglauben zusammenfallen, ist es schwer, die sich überlagernden Motivstränge zu entwirren. In Südosteuropa sind es nur mehr wenige Relikte, die von einem vergangenen, „reinen“ Werwolfglauben zeugen, wie jenes, dass der Werwolf den Mond auffresse und so die Mondphasen verursache.

Wesentlich dafür, dass sich die beiden monströsen Motive vermischt haben, ist gewiss auch der ebenso weit verbreitete Glaube daran, dass ein Werwolf nach seinem Tode zum Vampir würde. In dieser Vorstellung scheint das Böse niemals aufzuhören – der blutrünstige Charakter, die Verwandlungsfähigkeit, die Verbindungen zu vorchristlichen Ideen und Praktiken und die Nacht als hauptsächliche Wirkungszeit machen den Vampir zur logischen Gestalt, das Werk des Werwolfs nach seinem Lebensende fortzusetzen. An die Komplexität des untoten Wiedergängers wird der relativ einfach „konstruierte“ Werwolf jedoch niemals heranreichen.

In den westslawischen Gebieten, aber auch in Norddalmatien finden wir in der Gestalt des Werwolfs auch Übergänge zu anderen „bösen“ Wesen, unter anderem zu den sehr komplexen Gestalten der Hexe bzw. des Zauberers. Ebenfalls mit dem Teufel im Bunde, teilen die beiden einige weitere Eigenschaften mit dem Werwolf. Auch sie sind lebende Menschen, der „dunklen Seite“ zuzurechnen und nach ihrem Ableben verdächtig, zu Vampiren zu werden.

Besonders die Hexe teilt eine Menge an Eigenschaften und „Talenten“ mit dem Vampir: Zeichen bei der Geburt sollen auf ihre Vorbestimmung hindeuten. Auch sie ist wie die Untoten in der Lage, sich in Tiere, besonders in Schmetterlinge, verwandeln zu können, und wird verdächtigt, Krankheit und Tod zu bringen. (In Istrien heißt *kuga* nicht nur „Hexe“, sondern auch „Pest“.) In manchen Regionen soll sie es besonders auf die Eingeweide ihrer Opfer abgesehen haben und danach trachten, ihnen Herz oder Leber – den Sitz der Lebensenergie – aus dem Brustkorb zu reißen.

Auch die Abwehrmaßnahmen ähneln sich sehr. Wie beim Vampir empfiehlt der Volksglauben, die Hexe mit stark riechenden Mitteln (Knoblauch oder Wacholder!), Amuletten, Disteln oder scharfen Gegenständen zu vertreiben. Sterben einer Frau mehrere Ehemänner hintereinander, scheint es in vielen lokalen Vorstellungswelten naheliegend, sie der Hexerei zu bezichtigen. Von solchen Menschen nimmt man an, dass sie eine weiße Leber hätten – ganz wie es mancherorts auch Vampiren und Nachzehrern unterstellt wird!

Nächtliche Heimsuchungen – Dämon, Mora, Incubus

In gewissen Regionen Südosteuropas wird man jedoch nicht gleich als Hexe geboren, sondern erst mit der Hochzeit zu einer gemacht. Davor sollen solche Mädchen als *mora* ihr Unwesen treiben, eine Plage, die in den meisten Kulturen Europas bekannt ist. Im deutschsprachigen Raum nennt man sie Mahr oder Alp. (Der Aufhocker oder Huckup, der Wanderer anfällt, sich ihnen aufhockt und bei jedem Schritt schwerer wird, kann als regionale Variante des Alps im deutschen Sprachraum interpretiert werden. Ursprünglich scheint es sich dabei um keinen Geist zu handeln, sondern ebenfalls um lebende Leichen.)

Der Mahr – männlich oder weiblich – setzt sich auf die Schlafenden und drückt ihnen Brust und Kehle zusammen, bis sie keine Luft mehr bekommen. Diese Form, körperliche Gewalt anzuwenden, die den Opfern die Fähigkeit zu schreien raubt, wird auch vielen Vampir-Varianten Südosteuropas unterstellt. Nur dort saugt der Mahr – die *mora* – auch das Blut seiner Opfer, eine Vorstellung, die gewiss von anderen blutsaugenden Gestalten auf sie übertragen wurde. In diesem Zusammenhang ist uns auch die Vorstellung überliefert, dass eine *mora* nichts anderes als eine Hexe sei, die geschworen habe, die Menschen nicht mehr zu fressen, sondern nur nächtens ihr Blut zu saugen. Auch bei der *mora* finden wir Elemente archaischer Vorstellungen: Mancherorts soll ihr Körper in den Prozess der Verwandlung integriert sein, was ihr wie dem Werwolf „echte" Verletzungen ihres Menschenkörpers beschert. Anderenorts soll ihr menschlicher Körper in einen tiefen Schlaf fallen, wenn sie sich auf ihre nächtlichen Streifzüge begibt, wie es in der animistischen Trennung zwischen Leib und Seele üblich ist. Ihre Verwandlungsfähigkeit erinnert uns an andere ihr verwandte (Un)wesen, denn auch sie verfügt über ein großes Repertoire an „dämonischen" Tieren: Katze, Maus, Schlange, Schmetterling, Fliege ... Niemals aber könnte sie sich in ein „gutes" Tier wie eine Biene oder ein Schaf verwandeln. Dafür ist ihr wie dem Vampir die Möglichkeit beschieden, die Form von Gegenständen anzunehmen!

Die Gestalt des Mahrs wirkte auch in die romantische Vorstellungswelt des späten 18. und des 19. Jahrhunderts nach. Johann Heinrich Füssli (1741–1825) ist es mit seinem bekanntem Gemälde „Der Nachtmahr" auf virtuose Weise gelungen, all die Phantasien und Vorstellungen über diese Erscheinung – freilich durch die Brille eines Frühromantikers – in einer Szene zu verdichten.

Mit dem Mahr bzw. Alp eng verbunden ist der Begriff des Incubus (lat. *incubare* – oben liegen, brüten). Er steht für eine „Kategorie" von Dämonen, die sich ganz wie der Alp vor allem auf Frauen legen, um Geschlechtsverkehr mit ihnen zu praktizieren. Als weibliches Pendant wird der Succubus (lat. *succumbere* – unten liegen) bezeichnet. Meist erinnern sich die Opfer ihrer nächtlichen Heimsuchung nur im Traum, auch wenn das Ergebnis, die Zeugung eines Kindes, oft sehr real war. (Dies weist uns auf eine praktische Funktion solcher Vorstellungen hin, wenn durch den vermeintlichen Besuch eines Wiedergängers oder Incubus ein uneheliches Kind gerechtfertig werden konnte.)

Es ist naheliegend, dass auch die *mora* gerne als Incubus oder Succubus bezeichnet wird. Solche Dämonen haben jedoch keine Zweitidentität eines lebenden oder toten Menschen, sondern wirken „eigenständig". Trotzdem finden wir besonders bei den Krankheitsdämonen Motive, die sich auch in der Gestalt des für Seuchen verantwortlichen Vampirs widerspiegeln.

Todbringend sind auch die vor allem im slawischen Sprachraum bekannten *navi*, die Geister von ungetauft verstorbenen Kindern, die meist in Vogelgestalt durch die Nacht fliegen und es auf Säuglinge und ihre im Wochenbett liegende Mutter abgesehen haben. Wenn wir den Ursprüngen und Varianten des Begriffs *navi* in den slawischen Sprachen nachspüren, können wir begreifen, wie komplex solch mythische und gleichzeitig lebensnah geprägte Begriffsfelder sind: In verschiedenen regionalen Varianten kann er Kindbettfieber, postnatalen Blutfluss, Verstorbene, das Jenseits, eine Grabstätte oder die Hölle bezeichnen.

Zweifellos ist der Vampir nicht das unbedeutendste Wesen im Volksglauben, sein Charakter lässt sich aus der wunderlichen Schar von Geistern, Dämonen, Werwesen und Hexen trotz vieler Überschneidungen eindeutig isolieren. Vom Werwolf, der Hexe, dem Zauberer und der *mora* unterscheidet er sich dadurch, dass sein schädliches Wirken erst nach dem Tode einsetzt. Sein Untotentum teilt er mit dem Nachzehrer, der aber meist in seinem Grabe bleibt, während der Vampir dieses verlässt, um die Lebenden zu plagen und so einen „klassischen" Wiedergänger darstellt. Die Gier nach Blut (und manchmal die nach Fleisch) teilt er sich mit vielen anderen Wesen des

Volksglaubens. So wie sein „Durst“ ist sein Auftreten durchaus leiblich, er ist kein körperloses Gespenst und kein Dämon. Er ist ein untoter Wiedergänger, ein *vukodlak, upir, lugat, strigoi* – oder: ein Vampir.

Überirdisch, unterirdisch – vampirische Wandlungen zwischen Diesseits und Jenseits

Wie wird man zu solch einem ebenso boshaften wie bedauernswerten Monster? Es gibt keinen Moment in der Existenz eines Menschen, der frei von dieser Bedrohung wäre. Viele sind dem Volksglauben nach schon mit der Bestimmung geboren worden, nach dem Ableben zum Vampir zu werden, denn schon vor der Geburt kann einiges schief laufen. Eine Zeugung zu bestimmten religiös geprägten Zeiten wie der Fastenzeit, am Karfreitag oder zu Ostern erhöht das Risiko für das Kind, die Welt nach seinem Tode nicht verlassen zu können. Dasselbe Schicksal droht dem siebten Mädchen oder Jungen einer Frau. Aus dem Süden Russlands wird der sehr spezielle Fall berichtet, dass eine Schwangere dem zelebrierenden Priester während des großen Einzugs in die Kirche nicht in die Augen schauen dürfe, wolle sie ihrem Kind ein zukünftiges Schicksal als Vampir ersparen.

Unmittelbar nach der Geburt empfiehlt es sich, nach Merkmalen und Anomalien am Neugeborenen zu suchen, die auf eine vampirische Vorherbestimmung hindeuten. Denn wie bereits bei den rumänischen *moroi* beschrieben, sind jene Menschen besonders gefährdet, die mit einem Glückshäubchen, Zähnen oder einem schwanzähnlichen Rückgratfortsatz auf die Welt kommen. Aber auch Kinder mit Feuermalen, rotem Haar und blauen Augen können ebenso betroffen sein wie völlig kahl geborene. Selbst eine böse Hebamme kann das Kind verfluchen, solange es die Mutter noch nicht im Arm hält.

Im Laufe seines Lebens kann ein Mensch vieles anstellen, um nach dem Tode ein Wiedergänger werden zu müssen. Die Möglichkeiten sind fast unbegrenzt: Selbstmörder, Übeltäter, Exkommunizierte, Konvertiten, Feiertagsbrecher, Geizhälse, Verschwender und solche, die gerne und ordinär fluchen oder auf irgendeine andere Art nicht den Normen entsprechend leben, gehören zu dieser Risikogruppe, die speziell in Bulgarien noch auf Räuber, Brandstifter, Dirnen und unanständige Wirtinnen ausgeweitet wird.

Nicht immer aber trägt man selber die Schuld an der postmortalen Verwandlung zum Untoten. Was können ungetaufte Kinder und Kriegsgefallene für ihr allzu frühes Ableben? Oder – ganz im Gegenteil – jene, die in einem „zu hohen" Alter sterben? In Rumänien müssen gar Schlafwandler mit einer Rückkehr von den Toten rechnen. Oft ist es auch das zu heftige Klagen und Weinen der Angehörigen, das die Seele des Verstorbenen ans Diesseits bindet. Und manche binden sich selbst zu sehr: Rumänische Bauern betonen, dass ein zu starkes Verlangen nach Irdischem die Toten auf der Erde hielte, ganz egal, ob es sich dabei um die geliebte Ehefrau oder Gut und Geld handle. Besonders zynisch scheint das Schicksal jene zu behandeln, die schon zu Lebzeiten von den Untrieben eines Vampirs gequält werden. Ihnen droht zu allem Überdruss dasselbe Schicksal wie ihren untoten Peinigern. Dass eine Übertragung der „Vampirkrankheit" durch einen Biss erfolgt, ist im Volksglauben jedoch nicht nachgewiesen und eine Erfindung der Literatur.

Gefährliche Zeiten – zwischen Tod, Begräbnis und Auferstehung

Eine besonders gefährliche Phase für eine Vampirwerdung ist jene zwischen Tod und Begräbnis. Schon wenn ein menschlicher Schatten auf den aufgebahrten Leichnam fällt, kann man mit seiner Rückkehr als Vampir rechnen. Springt ein unreines Tier über den Leichnam oder schlüpft es unter ihm hindurch, wird der Tote mit großer Wahrscheinlichkeit zum lebenden Leichnam, wenn das Tier nicht auf demselben Weg zurückgezwungen wird. Große Sorgfalt ist bei der Präparation des Leichnams geboten: Dem Verstorbenen müssen auf jeden Fall Augen und Mund geschlossen werden. Darum bindet man dem Toten, wie es schon im antiken Griechenland Praxis war, den Unterkiefer nach oben oder verstopft seinen Mund mit Erde oder Lehm. Ebendort oder unter dem Kinn platziert man auch Steine, Papier, eine Bibel oder Pflanzen wie Schlehdorn oder – tatsächlich – Knoblauch, der auf der ganzen Welt als Heil- und Abwehrmittel bekannt ist. Selbst Medizinmänner auf Sumatra verwenden ihn zur Behandlung von Besessenen!

Nicht selten wird dem Toten eine Münze auf die Augen, in den Mund oder in die Hand gelegt. Diese Grabbeigabe erinnert nicht zufällig an den antiken Brauch, den Toten das Fährgeld für die Fahrt ins Jenseits mitzugeben. Diese Vorstellungen einer „jenseitigen Ökonomie" sind jedoch nicht die einzigen Gründe, einem potentiellen Vampir Geld ins Grab zu legen. Vielmehr handelt es sich dabei auch um eine Art von Beschäftigungstherapie. Münzen sollen den Toten im Grab ablenken und ihn auf diese Art vergessen lassen, auf die Erde zurückzukehren. Aus ähnlichen Motiven legt man dem Toten Fischernetze oder Getreidekörner in den Sarg: Der Vampir, dem ein ausgeprägter Zähltick nachgesagt wird, soll durch das Körnerzählen und Knotenauflösen derart mit „Arbeit" eingedeckt werden, dass er darauf verzichtet, die Lebenden heimzusuchen.

Auf Nummer sicher gehen die Kaschuben und die Mazedonier: Sie fesseln den Leichnam an den Hand- und Fußgelenken. (Ähnliche Praktiken sind auch aus Südostasien bekannt.) Verbrechern werden gar Fersen- und Kniesehnen durchtrennt oder die Fußsohlen durchstochen. In den Nacken oder in die Magengrube wird ihnen ein Nagel, eine Nadel oder Weißdorn gestoßen – den Dorn kannte man schon in der Antike als probates Mittel zur Abwehr von Dämonen – und stellt so sicher, dass die Luft entweichen kann, wenn der Teufel versuchen sollte, die menschliche Hülle des Verstorbenen aufzublasen. Die Bulgaren versehen die Särge verdächtiger Toter zudem mit leicht brennbarem Material wie Schießpulver oder Streichhölzer, da der Vampir dort der Erzählung nach das Feuer scheut. Selbst das Stroh, auf dem der Leichnam in der Zeit der Aufbahrung gebettet war, wird rasch auf dem Feld verstreut, damit es – analog zum Leichnam – bald verrotte. Gerne pflanzt man einen Baum auf dem Grabe eines Menschen, der der Vampirkrankheit verdächtig ist. Einerseits sollen die Wurzeln des Baumes den Toten unter der Erde halten, und andererseits diente sein Wachstum als Indikator für den Zustand der Leiche: Wird er ungewöhnlich groß oder ist er von seltsamem Wuchs, kann man einen Vampir im Grabe vermuten.

Nicht immer aber lässt sich verhindern, dass ein Verstorbener zum Vampir wird und sein Grab verlässt. Die Hinterbliebenen können als Erste damit rechnen, von ihm heimgesucht zu werden. Darum unternehmen die Angehörigen noch vor dem Begräbnis alles, um dem Toten den Weg nach Hause vergessen zu lassen. Wenn der Leichnam aus dem Haus getragen wird, trägt man ihn mit den Füßen voran und nimmt niemals den direkten Weg zum Friedhof, damit er sich den Rückweg keinesfalls einprägen kann. Aus dem gleichen Grund wird der Tote manchmal unter der Schwelle durchgetragen oder gar über eine abgedeckte Stelle im Dach aus dem Haus gebracht. Ist an seiner Kleidung sein Name eingestickt, trennte man diese Stücke aus dem Stoff. So soll dem

Vampir seine familiäre Herkunft verschleiert werden. Und da der Vampir Flüssigkeit hasst, verschüttet man auf dem Rückweg vom Friedhof Wasser oder begräbt verdächtige Tote wie in Griechenland auf unbewohnten Inseln. Das Meer soll sie als natürliche Barriere an einer Rückkehr hindern.

Für den Fall, dass der Untote die Verwirrungsstrategien durchschaut und die Barrieren rund ums Grab überwindet, kennt die Tradition eine Reihe von Abwehrmaßnahmen, um zu verhindern, dass der schädigende Tote letztlich doch sein Ziel erreicht und das Haus betritt. Große Pechkreuze an den Hoftoren sollten ihn abhalten, und alle Öffnungen wie Fenster und Türen, ja selbst Schlüssellöcher, versiegelten die Dorfbewohner mit Knoblauch oder anderen Pflanzen, denen apotropäische Wirkung nachgesagt wird. Den Hunden zeichneten sie mit weißer Farbe ein zweites Augenpaar auf die Stirn, damit diese den Eindruck erwecken, niemals zu schlafen. Dem persönlichen Schutz dienten Amulette oder Weißdorn, der in die Kleidung eingenäht oder in Händen gehalten wurde.

Und wenn man vermutet, dass der Vampir bereits hinter einem her ist, empfiehlt es sich, in einen Weinberg oder Ölbaumgarten zu flüchten. Denn Wein und Öl gelten als christliche Symbole, die der Vampir nach Möglichkeit meidet. Ebenso soll es helfen, eine Messe lesen zu lassen oder einfach zu beten. Freilich sind diese christlichen Maßnahmen jüngeren Datums als die oben erwähnten heidnischen Traditionen. Als „aktive Schutzimpfung“ könnte man die Praxis bezeichnen, von der Graberde eines vermeintlichen Vampirs zu essen oder sein Blut zu trinken, um eine Ansteckung mit der „Vampirkrankheit“ zu verhindern. In diese Kategorie gehört auch das polnische „Blutbrot“, ein Gebäck aus dem Blut eines unschädlich gemachten Wiedergängers.

Aufspüren und Vernichten – den Vampir und die Gemeinschaft erlösen

Wenn jedoch alle vorbeugenden Maßnahmen nicht gefruchtet haben, bleibt einer Dorfgemeinschaft nichts anderes übrig, als den Vampir endgültig zu töten. Nicht immer war bekannt, in welchem Grabe nun der Verursacher von Krankheits- und Todesfällen zu finden sei. Aus der dörflichen Tradition sind uns einige Methoden überliefert, um ein solches Grab zu finden. In der Herzegowina und in der Ukraine streut man Pulver (Asche bzw. Salz) rund ums Grab, um anhand der Spuren, die der Wiedergänger hinterlässt, seine Ruhestätte ausfindig zu machen. Eingesunkene Erde und ein schiefes Kreuz sind ebenso Indikatoren für die Präsenz eines Vampirs und Löcher in der Graberde beweisen, dass er in der Gestalt einer Maus sein Grab verlässt.

Äußerst behilflich bei dieser Suche sind geistersichtige Tiere: Ein schwarzer Hahn lässt sich über Nacht auf dem Vampirgrab nieder, ein schwarzes, fleckenloses Fohlen (bei den Albanern und Rumänen ist es ein weißer Hengst) hingegen weigert sich, über ein solches zu steigen. So wie die Katze mit einem Sprung einen Menschen zum Vampir machen kann, kann das Pferd den Fluch lösen: Wenn man es über das Grab führt, lädt es dem Volksglauben nach die Präsenz des Unglücklichen auf sich und kann ihn auf diese Weise erlösen.

Ist der Vampir schließlich aufgespürt oder ohnehin bekannt, kann seine endgültige Vernichtung vorgenommen werden. Nachdem sich die Dorfgemeinschaft versammelt hat und das Grab meist in Anwesenheit eines Priesters geöffnet wurde, meinte man an gewissen Merkmalen an der Leiche zu erkennen, ob es sich tatsächlich um einen Vampir handle. Fand man den Leichnam unverwest vor, waren Haar und Nägel weitergewachsen oder gar die Augen geöffnet und Blut im Mundraum zu finden, hatte man es offensichtlich mit einem Untoten zu tun. Die sogenannten „wilden Zeichen", der aufgerichtete Penis des Leichnams, wurden als besonders deutlicher Hinweis auf die Verwandlung zum Vampir betrachtet.

Um ihn zu erlösen, trieb man dem Leichnam gerne einen Pfahl aus dem Holz des Weißdorns durch den Körper. (In der Ukraine wurde Eschenholz verwendet, weil sich der Legende nach Judas an einer Esche erhängt haben soll.) Eine weitere Methode, den Vampir endgültig ins Jenseits zu befördern, war, das Herz des Toten zu entnehmen, es in Wein oder Essig zu kochen und anschließend wieder einzusetzen oder sicherheitshalber gleich zu verbrennen. Oft wurde der Tote auch mit einem Spaten geköpft und sein Haupt zwischen die Beine gelegt, um ein erneutes Anwachsen zu verhindern. Rumänen, Albaner und Griechen zerstückelten häufig den ganzen Körper. Und sollten all diese Maßnahmen wirkungslos bleiben, blieb den Lebenden noch die Möglichkeit, den Körper vollständig zu verbrennen und so die Seele von ihrer leiblichen Bindung zu befreien.

Die Pfählung des Vampirs scheint eine der ältesten Methoden zu sein, einen Vampir unschädlich zu machen. Dies zeigt uns die eindeutig vorchristliche Überlieferung im Volksglauben, die uns berichtet, dass beim Durchbohren des Leichnams die Seele in der Gestalt eines Schmetterlings entfliehe, der ebenfalls getötet werden müsse, um den Untrieben des Wiedergängers endgültig ein Ende zu setzen. Noch älter als diese animistische Tradition ist die Idee, dass schon die Fixierung des Leibes im Boden genüge. Dieser Glaube rührt aus einer Zeit, als man Körper und Seele noch als unzertrennliche Einheit verstand. Die Theorie, dass der Vampir vom Teufel besessen sei und die Gebete eines Priesters ihn wieder austreiben könnten, stammt freilich aus der Zeit nach der christlichen Missionierung Osteuropas. Auch Exkommunikation und Kirchenbann ließen den Körper eines Menschen unverwest bleiben. Erst der Priester war in der Lage, eine solche Seele von der irdischen Bindung über den Tod hinaus zu erlösen. In der Bibel finden wir den passenden Hinweis zu dieser Machtposition des Geistlichen, wenn Jesus zu seinen Aposteln sagt: „Alles, was ihr auf Erden binden werdet, das wird auch im Himmel gebunden sein, und alles, was ihr auf Erden lösen werdet, das wird auch im Himmel gelöst sein" (Mt 18,18 EÜ). Der Vampir hat also erst seit der Christianisierung die tröstliche Option auf Erlösung. In vorchristlichen Zeiten ging es wohl einzig darum, ihn loszuwerden.

„Wieder so ein Leichentuch-Fresser" – Nutzen und Täuschungen der Archäologie

Einen Großteil unseres Wissens über den historischen Vampirglauben entnehmen wir volkskundlichen Studien, Märchen- und Legendensammlungen sowie Berichten von Militärärzten, die sich im 18. Jahrhundert der Erforschung des Phänomens angenommen haben. Historiker, Theologen, Mediziner und später auch Literaturwissenschafter haben versucht, die vorhandenen Informationen zu sammeln und zu interpretieren. Neben dieser Methode, die auf der Auslegung von Texten basiert, existiert aber eine weitere Möglichkeit, sich dem Vampirphänomen anzunähern – die Archäologie. (Es ist das Verdienst des Autors Hagen Schaub, die Bedeutung dieser Disziplin für die Erforschung unseres Themas erstmals einer breiteren Öffentlichkeit vorzustellen und in kompakter Form ins rechte Licht zu rücken.)

Die sogenannten Sonderbestattungen aus den verschiedensten Jahrhunderten und aus den unterschiedlichsten Gegenden Europas im Sinne der Vampirismusforschung zu deuten, ist kein einfaches Unterfangen. Immer wieder kommen uns Meldungen zu Ohren, dass ein Archäologenteam ein „Vampirgrab" gefunden habe. Einer der rezentesten Fälle wurde uns 2006 von der kleinen Insel *Lazzaretto Nuovo* nahe Venedig gemeldet. Der „Spiegel" berichtete erst 2009 – dafür im vermeintlichen „O-Ton" darüber:

Der Körper der toten Frau war aufgedunsen und stank. Ihr Gesicht war eigentlich von einem Leichentuch bedeckt, doch über ihrem Mund klaffte ein Loch, aus dem Blut tropfte. Dem Totengräber stockte der Atem. Wieder so ein verdammter, untoter Leichentuch-Fresser, dachte er. Wieder so ein Blutsauger. Wieder so ein Vampir. Um den Untoten endgültig zu töten, rammt er der Frau einen Stein zwischen die Zähne – damit er endlich aufhört, Blut zu saugen. Damit der Untote verhungert.[2]

Ein klassisches Beispiel für ein Vampirgrab? Ja und nein. Wer immer dieser Frau den Stein in die Mundhöhle gesteckt hat, er dachte dabei kaum an einen Vampir, denn dieser Begriff war in diesem Raum im 16. Jahrhundert mit allerhöchster Wahrscheinlichkeit unbekannt. Wenn wir also am Begriff „Vampir" hängen, handelt es sich gewiss um keinen „Vampirismus".

Dieser Fund könnte uns jedoch durchaus ein Beispiel dafür sein, wie man üblicherweise Untote zur Ruhe bringen wollte, denn der „verdammte, untote Leichentuch-Fresser" passt augenfällig in die Kategorie des Nachzehrers. Die Bakterien der Mundregion hatten das Leichentuch rund um den Mund zersetzt, zudem konnte die Verwesungsflüssigkeit ohne Weiteres für Blut gehalten werden. Die Annahme, es handle sich um einen Untoten, der sein Leichentuch verzehre und vom Grabe aus Krankheit und Tod verbreite, lag also durchaus nahe. (Für jene Zeit auf jeden Fall näher, als die Existenz von Bakterien anzunehmen.) In der Absicht, das schädliche Zehren der Untoten zu beenden, schob man ihr, nachdem man ihre unterirdischen Aktivitäten entdeckt hatte, einen Stein in den Mund.

In ganz Europa finden wir Grabmäler, in denen die Position der Gebeine und gewisse Grabbeigaben von den Normen der Epoche abweichen. Frühgeschichtliche Funde werden bei der Frage nach den Zusammenhängen mit dem Wiedergängerglauben jedoch sicherheitshalber ausgeklammert, da zu wenig über die kulturgeschichtlichen Hintergründe bekannt ist. Was nicht ausschließt, dass die bis in die Jungsteinzeit zurückreichenden Funde von Sonderbestattungen wie abgetrennte Körperteile oder ein Skelett in Bauchlage nicht doch durch die Angst vor der Rückkehr der Toten motiviert wurden. Noch heute finden wir – weit weg von jedem europäischen Einfluss – Belege, dass spezielle Bestattungsformen und Rituale die Toten in ihren Gräbern halten sollten, wie uns eine ethnologische Studie über die philippinische Insel Mindoro berichtet:

„Vor dem Einfluss der katholischen Mission wurden Verstorbene in Hockstellung gefesselt, in eine Matte gebunden und vergraben. Um das Grab wurden messerscharf angespitzte Bambuslatten in den Boden gerammt, woran sich ein kablag (lebender Leichnam) *beim Versuch, aus dem Grab zu steigen, aufspießen sollte. Oder man legte eine Machtete ins Grab. Das Metall sollte eine bannende Wirkung ausüben. Bestimmte Pflanzen, die mit ins Grab kamen, dienten auch diesem Zweck. War man gezwungen, an einem Grabhügel vorüberzugehen, wurde angeraten, mit einem Holzprügel auf das Grab zu schlagen und schnell weiterzulaufen. Damit wird der Leiche mit schlagender Deutlichkeit gezeigt, dass sie im Grab bleiben soll, anderenfalls hätte sie mit Prügel der Lebenden zu rechnen.“*[3]

Spekulativ, aber keineswegs völlig abwegig, ist die Theorie, dass die „Nähe der Toten“ erst durch den Einfluss des Christentums als etwas Negatives uminterpretiert worden sei. Bis ins 20. Jahrhundert finden wir in manchen Teilen Europas noch im Grunde heidnische Riten, die eigentlich ein „Feiern“ der Toten bedeuteten, wie es bis in die ersten Jahrhunderte nach Christus üblich war: An ihren Gräbern wurden die Toten von den Lebenden mit Essen und Trinken, ja möglicherweise auch mit Gesang und Tanz geehrt. Die aus dem Mittelalter bis weit in die Neuzeit überlieferten Darstellungen des Totentanzes könnten vor diesem Hintergrund als christlich adaptierte Zeugnisse solcher Gebräuche gelten.

Denkbar ist jedoch auch, dass seitens der christlichen Missionare gar nie versucht wurde, die Praktiken der Sonderbestattung völlig auszurotten, sondern sich diese erst vor dem Hintergrund der christlichen „Höllenangst“ zu einer Abwehrmaßnahme gegen schädigende Tote entwickelt hat.

Auch wenn solche Vermutungen Spekulation bleiben müssen, steht fest, dass die Praktiken der Sonderbestattung auch mit der Christianisierung keinesfalls verschwunden sind. Und wie später noch ausgeführt werden wird, muss sich gerade die den Osten und Südosten Europas dominierende orthodoxe Kirche schon im 18. Jahrhundert den Vorwurf gefallen lassen, nicht genug gegen den Aberglauben in der Bevölkerung zu unternehmen. Ähnliches gilt auch für moderne Untersuchungen zum Vampirismus, die sich nicht von der Jagd nach Vampiren treiben lassen sollten und unreflektiert in jedem außergewöhnlichen archäologischen Grabensemble die Angst vor blutsaugenden Wiedergängern vermuten.

Die Varianten von Sonderbestattungen sind äußerst vielfältig: Fesselungen und Verschnürungen, Spuren von Pfählungen, Bestattungen in Bauchlage, Manipulationen am Mund, spezielle Grabbeigaben, Versteinung des

Leichnams, also die Absicht, den Leichnam am Verlassen des Grabes zu hindern, indem man ihn mit Steinen beschwert, abgeschlagene Körperteile, Nagelungen und besondere Bestattungsorte können dazu gezählt werden.[4] Für jede „Gattung“ dieser von der Norm abweichenden Begräbnisformen gibt es jedoch eine Reihe von Einwänden, die einen Vampir- oder Wiedergängerglauben als Ursache zwar nicht widerlegen, aber zumindest in Zweifel ziehen.

Denn nicht selten wird die Interpretation von archäologischen Funden von der Sogwirkung des Vampir-Mythos beeinflusst: So fand man beispielsweise auch dort gefesselte Leichen, wo der Glaube an körperliche Wiedergänger nicht überliefert ist – warum aber sollte man einen Nachzehrer, der sein Grab ohnehin nicht verlassen muss, um schädigend zu wirken, an sein Grab fesseln? Besonders die Bestattung in Bauchlage scheint viele Zweifel zu wecken. Hagen Schaub bringt das Beispiel des rumänischen *moroi*, dessen Wiedergängertum dem Volksglauben nach an dieser besonderen Position des Leichnams überhaupt erst erkannt werden könne. Die Bauchlage im Grab könnte aber auch auf das tragische Schicksal eines Scheintoten hinweisen, der sich im Sarg gedreht hat, um mit dem Rücken den Deckel aufzudrücken.

Bei vielen Sonderbestattungsformen könnte es sich schlicht um eine letzte Strafmaßnahme für Hingerichtete handeln. Mit dieser nüchternen Feststellung ist schon so mancher Jubel um die Entdeckung eines „Vampirfriedhofs“ gehörig gedämpft worden. Auch die Nekropole in Čelákovice (Tschechien) trug den Titel eines solchen „Vampirfriedhofs“, eine Behauptung, die bald durch die plausible These, es handle sich lediglich um eine letzte Ruhestätte für Gehenkte, Geköpfte und strafhalber lebendig Begrabene, mehr als relativiert wurde.

Anhand dieser wenigen Beispiele lässt sich die Dynamik des Vampir-Mythos gut nachvollziehen: Die Archäologie kann uns viele spannende Momente auf der Suche nach Spuren des Vampirglaubens bescheren – und gibt uns ebenso viele Rätsel auf. Die Archäologen selbst sind sich bewusst, dass die Funde nur mit großer Sorgfalt interpretiert werden können und viele Fragen offen bleiben. Der Eifer der „Vampirologen" und die Sogkraft des Mythos lässt die vernünftige Relativierung von Funden unter der Erde oft genug ungehört verhallen – und dann heißt es einmal mehr, selbst in seriösen Publikationen: „Wieder so ein Blutsauger. Wieder so ein Vampir ..."

Krankheit, Diener, Mediator – den Vampir erklären

Es hat sich bei der Konzeption dieses Buches als ausgesprochen schwierig erwiesen, für das Kapitel über die modernen medizinischen Erklärungsversuche der „Vampirkrankheit" einen geeigneten Platz zu finden. Einerseits knüpfen die meisten Theorien eindeutig an die Tradition des 18. Jahrhunderts an, als die verschiedenen gelehrten Disziplinen gleichsam im Wettstreit miteinander versucht haben, natürliche Verhältnisse wie Ernährungsgewohnheiten, Krankheiten und Aberglauben für das Phänomen verantwortlich zu machen. Dementsprechend könnte man diesen Abschnitt dem Kapitel über die „Entdeckung des Vampirs" vor rund drei Jahrhunderten zuordnen.

Ebenso logisch wäre es, diesen Abschnitt dem „literarischen Vampir" anzufügen, denn er trägt die Hauptschuld an den Fehldiagnosen: So sehr haben der blasse Graf Dracula, seine Vorgänger und seine Nachkommen mit ihrer noblen Blässe, den langen Reißzähnen und ihrem sexuellen Nimbus die Gestalt des Vampirs geprägt, dass auch seriösen Wissenschaftlern der Blick auf den Vampir im Volksglauben völlig verstellt scheint: Ein Gutteil der medizinischen und auch der psychologischen – oder besser gesagt psychoanalytischen – Herangehensweisen erliegen der Wucht des Vampir-Mythos. Aus diesem Grund scheint es sinnvoll, die Auseinandersetzung mit dem medizinischen Diskurs dort zu lassen, wo er eigentlich auch ansetzen sollte – beim Vampir im Volksglauben.

Krankheiten und ihre Vampire – Fehldiagnosen, Teilerklärungen und wenig lukrative Leichname

Ein Hauptproblem der pathologischen Perspektive ist die Tatsache, dass viele Exegeten der Vampirkrankheit glauben, dass sie sich auf *eine* Krankheit reduzieren ließe. So meinten die US-Amerikaner Lionel Milgrom und David Dolphin in den Achtzigerjahren des 20. Jahrhunderts in den überlieferten Symptomen der Vampirkrankheit eine spezielle Art der Porphyrie, einer Gruppe von Stoffwechselerkrankungen, zu erkennen. Die sogenannte Eisen-Mangel-Porphyrie *(Morbus Günther)* kennzeichnet eine schwere Lichtunverträglichkeit verbunden mit Zahnfleischschwund, einer rötlich-braunen Verfärbung der Zähne und rotem Urin. *Morbus Günther*-Patienten haben sehr blasse Haut – was bei Lichtunverträglichkeit nur mäßig überrascht – und neigen zu intensiveren Sinneswahrnehmungen. Für die beiden Forscher stellten diese Symptome eine Reihe von Indizien dar, die auf einen Zusammenhang mit der „Vampirkrankheit" hindeuten und die nächtlichen Aktivitäten, die blasse Erscheinung und die Abneigung gegenüber Knoblauch erklären würden.

Welche Eigendynamik der Vampir-Mythos annehmen kann, zeigt die weitere Entwicklung der Porphyrie-These. Bald schon nahm Dolphin auch den Werwolf mit in die Theorie hinein und versäumte in seinen Ausführungen zu erwähnen, dass es sich um eine ganz spezielle Art der Porphyrie handeln könnte. Denn bis 1995 waren weltweit nur rund 200 Fälle von *Morbus Günther* bekannt. Eindeutig zu wenig, um als „Epidemie“ einen der wichtigsten und am weitesten verbreiteten Aspekte des Volksglaubens zu erklären. Außerdem ist diese Krankheit erblich, von einer Ansteckung durch direkte Übertragung kann also keine Rede sein!

Dolphin und Milgrom haben sich am Vampir-Mythos wie an einem Buffet bedient – Aspekte, die ihnen zu passen schienen, nahmen sie mit in die Analyse, andere, weniger passende, ließen sie einfach beiseite. Besonders problematisch ist dabei, dass sie eine Analyse der „Vorspeise“ – dem Vampir im Volksglauben – anstrebten, sich aber anschließend am Hauptgang, dem literarischen Vampir, gütlich taten. Der Vampir, wie ihn die Dorfgemeinschaften in Südosteuropa fürchteten, hatte keine Reißzähne, ja, er saugte meist nicht einmal Blut aus den Hälsen seiner Opfer! Der „Volksvampir“ war ohne Weiteres in der Lage, bei Tage zu wandeln (auch wenn die Nacht seine Hauptaktivitätszeit war), und von Blässe keine Spur: Wenn man sich durchrang, eines des Vampirismus Verdächtigen zu exhumieren, so fand man ihn mit aufgedunsenem Gesicht, rot gefärbt von der Lebenskraft der Opfer, die sich in Form von Blut im Mund zu manifestieren schien! Die These der beiden Amerikaner ist also keineswegs haltbar, und doch wird sie bis heute in den einschlägigen populären Nachschlage- und „Nachklick“-Werken als mögliche Erklärung für die Vampirkrankheit genannt.

Peter Mario Kreuter, der sich intensiv mit den medizinischen Theorien zum Vampirismus auseinandergesetzt hat, analysierte eine weitere Diagnose, die den Erkrankten in den Mittelpunkt stellt: Juan Gómez-Alonso publizierte fast zeitgleich mit den beiden Amerikanern eine These, die die Tollwut als Erklärung favorisierte. Für ihn schienen sich die Symptome der „Vampirkrankheit“ mit denen der Virusinfektion, die vornehmlich durch Bisswunden übertragen wird, zu decken.

Die Krankheit verläuft in mehreren Phasen: Appetitlosigkeit, Fieber, Angstzustände, Schlafstörungen und eine Rötung der Bisswunde machen den Anfang, bis ein Großteil der Infizierten zusätzlich von Verwirrtheit und Krämpfen befallen wird. In späteren Stadien der Krankheit leidet der Patient an Halluzinationen, Schlaflosigkeit und starkem Durst, der jedoch in panikartige Angst vor Flüssigkeit und unbändige Wutanfälle umschlägt. Schon der Anblick von Wasser löst manchmal Krampfanfälle im Kehlkopfbereich aus, sodass der Speichel nicht mehr geschluckt werden kann und schaumartig aus dem Mund austritt. Eine Tollwuterkrankung endet, wenn nicht rechtzeitig Gegenmaßnahmen ergriffen werden, fast immer tödlich.

Kreuter merkt an, dass die Tollwut-Theorie nicht „in Bausch und Bogen" verworfen werden könne.[5] So sei die Angst vor dem Spiegelbild, das durch die Reflexionen Krämpfe auslöse, durchaus mit der Tollwutkrankheit erklärbar. Aber auch Gomez bedient sich, wenn er seine These auf die Übertragung per Biss baut, an Bildern, die die Literatur des 19. Jahrhunderts geschafften hat! Ähnliches passiert nahezu allen Autoren, die mit Hilfe der Tiefenpsychologie und der Psychoanalyse versuchen, den „Volksvampir" zu deuten. Ihre Studien sind meist auf hohem Niveau und aufschlussreich – um mehr vom *literarischen* Vampir und seinen Reflexionen über die „reale" Welt zu erfahren. Über den traditionellen Vampirglauben in Südosteuropa geben sie aber kaum Auskunft.

Kreuter bringt die Problematik all dieser Diagnosen für den Vampirismus auf den Punkt: „Was den Menschen betrifft, gibt es keine Monokausalität, und schon gar nicht dort, wo es um die Welt der Gedanken geht."[6] Einer, der dies erkannt hat, ist der Wiener Pathologe Christian Reiter. Er versuchte keine umfassende Theorie zu entwickeln, sondern widmete sich ganz bewusst einem bestimmten, gut überlieferten Fall der „Vampirkrankheit" aus dem Jahr 1731 im serbischen Megyvedia, den wir im nächsten Kapitel genauer analysieren werden.

Reiter konzentrierte sich nicht auf einzelne Symptome, sondern wurde durch die Häufung und die Art der Todesfälle darauf aufmerksam, dass sie an Merkmale einer Milzbrand-Epidemie erinnerten. Diese hochinfektiöse Krankheit mit ihrer kurzen Inkubationszeit und der üblichen Übertragung des Bazillus vom Tier auf den Menschen scheint tatsächlich das seuchenartige Sterben in dem Dorf an der Militärgrenze zu erklären. Die Opfer der Seuche sind vermutlich alle mit einem infizierten Schaf in Berührung gekommen, sei es durch Verzehr oder durch die bloße Weiterverarbeitung des Tierfleisches. Die Menschen im Dorf waren besonders in den Wintermonaten darauf angewiesen, sich auch von verendeten Tieren zu ernähren, was die Chance auf eine Infektion der Bevölkerung, die vor allem von der Viehzucht lebte, erhöhte. Die in der Nähe stationierten Soldaten waren niemals von der Seuche betroffen, da sie keinen engen Kontakt mit den Krankheitsüberträgern, den Viehherden, hatten.

Freilich kann auch der Milzbrand keine Universalerklärung liefern, viele Aspekte des Vampirismus bleiben ungeklärt, wohl nicht zuletzt, weil einige wenige Berichte von voreingenommenen Militärärzten aus dem 18. Jahrhundert kaum genug Information liefern können, um eine umfassende Diagnose stellen zu können.

Eine Sache ist für einen Gerichtsmediziner wie Christian Reiter jedoch eindeutig: Der kaum verweste Zustand der Leichen nach ihrer Exhumierung, von dem ihr „Vampirtum" abgeleitet werden sollte, ist völlig vorhersehbar und normal! Fäulnisgase blähten den Leichnam auf und ließen ihn, auch wenn er zu Lebzeiten noch so abgemagert war, wohlgenährt und fettleibig erscheinen. Wenn nun ein vermeintlicher Vampir durchbohrt wurde, entwich Fäulnisflüssigkeit durch Nase und Mund des Toten und machte seine Jäger glauben, er habe vor Kurzem das Blut von Lebenden konsumiert. Solch eine Pfählung konnte dem Toten schmatzende und ächzende Geräusche entlocken und so den Eindruck erwecken, der Untote beklage sich über die „Behandlung“, die ihm zuteilwurde. Nachwachsende Fingernägel und sich neubildende Haut sind unter diesen Umständen auch leicht erklärt: „Durch den Druck im Inneren des Leichnams wird Flüssigkeit aus den Geweben unter die Oberhaut gepresst, weshalb sich diese an der Grenze zwischen Lederhaut und Oberhaut ablöst, sodass die Haut an Händen und Füßen handschuhartig mitsamt den Nägeln abgeht. Die darunter liegende glänzende Lederhaut sowie die leeren Nagelbetten täuschen die Entstehung einer neuen Haut und neuer Nägel vor“[7], schildert der Gerichtsmediziner den Vorgang.

Je nach Beschaffenheit des Bodens war es also kein Problem, auch Monate nach der Beerdigung eine unverwest wirkende Leiche zutage zu befördern. Für Reiter scheint es eher verdächtig, dass der untersuchende Arzt behauptete, in einigen Gräbern Tote, die erst wenige Wochen zuvor beerdigt worden waren, im Zustand völliger Verwesung vorgefunden zu haben. So scheint die Vermutung nahezuliegen, dass der Zustand der „Kontrollgruppe“ anders geschildert worden war, als es der Wahrheit entsprach – diese Leichen konnten noch nicht völlig zerfallen sein. Aber nur diese vorgebliche Divergenz zwischen „vervampyrten“ und „normalen“ Leichen konnte weitere Untersuchungen rechtfertigen – und die damit verbundenen Exekutionen von angeblichen Vampiren, um die Bevölkerung zu beschwichtigen. Jedoch: Die Remunerationsansuchen für den „Exekutor“ – den Arzt – wurden anscheinend bei Hofe nicht bewilligt, und die „Vampirkrankheit“ erwies sich rasch als weniger lukrativ, als sich das so mancher Mediziner womöglich erhofft hatte. Mit ein Grund, warum die Berichte über die „Vampirseuche“ bald abreißen sollten. In den Welten an den

Rändern des „aufgeklärten“ Europa wird der Vampirglauben aber weiterleben – warum er das tut, ist jedoch weniger durch das Auftreten von epidemischen Krankheiten zu erklären. Erst wenn wir die „Aufgaben“ des Vampirs in jenen Lebenswelten kennenlernen, können wir die Gründe für seine Existenz im Volksglauben schlüssig deuten.

Suche im Mythos – der Untote, ein Lebensverlängerer

Mittlerweile haben wir die Spielarten des Vampirs im Volksglauben relativ genau kennengelernt und wissen, wie er aussieht, wie er sich verhält und wie man ihn sich vom Leibe hält. Es konnte auch geklärt werden, warum so mancher Tote nach vielen Wochen der Grabesruhe noch immer in nahezu unverwestem Zustand vorzufinden ist. Nur eine Frage scheint in diesem Zusammenhang noch im Raum zu stehen: Warum schuf sich der Mensch mit seiner Phantasie ein solches Wesen? Fand er sich nicht ohnehin zur Genüge von realen Bedrohungen umgeben?

Wir möchten mit der Antwort zu dieser Frage einmal mehr beim Mythos beginnen: Anstifterin der Verbannung von Adam und Eva aus dem Paradies war bekanntlich die Schlange. Sie steht für das Böse – jene Option, die dem Menschen durch den ihm verliehenen freien Willen offensteht. Sie versprach Eva, dass die verbotene Frucht keineswegs den Tod bringen würde, sondern vielmehr göttliche Weisheit verleihe. Und so thematisiert schon die Genesis den Tod – und den Wunsch des Menschen nach ewigem Leben.

Denn einer Tatsache kann sich der Mensch über kurz oder lang nicht entziehen: der Begrenztheit des Lebens. Nun hat sich schon der Philosoph Immanuel Kant (1724–1804) bemüht, eine ganze Reihe von einsichtigen

Argumenten gegen eine Verlängerung des Lebens anzuführen. Er stellt aber gleichzeitig fest, dass auch er nicht gegen die „kindische Urteilskraft“ des Menschen ankäme, die „den Tod fürchtet, ohne das Leben zu lieben“. Sigmund Freud (1856–1939) wiederum weist uns darauf hin, dass die Ideen von Seelenwanderung, Wiedergeburt oder ewigem Leben deswegen existieren, weil mit ihrer Hilfe der Tod das Leben nicht aufheben könne. So lässt sich aus verschiedenen Blickwinkeln erklären, was offensichtlich ist: Der Mensch will sein Leben verlängern – sei es nun in der Realität oder lediglich in seiner Phantasie.

Diese interdisziplinäre Annäherung lässt uns die „Existenz“ des Wiedergängers besser verstehen. Warum er meist als eine *böse* Gestalt gesehen wird, kann sie uns nicht erklären. Aber auch bei dieser Frage hilft uns Freud weiter: Es seien mitunter feindselige Gefühle, die wir dem Toten bei aller Trauer und allem Schmerz entgegenbringen. Unterbewusst hätten wir ihm – so wie jedem – oft den Tod gewünscht und am Ende würden wir ihm dennoch verübeln, dass er sich uns im Sterben endgültig entzieht. Da diese negativen Gefühle gesellschaftlich nicht zugelassen seien, würden wir sie auf den zurückkehrenden Toten projizieren und ihm auf ziemlich verkorkste Weise ein weiteres Mal den Tod wünschen. Diese psychologische Erklärung für das Phänomen des bösen Wiedergängers lässt sich auf eine kurze Formel reduzieren: Je mehr der Mensch zu Lebzeiten gehasst wurde, desto mehr Hass gibt er als Untoter zurück. Und dazu stehen ihm scheinbar auch noch übernatürliche Kräfte zur Verfügung!

Der Vampir dient der Gemeinschaft – Lückenbüßer und Mediator

Was lässt sich aber auf Grundlage dieser Annäherung über die Bedeutung des ganz besonderen Wiedergängers, den Vampir, sagen? Wie kommt es, dass der Volksglauben gerade im südosteuropäischen Raum ein solches Wesen hervorbrachte, und welche Funktionen erfüllte er? Peter Mario Kreuter kann in seiner Studie nachweisen, dass die „Existenz" des Vampirs nur durch eine Kombination mehrerer Perspektiven erklärt werden kann. Die wichtigste Erkenntnis sei vorangestellt: Der Vampirglaube widerspricht dem christlichen Glauben keineswegs – er füllt lediglich die Lücken. Möglich wird diese überraschende Diagnose durch die Feststellung, dass das in Südosteuropa dominierende orthodoxe Christentum für die letzte Phase des irdischen Lebens – den Tod – dogmatisch relativ wenig zu „bieten" hat. Ein fehlendes „Todessakrament" ist dafür jedoch noch keine nachhaltige Erklärung, da dieses in keiner christlichen Konfession bekannt ist. Interessant erscheint jedoch in diesem Zusammenhang, dass die Orthodoxie im Gegensatz zum Katholizismus kein Fegefeuer kennt und die letzte Entscheidung über den Verbleib einer Seele (Himmel oder Hölle) erst beim Jüngsten Gericht fallen wird.

Wo aber sollen die Toten bis dahin verweilen, während sie auf das Ende der Zeiten warten? Da liegt die Vorstellung nahe, dass so mancher seine Buße noch hier auf Erden tun muss. Auch sonst machte die Orthodoxie ihren Gläubigen in Bezug auf die letzten Dinge wenig Hoffnung. Die Priester waren meist schlecht ausgebildet, konnten nur ihre eingeübten Rituale ausführen und die wichtigsten Glaubenslehren vortragen, wussten aber den Menschen kaum Tröstliches über den Tod zu erzählen: Nur wer sich penibel an die Regeln halte, habe eine Chance auf einen Platz im Himmel. Aber wer war schon in der Lage, ein solch fehlerfreies Leben zu führen?

Über das „Danach" verliert die orthodoxe Theologie nur wenig konkrete Worte. Sicherlich waren die äußerst lebendigen Jenseits- und vor allem Höllenvorstellungen, die der Westen im Mittelalter kannte, nicht gerade dazu angetan, die Menschen für ein Leben nach dem Tode zu begeistern. Ein Schweigen über das Jenseits schien die Vorstellungskraft der Menschen jedoch auf ganz andere Weise zu beflügeln – sie schafften sich alternative Szenarien, die sich nach ihrer täglichen Wahrnehmung richteten. Dazu kommt, dass das seelsorgliche Engagement der orthodoxen Priester keinen Schwerpunkt auf die Begleitung und Betreuung der Hinterbliebenen legt. Diese pastoralen Mängel im Bereich der aktiven und passiven Todeserfahrung schlagen sich auch im Ritus der Ostkirche nieder: Ein Toter hat in der Kirche nichts verloren, und selbst die Einsegnung des Verstorbenen wird unter freiem Himmel durchgeführt, da es dem Priester untersagt ist, ein Haus, in dem ein Toter aufgebahrt ist, zu betreten. Und so finden wir in den südosteuropäischen Begräbnisbräuchen bis heute viele Elemente, die eindeutig aus nichtchristlicher Tradition stammen: Die „individualisierte" Totenklage nennt die Verdienste des Verstorbenen und stellt so einen auf den Verstorbenen zugeschnittenen Gegenpunkt zu den sehr allgemeinen Gebeten des Priesters am Grab dar. Aber auch Grabbeigaben sind nicht zum christlichen Erbe zu rechnen – man denke an die Netze, die den Vampir gleichzeitig fesseln und beschäftigen sollen!

Dies sind aber nicht die einzigen Lücken, die vom Volksglauben aufgefüllt wurden. Nicht selten steht die tägliche Erfahrung der Dorfbewohner im Gegensatz zur offiziellen Lehre. Das Christentum erklärt die Existenz alles Irdischen als linearen, heilsgeschichtlichen Ablauf. Die Genesis erzählt uns von der Erschaffung der Welt und des Menschen, die Offenbarung des Johannes beschreibt uns das Ende dieser Welt und damit letztlich auch den Tod des Individuums. Ein Mythos mit einem Anfang und einem Ende.

Für die Menschen im Dorf, deren Lebensgrundlage und Hauptbeschäftigung die Landwirtschaft war, stand oft eine andere Erfahrung im Vordergrund. Die Natur präsentierte sich ihnen als Kreislauf – Jahreszeiten folgten einem Zyklus, und mit ihnen wurden auch die Felder in „ewiger Wiederkehr" bestellt. Anfang und Ende waren in dieser Welt nicht in Sicht. So war auch der Tod zwar eine durchaus schmerzliche Erfahrung, er schien jedoch keinerlei Einfluss auf den ewigen Kreislauf der Natur zu haben. In dieser Vorstellungswelt erscheint die Präsenz eines Wiedergängers keineswegs unmöglich!

Bei dieser Vermischung von christlichen Glaubensvorstellungen mit naturreligiösen Ideen handelt es sich jedoch nicht um Häresie oder Formen von Synkretismus. Der Glaube an die Existenz von Wiedergängern stellt keine „eigene Religion" dar und kann mit der Bedeutung des Christentums keinesfalls gleichgesetzt werden. Vielmehr wird die dominierende Religion, dort, wo sie Lücken für die Erklärung der eigenen Lebenswelt hinterlässt, von Elementen anderer Glaubensvorstellungen ergänzt.

Kreuter weist uns außerdem darauf hin, dass der Vampir mit seiner Präsenz auch für Zusammenhalt und Ordnung in der Dorfgemeinschaft sorgt. Meist hat sich der des Vampirismus Verdächtige schon zu Lebzeiten durch sein nichtkonformes Verhalten außerhalb der Gemeinschaft gestellt. Als Wiedergänger ist er nun doppelt gefährlich, der Hass, der ihm schon zu Lebzeiten begegnet ist, verstärkt sich jetzt im selben Maße, wie seine Kräfte steigen. Er ist der gemeinsame Feind, er bedroht die ganze Gruppe und muss von diesem Kollektiv unschädlich gemacht werden. Und so ist er wie kein anderer dazu geeignet, der Dorfgemeinschaft zu einem starken Zusammenhalt zu verhelfen.

Durch seine Aktivitäten wird er nicht nur zu einem Grenzgänger zwischen den Welten, sondern bedroht auch die dörfliche Ordnung: Die Lebenden wandeln auf der Erde, die Toten haben unter ihr zu liegen. Wenn sich aber die Verstorbenen nicht daran halten, muss die Gemeinschaft nachhelfen, um die Ordnung wiederherzustellen. Die Verbrennung des Monsters zeigt hier in besonderer Weise, wie diese Mechanismen funktionieren: Nirgends in Südosteuropa kennt man die Feuerbestattung – der Vampir jedoch wird verbrannt. Abnorme Phänomene werden mit abnormen Mitteln bekämpft, um die Normalität wiederherzustellen und den Verwesungsprozess des Untoten gleich noch zu beschleunigen. Der Vampir fungiert also nicht nur als Lückenbüßer für alltägliche Phänomene, die die Religion nicht erklären kann oder will, sondern liefert auch die Projektionsfläche für jene Feindbilder, die die Dorfgemeinschaft benötigt, um Zusammenhalt und Ordnung zu bestätigen und zu festigen. So wird das Monster zum Medium – und schließlich zum Mediator.

Nicht nur im Kino – der Vampir lebt!

Seit man im 18. Jahrhundert im Westen auf den untoten Wiedergänger aufmerksam geworden ist, hat man die Berichte über einschlägige Exhumierungen sorgfältig dokumentiert. Der Glaube an Vampire ist kein Phänomen einer dunklen Vergangenheit. Volkskundler müssen nicht unbedingt auf historische Zeugnisse zurückgreifen, um sich mit dem Vampirglauben auseinandersetzen zu können. Auch der Realsozialismus, der in den vom Vampirismus „betroffenen" Staaten nach dem Ende des Zweiten Weltkriegs zum politischen und ideologischen Ordnungsrahmen geworden ist, hat die Vorstellungen von verschiedenen Geisterwesen nicht auslöschen können. So erreichten uns auch kurz vor dem Ende des kommunistischen Experiments in Europa noch Berichte von althergebrachten Praktiken: 1988 soll in Orljan, einem Dorf in der Nähe der ostserbischen Stadt Niš, die 70-jährige Vukica

Stanković ihre geistig behinderte Tochter mit einer Mistgabel getötet haben, weil sie glaubte, sie habe es mit einer Vampirin zu tun. Um auf Nummer sicher zu gehen und die vermeintliche Untote am Wiedergehen zu hindern, trieben die Mutter und ihre zweite Tochter dem Leichnam zudem einen langen Nagel ins Herz.

Der bekannteste Fall von modernem Vampirjägertum ereignete sich 2004 im südwestrumänischen Dorf Marotinu de Sus, etwa 160 km südwestlich von Bukarest, nachdem sich Elisabeta Marinescu beschwert hatte, dass ihre Familie von ihrem verstorbenen Bruder Petre Toma heimgesucht würde und auch ihre Schwiegertochter durch seine Präsenz erkrankt sei. Für sie war klar: Ihr Bruder ist zum Wiedergänger geworden. So nahmen sechs Freunde und Verwandte des vermeintlichen *strigoi* all ihren Mut zusammen und gruben seinen Leichnam zu mitternächtlicher Stunde aus. Mit einer Heugabel spalteten sie seinen Brustkorb und entnahmen sein Herz. Der Tote wurde mit Pflöcken in seinem Grab fixiert und mit Knoblauch „behandelt“. Das entnommene Herz aber verbrannten die Vampirjäger öffentlich an einer Straßenkreuzung, lösten die Asche in Wasser auf und gaben der kranken Nichte des Toten davon zu trinken. Und tatsächlich – so erzählt man sich in Marotinu de Sus – sei es ihr schon am nächsten Tag deutlich besser gegangen.

Behördlich bekannt geworden ist der Fall durch eine der Töchter des Exhumierten. Sie hatte in die „Stadt“ geheiratet und war schockiert, als sie hörte, was die Männer mit dem Leichnam ihres verstorbenen Vaters angestellt hatten, und schaltete die Polizei ein. Nach umfassenden Ermittlungen verurteilte ein Gericht die „Vampirjäger“ wegen Grabschändung zu mehreren Monaten Gefängnis. Das Strafausmaß wurde allerdings reduziert, nachdem ein Sozialanthropologe überzeugend dargelegt hatte, welche traditionelle Logik für die Dorfbevölkerung hinter diesem Ritual steckt. In Marotinu hielt sich das Verständnis für das Vorgehen der Exekutive trotzdem in Grenzen: Die Männer hätten eben getan, was getan werden musste, hieß es dort bisweilen. Nicht ganz zu klären ist allerdings, wo bei diesem Fall die traditionelle Vorstellung vom *strigoi* endet und die medialen Einflüsse auf die Überlieferung beginnen: Die „Vampirjäger" behaupteten, Blut um den Mund des (Un)toten gesehen zu haben. In der regionalen Überlieferung ist aber das Blutsaugen des Wiedergängers kaum ein Thema. Es scheint ganz so, als hätten Bram Stoker und Hollywood ihren Teil zum zeitgenössischen Volksglauben beigetragen.

Und wie schon drei Jahrhunderte zuvor stürzten sich die westlichen Medien gierig auf diese Geschichte. Alle großen europäischen Zeitungen berichteten über den Fall Toma, und der Discovery Channel drehte gar eine Dokumentation, in der auch Dorfbewohner zu Wort kommen und ihre Versionen der Geschichte erzählen durften. Niemals wird in diesen Berichten vergessen, auf den Beitrittsantrag Rumäniens zur Europäischen Union hinzuweisen. Da waren sie wieder, die Bilder und Geschichten über eine rückständige und geheimnisvolle Gegend, die sich so sehr vom aufgeklärten Westen unterscheidet. Die Grenzen zwischen Zivilisation und Rückständigkeit folgen jedoch nicht ausschließlich dem Ost-West-Schema. Die Bruchlinien verlaufen mitten durch die Gesellschaft: Der westliche Lebensstil durchdringt sukzessive die urbanen Räume Osteuropas, und Vernunft und Aufgeklärtheit halten im Gefolge von Flatscreens und Multimediahandys Einzug. Auf dem Land hingegen scheint die Zeit stillzustehen, Mensch und Tier muss sich offenbar noch immer den Lebensraum mit Hexen, Gespenstern und Wiedergängern teilen. Denn aktuelle Vampirgeschichten aus dem Osten Europas – Mythen vom Rande der zivilisierten Welt – sind bestens dazu geeignet, dem Westen seinen zivilisatorischen Vorsprung zu bestätigen.

Diese „Gleichzeitigkeit des Ungleichzeitigen" in Osteuropa spiegelt sich auch in der innerrumänischen Medienlandschaft wider: Um den 30. November, dem Fest- bzw. Todestag des hl. Andreas, bringen Presse und TV mit Vorliebe Geschichten über *strigoi* und die Wirkung von Knoblauch, interviewen Vampirjäger zu ihrer Tätigkeit oder lassen aufgeregte Bauern erzählen, warum sie in der Andreasnacht keinen Fuß vor die Tür setzen. Die „aufgeklärte" Gesellschaft in Rumänien reagiert mit Belustigung, Erstaunen und Scham über die Rückständigkeit im eigenen Land. Umso besser, wenn man „Storys" findet, die Aberglauben und überkommene Praktiken einer anderen als der eigenen Volksgruppe zuweisen, wie die Berichterstattung über eine Exhumierung in Medgidia zeigt. Die in der Dobrutscha gelegene Stadt beschreibt sich selbst als weltoffene und multiethnische Industriestadt. Im Frühjahr 2008 sollte sich dieses Image grundlegend ändern, als einige Bewohner des Ali Baba-Viertels Ghiulten Memedali exhumierten, um ihren Umtrieben als Wiedergängerin, als *strigoaie*, Einhalt zu gebieten. Kurz nach ihrem Begräbnis soll sie begonnen haben, im Hause ihres Bruders ihr Unwesen zu treiben, Wertsachen zu stehlen und ihrer lebenden Verwandtschaft den baldigen Tod anzukündigen. Selbst gegen die Kinder ihrer Schwägerin habe sie Todesdrohungen ausgesprochen, lassen die Medien die Betroffenen erzählen.

Man reagierte mit Spott: Was jedem Menschen mit gesundem Menschenverstand reine Fiktion sei, würde in den Köpfen einer gewissen Gruppe in Medgidia zur Realität werden. Denn Ghiulten Memedali und die Leute, die sie aus dem Grabe holten, waren zu einem Großteil muslimische Roma. Sie sind in den Augen der von nationalistischen Ansichten geprägten Medienlandschaft mit einem doppelten Makel behaftet. Sie gehören weder zum orthodoxen Christentum, das nach wie vor als eine Art von Staatsreligion gilt, noch sind sie Teil der „staatstragenden"

Volksgruppe der Rumänen. Sie sind lediglich „Zigeuner“, die mit der Exhumierung des Leichnams die Gesetze und Institutionen des Staates missachtet hätten.

Der Vorsitzende der muslimischen Kultusgemeinde in Rumänien betonte, dass ihm aus seinen Gemeinden keine solchen Fälle bekannt seien, schon allein weil Exhumierungen nach dem islamischen Gesetz nur in Ausnahmefällen und nach erst vielen Jahrzehnten vorgenommen werden dürften. Auch die rumänische Gesundheitsbehörde bestätigte, dass solche Vorkommnisse zwar aus Oltenien und der Moldau bekannt seien, nicht jedoch aus dem Kreis Constanţa. So scheint sich bei diesem jüngsten Fall von „Vampirismus“ zu bestätigen, dass die „Vampirjäger“ ihr Wissen über Untote und deren Bekämpfung eher aus Film und Fernsehen denn aus ihrer Überlieferung bezogen haben. Und trotz der Feststellung, dass sich in der muslimisch-rumänischen Gemeinschaft eigentlich kein Wiedergängerglauben nachweisen lässt, nützten viele Medien die Möglichkeit, die Bewohner des ärmlichen Ali Baba-Viertels kollektiv als rückständig und barbarisch darzustellen. Dass sie zu einem Großteil der Volksgruppe der Roma angehören, scheint dabei noch nützlicher zu sein als ihr muslimischer Glaube. Individuelle Deutungsversuche des Erlebten und Empfundenen einerseits und medial vermittelte Bilder andererseits können so kaum mehr auseinandergehalten werden. Denn auch das ursprünglich durch regionale Überlieferung geprägte Bild des *strigoi* wird sukzessive vom „globalen vampirischen Code“, der durch Literatur, Film und Zeitungen geschaffen wurde, überlagert.

Monster der Moderne – der Vampir als Medienstar

Die Entdeckung des Vampirs – eine Blitzkarriere

Während uns aus dem Mittelalter nur wenige Geschichten über Untote bzw. lebende Leichname bekannt sind, finden wir ab Beginn der Neuzeit in zunehmendem Maße derartige Berichte in einschlägigen Quellen. Bereits aus dem Jahr 1591 ist uns ein Fall von Wiedergängertum in Schlesien bekannt. Ein Schuster soll dort nach seinem Selbstmord mehrere Menschen heimgesucht haben, was die Breslauer Behörden dazu veranlasst habe, seine Exhumierung und die anschließende Kremation anzuordnen. 1618 wissen wir von einem ähnlichen Vorfall in Böhmen, und nur sechs Jahre später werden mehrere Berichte über Begegnungen mit einer *upierzyca* aus der Nähe von Krakau bekannt. Eine erste wissenschaftliche Auseinandersetzung mit den Untoten liefert uns Philip Rohr mit seinem 1679 in Leipzig erschienenen historisch-philosophischen Traktat *De Masticatione Mortuarum* („Vom Kauen der Toten"), in der er sich mit dem mitteleuropäischen Phänomen des Nachzehrers beschäftigt.

Gewöhnliche Wiedergänger und Magia posthuma – vor der großen Welle

Das Epizentrum des Vampirismus wird sich jedoch – zumindest in den Augen der westlichen Wahrnehmung – bald von Mitteleuropa auf den Südosten des Kontinents verlagern. Die französische Zeitschrift *Mercure galant* veröffentlichte als erstes Periodikum 1693 einen Bericht mit dem Titel *Stryges de Hongrie* („Striges aus Ungarn") über dieses Phänomen. (Obwohl der Vampirglaube im engeren Sinne zuerst in slawisch und griechisch besiedelten Gebieten auftauchte, wird zum Zeitpunkt des „Vampirismus-Hypes" oftmals von ungarischen Vampiren die Rede sein. Auch wenn die sogenannte Vampirkrankheit nun vor allem „Raitzen" und „Vlachen", also die serbische und rumänische Bevölkerung, bedrohte, fanden die in den Westen getragenen Geschichten ihren Schauplatz meist an der Peripherie des multiethnisch besiedelten Ungarischen Königreichs.)

Den Begriff „Vampir" finden wir in diesem Text nur in seiner polnischen Version als *upierz*, aber die aufkeimende Lust, sich an dieser neu entdeckten Erscheinung zu delektieren, ist schon deutlich zu spüren. Dieser Trend bestätigte sich ein Jahr später, als der *Mercure* diesem Thema ganze 72 Seiten widmete und dem Leser erstmalig eine umfassende Beschreibung des Phänomens lieferte. Der Großteil der westeuropäischen Gazetten wird jedoch erst vier Jahrzehnte später entdecken, wie gut der Vampir in das zeitgenössische mediale Konzept, das sich auf eine Melange von Politik, Literatur, Musik und Skandalgeschichten stützte, passte.

In den nächsten Jahrzehnten zeugen nur wenige Dokumente von einer schriftlichen Auseinandersetzung mit den lebenden Leichnamen, sei sie nun unterhaltender oder wissenschaftlicher Natur. 1704 veröffentlicht der Leipziger Theologe Karl Ferdinand von Schertz (verst.

1724) seine später viel gelesene Dissertation *De magia posthuma*, in der er sich Fällen im mährisch-nordungarischen (heute slowakischen) Grenzgebiet widmete, die man später als Vampirismus bezeichnen wird. Er hinterließ uns damit die erste umfassende „gelehrte“ Auseinandersetzung mit der Thematik. 1707 sah sich die lutherische Synode im heutigen mittel-slowakischen Ružomberok (deutsch Rosenberg, ungarisch Rózsahegy) gezwungen, über die um sich greifende Praxis zu beraten, Leichen zu enterdigen, zu enthaupten und zu verbrennen. Und nur zwei Jahre später erreichte ein Bericht aus Transsilvanien den Westen. Der ungarische Arzt Samuel Köleséri musste zu seinem Entsetzen feststellen, dass es besonders zu Zeiten, als die Pest wütete, völlig normal war, „verdächtige“ Tote, die man für den Ausbruch der Seuche verantwortlich machte, auszugraben und mit einem Pfahl zu durchbohren oder zu enthaupten.

Eine der seltsamsten Geschichten wird uns 1718 aus Lublov (Lubló), einer kleinen Stadt an der Grenze zwischen Ungarn (heute Slowakei) und Polen, zugetragen: Der Kaufmann Michael Casparek verstarb, kurz nachdem er das Vermögen eines polnischen Kunden gestohlen hatte, um bald darauf wieder zurückzukehren, mit seiner Frau zusammenzusein und die Stadtbewohner zu terrorisieren. Casparek scheint sein Unwesen mit einer derartigen Präsenz getrieben zu haben, dass selbst die Behörden Ermittlungen aufnahmen. „Gelöst“ wurde der Fall schließlich, indem der Leichnam exhumiert und verbrannt wurde. Caspareks Wirken als Untoter blieb im Gedächtnis der Menschen so präsent, dass ihm der ungarische Schriftsteller Kálmán Mikszáth (1847–1910) rund zwei Jahrhunderte nach seinem doppelten Dahinscheiden die Erzählung „Das Gespenst von Lubló“ *(Kisértet lublon)* widmete. (Siehe auch „Die Erfindung des Vampirs – Schönheit der Verdammnis“)

Ein Grenzgänger von der k. k. Militärgrenze – der Vampir taucht auf

All diese Fälle sind schon vor der ersten großen Vampirismus-Welle der Dreißigerjahre des 18. Jahrhunderts dokumentiert worden. Ihre Bedeutung und Publizität sollten sie aber im Windschatten des serbischen Vampirs bekommen, der seine große, wenn auch kurze Karriere vom Gebiet der österreichischen Militärgrenze aus startete. Es scheint kein Zufall zu sein, dass der erste mediale und wissenschaftliche „Hype" um den Vampir von einem Phänomen ausgelöst worden war, das durch seine periphere Lage der Öffentlichkeit eigentlich verborgen bleiben müsste: Nach der gescheiterten zweiten Belagerung Wiens durch die Osmanen (1683) war es den Habsburgern gelungen, verlorene Teile Südosteuropas zurückzuerobern. Mit dem Frieden von Passarowitz (1718; serbisch Požarevac) erreichte das Habsburgerreich unter Kaiser Karl VI. (1685–1740) seine größte Ausdehnung in Europa. Der nördliche Teil Serbiens inklusive Belgrad, die Kleine Walachei und das Banat von Temesvár (rumänisch Timişoara) im heutigen Rumänien fielen an Österreich. Aber bereits 1739 mussten diese Gebiete mit dem Frieden von Belgrad bis auf das Banat wieder abgetreten werden. In den zwei Jahrzehnten der Habsburgischen Verwaltung wurden nun aus diesen Ländern die ersten „großen" Fälle der „Vampirkrankheit" bekannt.

Wien setzte bei der Errichtung der Militärverwaltung für die eroberten Gebiete auf eine direkte militärische Organisationsstruktur: Der Hofkriegsrat und die Hofkammer stellten gemeinsam die „Neoacquistische Kommission", der Prinz Eugen (1663–1736) als Präsident vorstand. Diese Behörde setzte die Generalkommandanten für die eroberten Gebiete ein, denen wiederum die Militärkommandanten für die einzelnen Distrikte direkt unterstellt waren. Private Grundobrigkeiten gab es in diesen

Gebieten keine, der Kaiser selbst fungierte sowohl als Landes- wie auch als Grundherr. Auf diese Weise umging er den ungarischen Statthalter und die ungarische Hofkanzlei, die große Teile der eroberten Gebiete aus historischen Gründen verwaltungsmäßig für sich beansprucht hätten. So aber blieb die Verwaltung der k. k. Militärgrenze *(Confinum militare)* in den eroberten Gebieten unmittelbar dem Kaiser in seiner Eigenschaft als König von Ungarn bzw. Kroatien und seiner Kommission vorbehalten.

Schon zu Beginn des 16. Jahrhunderts hatten die Habsburger eine solche Pufferzone zwischen Osmanischem und Habsburgischem Einflussgebiet in Kroatien eingerichtet. Nun sollte die Militärgrenze von Slawonien beginnend über den Banat und Siebenbürgen bis ins Karpatenbecken ausgedehnt werden. Als eine Art Habsburgischer Limes bzw. einen *cordon sanitaire* hatte sie sowohl militärische als auch bevölkerungspolitische Aufgaben zu erfüllen. Um die durch die Türkenkriege verwüsteten und großteils entvölkerten Gebiete wieder zu zivilisieren, lockte man deutsche Kolonisten mit finanzieller Unterstützung, Steuerfreiheit sowie Grund und Boden dorthin. Im dünn besiedelten Banat bevorzugte man Katholiken, während die Protestanten meist gegen ihren Willen ins von religiöser Toleranz geprägte Siebenbürgen gelenkt wurden. Die Siedler aus dem Reichsgebiet sollten die von Weidewirtschaft lebenden und mobilen Personenverbände von „Wlachen“ (Rumänen) und „Raitzen“ (Serben) auf eine intensive Feldwirtschaft „umschulen“ und aus den als „Heiducken“ bekannten Hirtenkriegern Wehrbauern machen. Sie hatten im Kriegsfall ohne Rücksicht auf Zeit und Ort den Grenzraum zu verteidigen.

Auch serbische und bulgarische Siedler wurden angeworben, wenngleich man ihnen lediglich eine zweijährige Steuerfreiheit versprach. Dieser griechisch-orthodoxe Teil der Bevölkerung sollte bald zum Hauptziel der Vampirübergriffe werden. Was dem Zentrum in Wien eine wirtschaftlich und militärisch notwendige Maßnahme war, erlebten die Grenzer als harte Realität: Die wirtschaftliche Rückständigkeit machte den Menschen ebenso zu schaffen wie die immer wieder stattfindenden, kleinräumigen Übergriffe der Osmanen. Krankheit, Krieg und der Kampf ums wirtschaftliche Überleben versetzten die multiethnische und multikonfessionelle Bevölkerung in einen Zustand der permanenten Bedrohung. In diesem Grenzraum zwischen zwei Imperien, wo sich politische, wirtschaftliche, soziale und religiöse Interessen bündelten, sollte die Karriere des Vampirs ihren Anfang nehmen.

1725 meldet sich der für den Grenzdistrikt Gradiska, einer Stadt an der Save, dem südöstlich von Zagreb gelegenen damaligen Grenzfluss, zuständige Kameralprovisor Frombald mit einem Schreiben in Wien, in dem er von „seltsamen Vorfällen" im Dorf Kisolova, einem Dorf im slawonisch-bosnischen Grenzgebiet, berichtet, die er im Auftrag seines Generals in Belgrad zu untersuchen hatte. Neun Personen seien innerhalb von acht Tagen verstorben. Noch im Todeskampf hätten sie behauptet, dass der verstorbene Bauer Peter Plogojewitz sie einige Wochen zuvor im Schlafe aufgesucht, sich auf sie gelegt und gewürgt habe, „daß sie nunmehro den Geist aufgeben müsten". Die Frau des vermeintlichen Wiedergängers habe überdies davon berichtet, dass ihr Mann zu ihr zurückgekehrt sei und nach seinen Schuhen verlangt habe, um in ein anderes Dorf gehen zu können. Frombald nannte das Phänomen in seinem Brief erstmals bei dem Namen, unter dem es Weltkarriere machen sollte: „Vampyri".

Die Dorfbewohner seien an Frombald herangetreten, um ihn um Erlaubnis zu bitten, den Leichnam Plogojewitz' in seiner Anwesenheit ausgraben und obduzieren zu dürfen, „wie schon unter Türckischen Zeiten geschehen seyn solte". Denn die Bevölkerung achte auf gewisse

Zeichen, um einen solchen Vampir auszumachen. Sie erkenne ihn am unverwesten Körper und dem Weiterwachsen von Haut, Haar, Bart und Nägel nach dem Tode. Er habe die Erlaubnis zur Exhumierung zuerst verweigert, dann dem unaufhörlichen Bitten der Bevölkerung jedoch schließlich nachgegeben. Gemeinsam mit einem Popen habe er den ausgegrabenen Körper besichtigt und festgestellt, dass tatsächlich alle zuvor von der Bevölkerung genannten Indizien vorhanden gewesen seien: Der Tote habe keinerlei Leichengeruch verströmt, und der Körper sei bis auf seine abgefallene Nase „gantz frisch" gewesen. Unter der alten Haut habe sich eine neue gebildet, und zu seinem Erstaunen sei der Mund des Toten voller frischem Blut gewesen. Der „Pöbel" aber habe einen Pfeil zugespitzt und damit den Körper des Toten durchstochen, sodass reichlich Blut geflossen sei und selbst „andere wilde Zeichen" – Frombald meinte damit das erigierte Glied des Toten – vergangen seien. Schließlich hätten die Dorfbewohner den Leichnam zu Asche verbrannt.

Frombald enthält sich in dem Bericht jeglicher Deutung seiner Beobachtungen. Wichtig scheint ihm lediglich, dass – sollte es ein Fehler gewesen sein – das Vorgehen der Dorfbewohner nicht zu verhindern war sowie die Behörde dies dem außer sich vor Furcht befindlichen Pöbel und nicht ihm selbst anlasten möge. Die „Blutsaugerstory" interessierte Frombald kaum, ihm ging es lediglich darum, sich der Korrektheit seines Handelns zu versichern.

Die Geschichte, so spektakulär sie klingt, hat in Wien kaum Aufsehen erregt. Nach einem kurzen administrativen Nachspiel – immerhin handelte es sich um eine Leichenschändung – legte die Wiener Kommission den Fall *ad acta*. Lediglich das *Wienerische Diarium* berichtete von den Vorfällen, nachdem der Redaktion das Schreiben Frombalds zugespielt worden war. Auch die Wissenschaft ließ der serbische Vampirismus (noch) kalt, nur der sächsische Theologe Michael Ranfft (1700–1774) ging in seiner Dissertation „Vom Kauen und Schmatzen der Toten in den Gräbern“ ein Jahr später auf die Ereignisse von Kisolova ein. Dann aber sollte es für ein paar Jahre um die Vampire im Grenzland des Habsburger Reiches ruhig werden, bis ein neuer Bericht den ersten großen „Vampirismus-Hype“ auslösen sollte.

„Vambyres oder Bluthseiger“ – das Jahr des Vampirs

Der Fall im serbischen Medvegya im Jahr 1731 wies eine Reihe von Parallelen zu dem sechs Jahre zuvor untersuchten in Kisolova auf. Die Bewohner des Heiduckendorfs an der Morava, die von Süden kommend östlich von Belgrad in die Donau mündet, hatten sich gemeinsam mit einigen Heiducken der nahen Milizkompanie von Stalata bei Obristleutnant Schnezzer, dem zuständigen Kommandanten im Distrikt Jagodina, über den seltsamen Tod mehrerer Leute aus dem Dorf beschwert. Umgehend wurde der „Contagions-Medicus“ Glaser damit beauftragt, die Vorkommnisse zu untersuchen. Als Spezialist für Seuchen begann er seine Nachforschungen gemäß seinem Handwerk, indem er Menschen und Häuser auf Anzeichen für eine ansteckende Krankheit examinierte. Gefunden hat er in diesem Zusammenhang, wie er seinen Vorgesetzten berichten wird, jedoch nichts Beunruhigendes. Dass die Dorfbewohner oft unter Seitenstechen und Beschwerden im Brustbereich litten, begründete er mit der Völlerei, die sie regelmäßig vor ihrem Fasten betrieben.

Die Einwohner selbst würden die Gründe für das plötzliche Sterben mehrerer Menschen jedoch nicht in medizinischen Erklärungen suchen: „Vambyres oder Bluthseiger“ trügen die Verantwortung dafür. Mit dem Versuch, den Leuten den Vampirglauben auszureden, ist

1734 erschien das „Tractat von dem Kauen und Schmatzen der Todten in Gräbern“ des Autors Michael Ranft erstmals auf Deutsch.

Glaser offensichtlich gescheitert. Nachdem man ihm mit dem Wegzug aus dem Dorf gedroht hatte, willigte er ein, die Gräber zu öffnen und die Leichen zu untersuchen. Glaser verhehlt in seinem Bericht nicht, wie erstaunt er war, als er tatsächlich mehrere unverweste Körper zutage beförderte. So listete der Arzt alle Exhumierten namentlich auf, um am Ende festzustellen, dass sich ein Großteil von ihnen „vervampyret" habe. Darum habe er den Kommandanten in Belgrad gebeten, die von der Bevölkerung geforderten „Executionen" zu genehmigen, um Ruhe in dem Dorf einkehren zu lassen.

Der österreichische Gubernator in Belgrad, Feldmarschall Karl Alexander von Württemberg (1684–1737), später auch Herzog von Württemberg, war jedoch nicht vor Ort, und sein Stellvertreter wagte es nicht, eine Entscheidung zu treffen. Er reagierte mit der für das Beamtentum typischen Verzögerungstaktik und ordnete eine weitere Untersuchung an. So fuhr der damit beauftragte „Regimentsfeldscher" (eine Art Militärarzt) Johann Flückinger noch im Jänner 1732 nach Medvegya. Sein Bericht sollte die Grundlage für die folgende europaweite Vampirwelle darstellen, weil er im Gegensatz zu seinen Vorgängern auch eine sehr umfassende Schilderung des Vampirglaubens an sich liefert, ohne zu urteilen oder medizinisch-spekulative Erklärungen zu bieten. Zudem war Flückinger in der Lage, einen konzisen, gut formulieren Text zu verfassen, was dem Ansinnen der Zeitungsschreiber entgegenkam – der Feldchirurg lieferte also eine verwertbare „Story".

Er schilderte in seinem Gutachten die schon einige Jahre in der Vergangenheit liegende Geschichte des Heiducken „Arnont Paule", der „bei Cossowa in dem Türckischen Servien" von einem Vampir terrorisiert worden sei. Trotzdem er Erde vom Grab des Wiedergängers gegessen und sich mit seinem Blute eingeschmiert hatte, um das Monster loszuwerden, sei er nach seinem tödlichen Sturz von einem Heuwagen selbst zum Vampir geworden und habe die Krankheit auf diese Weise ins Dorf eingeschleppt. Selbst das Vieh habe er angefallen, und auch jene, die das Fleisch dieser Tiere gegessen hätten, seien bald verstorben. Flückinger musste feststellen, dass der Großteil der 13 von ihm untersuchten Leichname tatsächlich kaum Anzeichen von Verwesung aufwies. Der Feldscher scheint im Gegensatz zu seinem Kollegen Glaser von Belgrad mit umfassenden Vollmachten ausgestattet worden zu sein, denn er genehmigte die „Behandlung" der Wiedergänger ohne erneutes Rückfragen beim Kommandanten. Zigeuner hätten ihnen den Kopf abgeschlagen. Anschließend habe man die Körper verbrannt und die Asche in die Morava gestreut und die – wie vorgesehen – verwesenden Leichname zurück ins Grab gelegt. Auch in diesem Fall gab es nur ein kurzes behördliches Nachspiel, die Wiener Administration zeigte kein weiteres Interesse an dieser Causa.

Für die westeuropäische Öffentlichkeit waren die Ereignisse in Serbien jedoch keine „Causa", sondern eine neue Möglichkeit, Sensationslust und wissenschaftliche Neugier gleichermaßen zu befriedigen. Trotz der Ergiebigkeit von Flückingers Bericht war es sein Kollege Glaser, der die Initialzündung für das große Vampirlauffeuer der Dreißigerjahre des 18. Jahrhunderts lieferte. Dieser hatte noch, während Flückinger seine Feldstudie unternahm, seinem Vater, dem Arzt Johann Friedrich Glaser, eine briefliche Zusammenfassung seiner Untersuchungsergebnisse nach Wien geschickt. Glaser senior war jedoch nicht nur als Mediziner an den Berichten seines Sohnes interessiert. Als Korrespondent der einflussreichen medizinischen Wochenzeitschrift *Commercium Litterarium* ergriff er die Möglichkeit, eine interessante Geschichte an die Nürnberger Redaktion übermitteln zu können, die sie auch prompt veröffentlichte. Der mediale Aufstieg des *Vampyrus Serviensis* hatte begonnen.

Vom Rande ins Zentrum – der Vampir als „Infotainer"

Vermutlich waren es dann händische Abschriften der Untersuchungsberichte, die aus den Kanzleien der Wiener Behörden in die Hände der höfischen Gesellschaft gelangt waren und von dort auch bald den Weg in die Redaktionen fanden. Einmal über die Schreibtische der Verleger gewandert, wandelt sich das vampirische Schriftgut von trockenen medizinischen Untersuchungsberichten in spannende „Storys", die den zeitgenössischen Leser zu unterhalten wussten. Dabei wurde an den Texten zuerst gar nicht viel manipuliert, meist wurden sie aus den Berichten exzerpiert, stilistisch ein wenig geglättet und eventuell mit einem Kommentar versehen. Abhängig von der redaktionellen Linie einer Zeitschrift, reicherten die Journalisten ihre Artikel über Vampire jedoch bald mit den wildesten Erzählungen an, meist aus zweiter Hand aufgeschnappt und durch eine Reihe von „Zeugen" untermauert. So steigerte sich diese für das „Zentrum" ohnehin schon völlig exotische Geschichte vom „Rande" zu einer schier unglaublichen Sensation, der man sich im Jahre 1732 kaum entziehen konnte. Die mehr oder minder seriöse „Vampirforschung", die, wie noch zu berichten ist, in diesen Jahren auch ihren ersten Höhepunkt erleben wird, fand über die in den Zeitschriften veröffentlichten Rezensionen ebenfalls eine relativ breite Öffentlichkeit.

In diesem Moment der vampirischen Expansion existierten im deutschen Sprachraum bereits über 200 Zeitschriften, die meisten davon widmeten sich historischen, politischen und religiösen Themen bzw. definierten sich als „allgemein-wissenschaftliche Blätter". Nur ein geringer Teil der Publikationen war explizit als Unterhaltungsliteratur konzipiert. Diese aus Lesersicht vielleicht wichtigste journalistische Aufgabe erfüllten jedoch ohnehin nahezu alle Publikationen dieser Zeit gleichsam nebenher.

Der Vampir erwies sich als vielseitig genug, um mit ihm den Spagat zwischen Informationsplattform und Kuriositätenkabinett zu wagen – das Monster bot mediales „Infotainment“ par excellence.

Das Bedürfnis nach Wissen und Unterhaltung gleichermaßen stieg auch an der „Spitze“ der Gesellschaft. Fürsten hielten sich in den großen Zentren der Publizistik wie Paris, Den Haag, London oder Leipzig eigene Agenten, die sie über die neuesten Entwicklungen am Buch- und Zeitungsmarkt informieren sollten. In allen größeren Städten gab es auf Sensationsliteratur spezialisierte Läden, die von der Entdeckung des Vampirs gehörig profitierten. An den Höfen hielten sich Könige und Fürsten Vorleser, die ihnen die interessantesten Neuigkeiten aus den Zeitschriften auszuwählen und vorzutragen hatten. Diese – wie vor allem Jürgen Habermas uns lehrt – im 18. Jahrhundert entstandene „Sphäre der Öffentlichkeit“ beschränkte sich nicht nur auf die adeligen Kreise, auch ein Teil des Bürgertums nahm an dieser neuen Öffentlichkeit teil (und sollte sie bald dominieren). Auch in den Bürgerstuben versammelte man sich zur gemeinsamen Lektüre – schriftliche und mündliche Erzählung trafen hier aufeinander und wurden zu einem wesentlichen Element der zeitgenössischen Unterhaltung.

In der mitteleuropäischen Zeitschriftenlandschaft des 18. Jahrhunderts verdrängten die deutschsprachigen Publikationen allmählich die lateinischen. Das *Commercium litterarium* erschien noch in lateinischer Sprache und hatte damit den Vorteil, auch im Ausland Beachtung zu finden. Nicht weniger als 17 Artikel erschienen in diesem Journal im „Jahr des Vampirs“ 1732 zu diesem Thema. Liest man die Kommentare des Herausgebers genauer, mag der Eindruck entstehen, dass er den Geschichten vom Vampirismus persönlich äußerst skeptisch gegenüberstand, sich aber wegen der großen Nachfrage seitens der Leserschaft entschieden hatte, sie trotzdem abzudrucken. Zeitschriften mit einem hohen akademischen Anspruch, wie z. B. die *Neuen Zeitungen von gelehrten Sachen des Jahres MDCCXXXII*, erwähnten die Causa nur am Rande. Gänzlich ignorieren konnte man sie jedoch ebenso wenig wie es die religiös-erbaulichen Journale konnten.

Aber nicht nur die deutschsprachigen Zeitschriften entdeckten den Vampir für sich, auch in den Salons anderer großer europäischer Hauptstädte war er zu finden. Der in Den Haag auf Französisch erscheinende *Glaneur* zog so wie viele führende Blätter in Frankreich und England Flückingers Untersuchungsbericht oder eine Bearbeitung davon als Grundlage für die eigene Berichterstattung heran: Weder der *Mercure de France* noch das *London Journal* konnten sich dem „Vampir-Hype" entziehen. Trotzdem schien es sich dabei um ein mediales *One-Hit-Wonder* zu handeln. Denn auch wenn die vampirischen Berichte aus den Grenzzonen des Reiches nicht weniger wurden, brachten die Zeitungen schon ein Jahr später nur mehr wenig Neues über das Phänomen. Meist beschränkten sich die Redaktionen darauf, Rezensionen von wissenschaftlichen Traktaten abzudrucken.

Zwischen Medizin und Theologie – das Lieblingsmonster der Gelehrtenwelt

Auch in der gelehrten Welt kam die Vampirwelle ins Rollen. Wissenschaftliche Kreise hatten sich auf die Berichte aus Serbien gestürzt, die für sie eine besondere intellektuelle Herausforderung darzustellen schienen: Der gerade entdeckte Vampirglaube musste seziert, examiniert, systematisiert und beurteilt werden. Allein 1732 setzten sich in Deutschland, England und Frankreich 33 Publikationen mit diesem Phänomen auseinander, und die wissenschaftlichen Akademien mussten auf die Anfragen ihrer Landesherren hin zu den Ereignissen in Medvegya gelehrte Analysen verfassen. Selbst Kaiser Karl VI. forderte von der *Academia Naturae Curiosorum* eine Stellungnahme. Diese erste Welle von Vampirismus-Literatur war stark von der medizinischen Herangehensweise der Habsburgischen Berichterstatter Glaser und vor allem Flückinger geprägt. Im Mittelpunkt der Traktate – allesamt Ferndiagnosen auf Basis der verfügbaren Literatur aus zweiter und dritter Hand – stand nicht die Absicht, den Vampirismus im Volksglauben auf seinen Wahrheitsgehalt zu sondieren, sondern rationale Zugänge zu finden, um dieses Phänomen zu erklären.

Innovative Ansätze waren von diesen ersten Untersuchungen kaum zu erwarten, standen doch zu diesem Zeitpunkt nur wenige Berichte der Habsburgischen Militärärzte zur Verfügung. Kein Wunder also, dass man sich bald der „schmatzenden Toten“ erinnerte, die während der großen Seuchen in anderen europäischen Regionen für Fälle von Massensterben verantwortlich gemacht worden waren. Auch die Untersuchung des „Spezialisten“ Michael Ranfft über jenes Phänomen, ursprünglich auf Latein erschienen, wurde 1734 in einer überarbeiteten Version auf Deutsch publiziert und einer größeren Öffentlichkeit zugänglich gemacht. Er führte die „Vampirkrankheit“ schlicht auf ein Nervenleiden und Fieber zurück. Dass viele exhumierte Leichen unverwest zutage kamen, erklärte er durch die klimatischen Bedingungen und die Beschaffenheit des Bodens, in dem die Toten beerdigt wurden.

Schon zwei Jahre früher machte Johann Christoph Meinig, der unter dem Pseudonym Putoneus publizierte, einige bemerkenswerte Feststellungen zur Vampirkrankheit:

1. Vampirismus wäre nur bei den „abergläubigen und einbildungsreichen Rätzen“ zu finden, nicht jedoch bei den österreichischen Truppen, die vor Ort stationiert waren.

2. Nur bereits kranke Menschen berichteten von Vampirattacken.

3. Niemals habe es Zeugen für den Akt des Blutsaugens oder das Plagen eines Opfers gegeben.

4. Immer waren die Angreifer verstorbene Nachbarn, Verwandte oder Freunde, niemals aber wurde ein völlig Unbekannter zum Vampir erklärt.

Meinig lieferte zu seinen Entdeckungen auch prompt die Erklärung: die Kraft der Einbildung. Der plötzliche Tod eines nahestehenden Menschen hinterließe in der Regel „starcke Impression". Und da der Glaube an die mögliche Wiederkehr der Toten bei den Dorfbewohnern bereits etabliert sei, würde sich auch die Erwartungshaltung entsprechend gestalten und nächtliche Beschwerden rasch als vampirische Heimsuchung gedeutet. Eine Parallele zum Albdruck mit seinen Symptomen wie Atemnot und Würgemalen war da bald gefunden. Ein Kollege Meinigs, Johann Christoph Harenberg, bringt die maßgebliche Rolle der Einbildung beim Vampirglauben auf den Punkt: „Wenn krancke Personen vermeynet haben, daß ihnen eine unsichtbahre Gestalt auf der Gurgel gespielet, und ihnen die Brust zusammen gezogen habe, so ist solches für nichts weiter, als eine leere Einbildung zu halten. Denn welcher gesunde hat ein würgendes Wesen gesehen?"[8]

Allerdings kann selbst die Macht dieser bis zum Tode schockierenden Phantasie weder den in der Regel tödlichen Ausgang einer solchen vermeintlichen Begegnung mit einem Vampir (oder des Albdrucks) noch die seuchenartige Häufung der Todesfälle erklären. Darum erweitert der umsichtige Meinig seine Schock-Theorie um einen ganz praktischen Ansatz. Er greift die von Flückinger geschilderte Episode einer Frau namens Miliza auf, die gestorben sei, nachdem sie vom Fleisch eines Schafes gegessen hatte, das angeblich selbst von einem Vampir getötet worden war. Der Gelehrte vermutete Gift oder sonstige ansteckende Stoffe – heute würde man sie Erreger nennen – im von den Dorfbewohnern verzehrten Schaffleisch. Erfahrene Mediziner hätten diese Zusammenhänge zwischen einer eingebildeten Vampirkrankheit und einer tatsächlichen Seuche durchaus erkennen können. Mit diesem Seitenhieb auf die Militärärzte schließt Meinig seine Ausführungen.

Nicht immer wird die Furcht vor dem Vampirismus aber als kontraproduktiv beurteilt. Ein anonymer Gelehrter merkte in seinem Traktat an, dass der unbeirrbare Glaube an die Bekämpfungsrituale – das Köpfen und Verbrennen – den Dorfbewohnern die nötige Kraft verleihe, um die „Heyducken-Pest" zu überstehen. Die Stärkung des dörflichen Kollektivs – ein „Nutzen" des Vampirglaubens, den wir schon im vorhergehenden Kapitel beschrieben haben.

Nicht nur die Medizin widmete sich dem Vampir-Komplex, auch die Theologie sah sich gezwungen, die Berichte über Vampirismus zu interpretieren und in ihrem Sinne zu deuten. Den wichtigsten Beitrag liefert uns in diesem Zusammenhang der Abt des Benediktinerklosters in Senones (deutsch Sens, in Lothringen gelegen, damals Hauptort des Fürstentums Salm-Salm), Augustin Calmet (1672–1757) mit seinem 1746 erschienenen, in viele Sprachen übersetzten Werk „Gelehrte Verhandlung der Materi von Erscheinungen der Geisteren, und denen Vampiren in Ungarn, Mähren etc. ..." Mit diesem Traktat publiziert Calmet erstmals einen geographisch weitergefassten Ansatz zum Wiedergängertum. Er merkte an, dass das Phänomen nicht nur in Serbien, sondern in ganz Mitteleuropa zu beobachten sei, und verschriftlichte nicht nur diese offensichtliche Tatsache, die seit den Berichten Glasers und Flückingers eine Reihe von Meldungen aus Mähren, Schlesien, Siebenbürgen und dem Banat bestätigten. Vielmehr machte er sich auch die Mühe, vergleichbare Geschichten aus der ganzen Welt zusammenzutragen.

Durch ihn bekam die wissenschaftliche Gemeinschaft erstmals gebündelt von Untoten aus Lappland, England und gar aus Peru zu lesen.

„Ein besonderer Toter" – Vampirismus als Blasphemie

Der Theologe Calmet verfolgte mit seiner Untersuchung ein ganz konkretes Ziel: Er wollte dem negativen Einfluss des Vampirglaubens auf die christliche Lehre entgegenwirken und gleichzeitig die im Christentum verankerten magischen Vorstellungen schützen. Zu diesem Zwecke scheute er sich nicht, eine Reihe von religiös motivierten Wahnvorstellungen vergangener Tage aufzulisten. Bestimmte Wallfahrtstraditionen, die Geißlerbewegung und Hexenverfolgungen interpretierte er als Vorläufer der aktuellen Vorkommnisse, die aus seiner Sicht nichts anderes als Leichenschändungen waren. Für Calmet stellte die „Existenz" des Vampirs eine dreifache Blasphemie dar:

1. Mit seiner leiblichen Wiederkehr stellte er die Auferstehungslehre, also das Monopol der katholischen Kirche auf die Erweckung der Toten, infrage.

2. Seine Eigenschaft als Blutsauger interpretierte er als eine dämonisch entstellte Imitation der hl. Kommunion.

3. Die Unverweslichkeit des Vampirs erschütterte den aus dem Mittelalter tradierten Glauben, dass allein Heilige vom Verwesungsprozess ausgenommen sein können.[9]

Der Vampir schien also imstande, zentrale Lehren des christlichen Glaubens für seine Zwecke umwidmen zu können und dabei auch noch die katholischen Geistlichen vor seinen Karren zu spannen. Immerhin verlagerte Calmet mit seinem Text das Epizentrum der *Magia posthuma* in den katholisch geprägten schlesisch-mährischen Raum, wo es nicht selten vorkam, dass Priester bei der Exhumierung und rituellen Bekämpfung von vermeintlichen Wiedergängern behilflich waren. Die Beteiligung von katholischen Geistlichen war ihm ein besonderer Dorn im Auge, galt doch eigentlich der Orthodoxie der Vorwurf (auch wenn diese in Schlesien und Mähren keinen Einfluss hatte). Sie unternehme nichts gegen „dumme Unwissenheit, angewöhnten Wahn, Irrtum, Furcht und Einbildung". Für Calmet war klar: Die „scharfsinnigen" alten Griechen hätten sich von derartigen Einbildungen nicht täuschen lassen, und so lehnte er es ab, die antiken Gestalten der *Lamien* und *Empusen* als Urahnen der Vampire zu werten. Der *brukolakos* als neugriechische Variante des Vampirs zeugte für den Abt vom Zerfall der Wissenschaften, die auf diese Weise dem Aberglauben Platz machten.

Für Rom musste es also wie eine Invasion von orthodoxer Rückständigkeit wirken, wenn „plötzlich" auch die eigenen Priester bei antivampirischen Praktiken zugegen waren. Dass die katholischen Heiligen Gefahr liefen, durch die Eigenschaften eines anderen „besonderen Toten" karikiert zu werden, hatte auch der Erzbischof von Bologna, Prospero Kardinal Lambertini, der spätere, an sich sehr humorvolle Papst Benedikt XIV. (1740–1758), erkannt. In seiner mehrbändigen Abhandlung über die Kanonisierung von Heiligen (*De servorum Dei beatificatione et beatorum canonisatione,* 1734–1738) verteidigte er ihre besondere Rolle und allfällige Unverwestheit und schalt in einem 1752 erschienenen Zusatzkapitel den Vampirglauben als „Nichtigkeit". Für die Orthodoxie war es jedoch nicht das heiligmäßige Leben, das einen Toten dem natürlichen Verfallsprozess entziehen konnte – dieses Schicksal drohte vor allem den Exkommunizierten, was nichts anderes bedeutete, als dass dem Menschen nach seinem Ableben die Auferstehung verwehrt blieb und er weiterhin auf Erden wandeln musste.

„Was die Augen sehen ...“ – Maria Theresias Anti-Vampir-Kampagne

Calmets Auseinandersetzung mit dem Vampir zwischen *Religio* und *Ratio* konnte zwar keinen erneuten „Medienhype“ auslösen, verlagerte aber die Schwerpunkte des Vampirdiskurses: Weniger das Interesse der Öffentlichkeit, als vielmehr das öffentliche Interesse – vertreten durch Kaiserin Maria Theresia (1717–1780) – rückte in den Mittelpunkt. Da die Berichte von Exhumierungen und Leichenverbrennungen Richtung Wien nicht abrissen, entschied sich die Landesfürstin, dem Aberglauben endgültig den Garaus zu machen. Mithilfe ihres Leibarztes Gerard van Swieten (1700–1772), der sich des Problems persönlich annahm, entwickelte sie eine Reihe von antivampirischen Maßnahmen, die 1755 zum Tragen kommen sollten. Basierend auf einer Studie van Swietens, erließ sie eine Verordnung, in der der Vampirglaube als reine Einbildung bezeichnet und jegliche Handlung, die damit zu tun habe, untersagt wurde.

Maria Theresia genügte es jedoch nicht, den Vampirglauben einfach zu verbieten. Sie wusste, dass sie ihn nur ausrotten konnte, wenn sie seine Ursachen kannte. Der deutsche Feldchirurg Georg Tallar sollte dazu die nötigen Informationen liefern. Durch seine berufliche Tätigkeit im Rahmen mehrere Feldzüge gegen die Osmanen war er schon mehrmals mit dem Volksglauben an Vampire in Berührung gekommen und konnte so auf eine Expertise verweisen, über die alle vorhergegangenen Berichterstatter nicht verfügt hatten. Zudem sprach er neben seiner Muttersprache Deutsch fließend Lateinisch, Rumänisch und Ungarisch und war somit besser als andere in der Lage, die Vorstellungswelt der Bevölkerung zu erfassen. So reiste er in die Walachei, nach Siebenbürgen und ins Banat, um den Vampirismus zu untersuchen. Eine endgültige Klärung des Phänomens ist ihm zwar nicht gelungen, aber wir verdanken dem Feldchirurgen Tallar den letzen und vor allem einen der umfassendsten, detailliertesten und objektivsten Berichte über den südosteuropäischen Vampirglauben.

Er lieferte uns eine genaue Beschreibung des Krankheitsverlaufes, den er in drei Phasen unterteilte: Es begänne mit „unterleiblichen Herzleiden" – so formuliert er es tatsächlich! – und Schwachheit, gefolgt von „saurer Brechruhr, Bauchschmerz, Kopfschmerz und einer weißlichen Verfärbung der Zunge". Kurz vor seinem Tod fiele der Infizierte ins Delirium, trockne aus und leide an unregelmäßigem und schnellem Puls. Nach dem Tode könne man eine zyanotische Verfärbung des Unterleibs sowie der Hals- und der Schlüsselbeinregion bemerken.

Er beschrieb aber nicht nur, was er als Mediziner feststellen konnte, sondern schilderte auch die Methoden der Einheimischen, einen Vampir zu erkennen: die Löcher auf der Ruhestätte des Verdächtigen, der unversehrte Leichnam oder die schwarze Stute, die vor dem Vampirgrab scheut. Er selbst habe einige Versuche mit solchen Tieren durchgeführt, deren Geistersichtigkeit habe sich aber stets als reiner Aberglaube herausgestellt. So wie manche seiner Vorgänger erklärte er die Ursache für die „Vampirkrankheit" mit den Ernährungsgewohnheiten der Betroffenen. Das bei den Orthodoxen übliche, oftmalige Fasten würde den Ausschlag für die Erkrankung geben. Die Rumänen würden im Sommer hart arbeiten und sich vor allem von Obst ernähren, im Winter aber seien sie ohne Beschäftigung, tränken Schnaps und müssten Hunger leiden. Es scheint also dieser von der Natur vorgegebene und von der Religion beeinflusste Ernährungsrhythmus die Krankheit zu fördern – in der Kritik an den orthodoxen Fastenregeln treffen medizinischer und theologischer Diskurs aufeinander.

Als Beweis, dass es sich um keine Seuche, sondern um eine Reihe von zufälligen Faktoren handle, die die Krankheit auslösten, brachte Tallar das Beispiel der deutschsprachigen Siedler. Sie würden sich so wie Popen und Mönche anders als die walachischen Bauern ernähren und deswegen verschont bleiben. Zudem stellte er fest, dass es bei den Serben im Banat keine Fälle von Vampirismus gäbe, und erklärte das mit deren hohen Konsum von „türkischem Pfeffer", dem Paprika. Auch ein höherer Bildungsstandard könne die Menschen von diesem Aberglauben befreien. Der orthodoxe Klerus sei jedoch nicht nur ungebildet, sondern fördere sogar noch den Aberglauben in der Bevölkerung.

Tallar schließt seinen erst 1786 gedruckten Bericht mit den Worten: „Was die Augen sehen, betrügt das Herz nicht." Von diesem Geist der Aufklärung, der durch den Spruch noch einmal beschworen wird, war der größte Teil der Vampirliteratur, sei sie nun medizinischer, theologischer oder journalistischer Natur, durchsetzt. Niemand anderer als Voltaire, der auch dem christlichen Wunderglauben mit Sarkasmus begegnet ist, führt den Diskurs mit einem von ihm verfassten Eintrag im *Dictionnaire philosophique* auf eine neue Ebene: Er setzt den Vampir als Metapher für Ausbeutung und Unterdrückung ein. Dieser Diskursstrang wird im Kapitel „Der Vampir als politische Metapher" aufgegriffen und bis in die Gegenwart verfolgt.

Okkulte Anklänge – ein Verweis ins nächste Jahrhundert

Wir finden in den einschlägigen Texten jedoch mehr als nur einen facettenreichen, aufgeklärten Diskurs. Wie eine Gegenströmung zum rationellen Denken lassen sich in den Texten auch okkulte Interpretationen ausmachen, wie der ungarische Historiker Gábor Klaniczay festgestellt hat. Okkulte, mystische, spiritistische und psychologische

Ansätze sollen die Kraft der menschlichen Phantasie und somit auch das Vampirismusphänomen erklären. So schreibt schon Michael Ranfft in seinem Traktat von 1725 von der *vis vegetans*, der weiterwirkenden lebenskräftigen Energie im menschlichen Körper nach dem Tod. Er formulierte eine Theorie von „Sympathie" und „Antipathie", durch die die Toten das Schicksal ihrer Angehörigen beeinflussen können, und bedient sich der Begriffe *corpus* (der Körper, der nach dem Tode zerfällt), *anima* (die Seele, die zu ihrem Schöpfer zurückkehrt) und *spiritus* (der Geist, der sich in Luft auflöst), aristotelische Grundlagen, die von Paracelsus populär gemacht wurden. Der Astralgeist könne – statt nach dem Ableben des Menschen zu verschwinden – einen „etherischen Leib" annehmen und den Menschen das Blut aussaugen.

Der Okkultismus, im 18. Jahrhundert noch mit den Lehren antiker Philosophen verbrämt, wird ein paar Jahrzehnte später zu einer Modeerscheinung werden, die das gesamte 19. Jahrhundert prägen wird. Vieles deutet darauf hin, dass auch schon die zeitungslesende Öffentlichkeit der Aufklärung die okkulten Aspekte der monströsen Erscheinung spannender fand als die „Wahrheit" hinter dem Phänomen.

Maria Theresias Aufklärungskampagne dürfte somit nur zum Teil gefruchtet haben. Es war ihr zwar gelungen, den südosteuropäischen und mitteleuropäischen Vampir endgültig aus den Zeitungen und aus den wissenschaftlichen Diskursen zu vertreiben. Bald aber sollte er anderswo wieder auftauchen – die Literatur wird den Vampir für sich entdecken und der Vampir-Komplex endgültig zum Mythos mutieren. Tod und Sexualität – nach Freud wird man sie Thanatos und Eros nennen – sollten zu einem unzertrennlichen Gegensatzpaar werden und das Phantasma von der Rückkehr der Toten wird unter den Vorzeichen der Romantik Generationen von Lesern unterhalten.

Die Zeit war reif – vom Dorfmonster zum Forschungsobjekt und Medienstar

In der Lebenswelt der betroffenen Menschen spielten der Vampir und die von ihm übertragene Krankheit eine völlig andere Rolle. Für die Dorfbewohner war er kein Medienereignis, keine Sensationsmeldung, kein „Phänomen", das für bürokratische Unannehmlichkeiten sorgte oder als vorübergehendes Lieblingsthema für die Gelehrten herhalten musste. Es ging ihnen nicht darum, ob man ihn „Vampir" oder „Upir" nennen sollte, wie man ihn zu kategorisieren und von anderen magischen Erscheinungen abzugrenzen hatte, oder zu hinterfragen, was der Untote denn „vermitteln" wolle.

Für die Dorfbewohner war der Vampir der monströse Alltag, der die Gemeinschaft bedrohte und eine tödliche Wirkung entfaltete, die für einen Betrachter von außen kaum zu verstehen war. Deswegen konnten die damaligen wissenschaftlichen Erklärungsversuche den Vampir niemals völlig fassen. Denn die innere Logik der Ereignisse musste dem selektiven Blick des Militärarztes, des Verwaltungsbeamten und des aufgeklärten Philosophen verborgen bleiben. Vielleicht ist es diese Ohnmacht, die den Fremden aus dem Westen veranlasst, auf den Osten Europas oft herabzublicken und ihn sich als einen Ort der Rückständigkeit und des Aberglaubens vorzustellen.

Für die Leser der Zeitungsberichte muss der Eindruck entstanden sein, dass ohne das österreichische Militär ein völliges Chaos in den wiedereroberten Gebieten herrschen würde. Unter diesen Voraussetzungen ist es kein Wunder, dass der recht spezielle Begriff des Vampirs bald auf eine ganze Reihe von magischen Erscheinungen ausgeweitet wurde, die eine Sache gemeinsam haben: ihr Erscheinen in Grenz- und Übergangszonen, wo politische und kulturelle Einflussbereiche ineinander übergehen. Denn der Vampir ist der jeweils Andere, ein Fremder, für die Dorfbewohner ein Außenseiter des Kollektivs, der wie Arnand Paole erst später zur Gemeinschaft dazugestoßen ist oder sich anderweitig durch seinen abnormen Lebenswandel verdächtig machte. Und für den Westen ist er ein Monster aus einer fremden Welt, die gleichzeitig mit der Beschreibung ihrer Phänomene in der Phantasie des Westens neu erschaffen wird.

Die Zeit war reif, um den Vampir zu entdecken: Die Aufklärung hatte die bis dahin unumstößliche christliche Lehre von der Unsterblichkeit der Seele ins Wanken gebracht und begonnen, die Beschaffenheit des Menschen in seinen sichtbaren und unsichtbaren Dimensionen wissenschaftlich zu sondieren. Die Frage nach dem biologischen Tod trieb die theologischen, medizinischen und historischen Diskurse voran. Am Vampirphänomen – oder dem, was von ihm kolportiert wurde – konnte sich die Wissenschaft reiben und erproben, wie tragfähig ihre neuen Interpretationsmodelle waren.

Gleichzeitig können wir die Popularität des Vampirismus als Teil einer Gegenbewegung zu einer Nabelschau betreibenden Rationalität begreifen. Wenn der Zeitungsleser seinen imaginären Blick auf die Ränder der „zivilisierten Welt" richtet, findet er bestätigt, was er schon längst vermutet hat: Selbst das Licht der Aufklärung vermag nicht bis in die letzten Winkel unserer Welt zu leuchten. Und so sorgten die Entdeckung des Vampirs und ihre Kolportage nicht bloß für Unterhaltung einer sich selbst erprobenden Öffentlichkeit. Vielmehr verkörperte der Vampir, dessen Mythos seinen Anfang in den Gazetten des Jahres 1732 nahm, in dieser vermeintlich aufgeklärten Welt die „andere Seite", das Dunkle und Transzendente – die Skepsis an der Skepsis.

Die Erfindung des Vampirs – Schönheit der Verdammnis

Bevor die Wissenschaft den erst wenige Jahrzehnte zuvor als Bündel von Phänomenen entdeckten Vampir gänzlich aus ihrem Repertoire der gelehrten Abhandlungen verweisen konnte, zog dieser sich in die Ecken der Bibliotheken zurück, um die Zeit bis zu seiner Neukreation als Text-Monster in den Enzyklopädien und *Dictionnaires* zu überdauern. Die Literaten des 19. Jahrhunderts sollten ihn wenige Jahrzehnte später finden, die Konstruktion des vermeintlich historischen Vampirs vernichten und aus den vor allem in sprachlichen Metaphern erhaltenen Versatzstücken ein völlig neues Wesen schaffen, das geeignet war, einen Siegeszug als Medienstar anzutreten.

Das erste Dokument einer literarischen Verarbeitung des Vampirstoffs entstand noch in der Endphase der (ersten) gelehrten Auseinandersetzung mit dem Phänomen. Heinrich August Ossenfelder (1725–1801), ein Jugendfreund Lessings, veröffentlichte 1748 in der Wochenzeitschrift „Der Naturforscher“ das Gedicht „Der Vampir. Oder: Mein liebes Mädchen glaubet“ als Zusatz zu einem einschlägigen Sachbeitrag.

„Die Toten reiten schnell“ – Rückkehr und Neuerfindung des Vampirs

Mit Gottfried August Bürgers Ballade „Leonore“ beginnt ein Reigen literarischer Wechselwirkungen, der schließlich jenes Wesen hervorbringen sollte, das als Graf Dracula die Bibliotheken und Kinoleinwände der Welt erobern wird. Der Literaturwissenschaftler Clemens Ruthner, ein Experte der vampirischen Literatur, sollte dieses Beziehungsgeflecht zwischen den Texten treffend-verspielt als „literarhistorische Verzahnungen, vampyrische

Intertextualität" bezeichnen. „Leonore", erstmals 1773 im Göttinger „Musenalmanach auf das Jahr 1774" erschienen, ist keine Vampirballade im engeren Sinne. Weder der Begriff noch das Motiv finden konkrete Erwähnung. Im Mittelpunkt stehen Leonore, die aufgrund ihres Schicksals mit Gott zu hadern beginnt, und ihr Mann, der als toter Soldat wiederkehrt und seine Frau mit sich nimmt. Der Einfluss „Leonores" auf die einschlägigen Epigonen ist jedoch kaum hoch genug zu schätzen, und noch über ein Jahrhundert später sollte Bram Stoker in seinem „Dracula" mit dem Zitat „Die Toten reiten schnell" konkret auf die Ballade Bürgers Bezug nehmen.

Die englische Übersetzung der „Leonore" durch den schottischen Dichter und Schriftsteller Walter Scott (1771–1832) hat wiederum Samuel Taylor Coleridge (1772–1834) für seine Schauerballade „Christabel" (entstanden 1797, erschienen 1816) inspiriert, in deren gotischer Kulisse sich bereits die Silhouette einer zukünftigen Vampirgestalt abzuzeichnen scheint. Die Wirkmächtigkeit von Bürgers „Leonore" erfasste sogar Johann Wolfgang von Goethe, als er 1797 seine ebenso populäre „Braut von Korinth" schrieb. Diese Ballade, die ihre Motive aus der antiken Literatur bezieht, sieht Ruthner als eine „Gelenksstelle in der deutschsprachigen Überlieferung des Vampirismus". Indem er die untote Braut ihren lebenden Bräutigam heimsuchen ließ, prägte er den Motivkomplex der toten Braut bzw. der Totenbraut mit, der in der Literatur des 19. Jahrhunderts oftmals verarbeitet werden sollte. Auch in Heinrich Heines (1797–1856) Gedicht „Helena" (1852) wird es heißen: „Ich trinke deine Seele aus. Die Todten sind unersättlich."

Goethes „Braut von Korinth" sollte auch jenen Mann beeinflussen, der mit seinem literarischen Schaffen und seiner schon zu Lebzeiten legendären Persönlichkeit wie kein anderer die Romantik geprägt hat: George Gordon Noel Lord Byron (1788–1824). Im Alter von zehn Jahren hatte er Titel und Vermögen seines Großonkels geerbt, was ihm von allen profanen Zwängen entband und ihm ein Leben als Dichter, Lebemann und Abenteurer ermöglichte. Im Alter von 21 Jahren unternahm er eine ausgedehnte Reise nach Südosteuropa und in den Nahen Osten, sodass er als einer von wenigen Autoren die fremde Landschaft, über die er schrieb, tatsächlich auch gesehen hat. Wenige Jahre später sollte er nicht nur wegen seines literarischen Schaffens, sondern auch durch seine Affäre mit der verheirateten Lady Caroline Lamb in der englischen Gesellschaft bekannt werden. Eine Reihe weiterer gesellschaftlicher Skandale – ein inzestuöses Verhältnis mit seiner Halbschwester Augusta, Gerüchte um homosexuelle Ausschweifungen und eine gescheiterte Ehe – trieben ihn jedoch in die soziale Isolation. So beschloss er, seine Heimat England für immer zu verlassen. Nach Aufenthalten in der Schweiz und verschiedenen italienischen Städten reiste er nach Griechenland, wo er sich auf die Seite der nationalen Revolutionäre schlug und schon bald zum Kommandanten der griechischen Streitkräfte avancierte. Dieses Engagement für den griechischen Freiheitskampf kostete ihn schließlich das Leben, als er 1824 an den Folgen einer Unterkühlung und den Versuchen, ihn durch medizinischen Aderlass zu heilen, verstarb.

Aus seiner Zeit am Genfer See stammt jene Episode, die später als eine Geburtsstunde des Schauerromans *(Gothic Novel)* bezeichnet werden sollte. Lord Byron hatte eine illustre Runde in seine Villa Diodati, wo er mit seinem Leibarzt John William Polidori lebte (1795–1821), geladen. In den verregneten Nächten des „Jahres ohne Sommer" 1816 las man gemeinsam mit Mary Godwin und ihrem späteren Ehemann, dem Schriftsteller Percy Bysshe Shelley (1792–1822), aus französischen Übersetzungen deutscher Geistergeschichten und diskutierte über okkulte Themen. Byron soll Coleridges „Christabel" derart überzeugend vorgetragen haben, dass Shelley einen Nervenzusammenbruch erlitt und zitternd und schwitzend von den Heimsuchungen der Hexe Geraldine phantasierte.

Byron schlug seinen Freunden einen Wettbewerb vor, den Ruthner in einem Aufsatz als „eine der erfolgreichsten *Jam Sessions* der Literaturgeschichte" bezeichnet hat: Wer sollte es schaffen, die gruseligste Schauergeschichte zu verfassen? Als Siegerin ging zumindest aus heutiger Sicht eindeutig Mary Godwin – bald schon sollte sie den Nachnamen Shelley tragen – hervor, sie hatte in jenen Tagen mit ihrem später weltberühmten Roman „Frankenstein oder Der moderne Prometheus" begonnen.

Die Genese der zweiten großen Geschichte, die in jenen Tagen geboren werden sollte, verlief etwas komplizierter: Lord Byron griff in seinem Text das Wiedergängermotiv auf, das er schon drei Jahre zuvor in seiner Verserzählung „Der Giaur" bearbeitet hatte: Nachdem der geheimnisvolle Augustus Darvell auf einem verlassenen osmanischen Friedhof bei Ephesus gestorben war, soll ihn sein Begleiter, der gleichzeitig als Erzähler fungiert, durch magische Rituale von den Toten erwecken. Byrons Entwurf sollte ein Fragment bleiben, ihm war es jedoch gelungen, auf wenigen Seiten einen neuen literarischen Typus zu schaffen, der für Scharen von Schauerromanhelden Modell stehen sollte.

Der Byronic Vampire – ein Urtyp erobert Europa

Dieter Sturm und Klaus Völker, denen wir die Herausgabe der maßgeblichsten Textsammlung zum literarischen Vampirismus verdanken („Von denen Vampiren oder Menschensaugern. Dichtungen und Dokumente", erstmals 1964 in München erschienen), wiesen in ihrem literarischen Bericht darauf hin, dass bereits die populäre Schauerromanautorin Ann Radcliffe (1764–1823) in ihren

Werken einen Typus des dämonischen Schurken entworfen hatte, „deren Vermummung zunächst ihren Ursprung aus protestantisch-bürgerlichen Vorurteilen“ verraten würde: Lasziv-grausame Mönche und aristokratische Verführer verkörperten die verhasste, überkommene ständische Ordnung. In ihnen fänden sich verschiedene ältere Figuren wie Don Juan, Faust oder der „ewige Jude“ Ahasver vereint, von denen der Leser gerade durch ihre klischeehafte Anlage lerne, dass „nicht mehr nur die Schrecken der Verdammnis und die Schönheit der Erlösung, sondern auch die Schönheit der Verdammnis“ existiere. Der große Verdienst Byrons ist, dass er diese Ideen und die Charaktere, die sie vermitteln sollen, mit seiner Skizze vampirische Züge verliehen hatte.

Es war jedoch Byrons Arzt und Vertrauter Polidori, der – von seinem eigenen Entwurf ebenso wenig überzeugt wie Percy Shelley von seinem – das Textfragment später bearbeitete und zur ersten erhaltenen Vampirerzählung der europäischen Literaturgeschichte entwickelte. (Ferdinand Arnolds „Der Vampir“ von 1801 ging leider verloren.) „The Vampyre“ sollte erstmals 1819 im *New Monthly Mazagine* erscheinen. Polidori erzählt die Geschichte des mysteriösen Lord Ruthven, der als Untoter die Schwester des Erzählers Aubrey ehelicht. Dieser hatte Ruthven zuvor schwören müssen, für „ein Jahr und einen Tag“ niemandem davon zu erzählen, dass er ein Vampir sei. So musste Aubrey zusehen, wie Ruthven seine junge Ehefrau mit sich nahm und für immer verschollen blieb.

Im Untertitel zur Erstauflage, die ohne Polidoris Zustimmung publiziert worden war, gab der Verleger Lord Byron als Verfasser an. Dieser verwehrte sich jedoch dagegen, seinen Namen für diese Vampirgeschichte herzugeben. (Er scheint nicht der Einzige, dem ein früheres „vampirisches“ Schaffen später unangenehm wurde. Goethe, selbst Verfasser eines „vampyrischen Gedichts“, wie er seine „Braut von Korinth“ in seinem Tagebuch explizit bezeichnete, wird sich in späteren Jahren höchst abfällig zum „grässlichen Vampirismus und seinem Gefolge" äußern.) Man ignorierte aber weitgehend Byrons Einsprüche, garantierte sein Name doch hohe Verkaufszahlen. Und tatsächlich sollte dieses durchschnittliche Werk bald höchst populär werden und selbst Goethe bezeichnete die Erzählung als „Byrons bestes Produkt".

Polidori integrierte die Figur und das „Image" Byrons bewusst in seine Erzählung. Dieser Kunst- und Glücksgriff erlaubt es, Polidoris Erzählung nicht nur als bloße Bearbeitung der byronschen Vorlage zu sehen – erst der Schatten von Byrons Persönlichkeit im Manuskript sollte der Schlüssel zum publizistischen Erfolg bedeuten: Carolyn Lamb, die wie erwähnt ein paar Jahre zuvor Opfer von Byrons Libido geworden war, revanchierte sich an ihm mit dem Schlüsselroman *Glenarvon*. Hinter den Hauptfiguren Ruthven Glenarvon und Lady Calantha verbargen sich Byron und Lamb, wie die Leserschaft, trotzdem die Autorin ihre Romane anonym veröffentlichte, unschwer entschlüsseln konnte. Die Assoziation von Polidoris Ruthven mit Byron lag somit auf der Hand.

Ein Archetypus war geschaffen – der *Byronic Hero*, ein romantischer (Anti)held. Er zeichnet sich durch Intelligenz und Zielstrebigkeit aus und verbindet den Nimbus des Rebellen mit der für die Romantik so typischen Sensibilität, die durch seinen stark ausgeprägten Egoismus aber nur auf ihn selbst gerichtet ist. Interesse und Ablehnung schlagen ihm im gleichen Maße entgegen und machen ihn zu einem faszinierenden Außenseiter der Gesellschaft. Kein Wunder, dass die *Times* die Verkörperung dieses Archetypen, Byron selbst, drei Wochen nach seinem Tod zum *„bemerkenswertesten Engländer"* seiner Generation erhob.

Der „Byronismus" sollte aber nicht nur in der Literatur seine Wirkung entfalten, Byron – als prominentester, wenn auch nicht erster Vertreter dieser Lebenseinstellung – fand in der Geschichte viele Nachahmer. Bewusst oder unbewusst lebten sie ein solch „romantisches" Leben im besten und im schlechtesten Sinne zwischen innerer Getriebenheit, Nihilismus und der Verachtung des gesellschaftlichen Konsenses. So finden wir den *Byronic Hero* bis heute in Roman und Film, Zeitungsartikel und Nachrichtenbeitrag, egal, ob in der Gestalt von Comicfiguren wie *Batman*, US-Serienhelden wie *Dr. House* oder politischen Akteuren wie der des 2008 tödlich verunglückten österreichischen Rechtspopulisten Jörg Haider.

In der von Polidori begründeten vampirischen Erzähltradition ist der Vampir vom aufgedunsenen Dorfmonster zum charismatischen Aristokraten mutiert – der literarische Vampirmythos war geboren. Der Großteil der Autoren, die in der Folge den Vampirstoff bearbeiteten, hielt sich an dieses Vorbild. So können wir heute eine lange Galerie von vampirischen Figuren abschreiten, in der Größen wie Nikolai Gogol, E. T. A. Hoffmann, Charles Baudelaire, Alexandre Dumas und Alexander Tolstoi ihre literarischen Portraits hinterlassen haben. Mit Stokers Dracula sollte die Karriere des *Byronic Vampire* einen ersten Höhepunkt erfahren.

Viele Charakterzüge von Polidoris Urvampir werden jedoch auch ins 20. und 21. Jahrhundert tradiert, denn ein Großteil der Vampirgeschichten und -filme siedeln auch nach Stoker ihre Protagonisten im gehobenen Milieu an. Man denke an die vornehm-grausamen Helden aus Anne Rice' Romanen oder die Adelsorden der *Underworld*-Trilogie. Und selbst Edward Cullen, der Held in Stephenie Meyers „Twilight"-Saga, kann seine „milieubedingte" Indifferenz erst durch die Liebe zu einem menschlichen Wesen überwinden und vom neureichen Vampirsöhnchen zum treusorgenden Familienvater in einer Mischehe mutieren.

Die Trümmer der Aufklärung – Kulisse für den Schauerroman

Solch ein *Happy End* gab es in Polidoris Erzählung nicht. Die Hauptperson Aubrey kann nicht verhindern, dass der Vampir seine Schwester heiratet und mit ihr für immer verschwindet. Dass er dem Leser die Auflösung der Katastrophe vorenthielt und die kosmische Ordnung nicht wiederherstellte, bedeutete eine weitere Innovation im Bereich der Schauerliteratur. Verwunderlich ist die pessimistische Grundstimmung allerdings nicht: Der frische Wind der Aufklärung hatte sich zum Sturm der Revolution entwickelt und sich als zweischneidiges Schwert entpuppt. Die Idee von Gleichheit, Freiheit und Brüderlichkeit war in der Praxis erprobt worden und erwies sich als schwieriger in die Tat umzusetzen als erwartet. Die Enttäuschung über das vorerst missglückte Experiment der Revolution und die Atmosphäre des Stillstands nach der konservativen Restauration Europas durch den Wiener Kongress 1814/1815 bildeten das historische Umfeld für diese erste aller literarischen Vampirgeschichten – und seine vielen Imitationen und Bearbeitungen in der ersten Hälfte des 19. Jahrhunderts.

Die bedingungslose Vorherrschaft der Religion war mit der Aufklärung beendet worden, das Bedürfnis nach Transzendenz schien aber eher zu steigen als zu schwinden. Diese erneute Suche nach Sinn jenseits der *Ratio* drückte sich in der Beschäftigung mit dem Okkulten aus, obskure Lehren wie der „animalische Magnetismus" eines Franz Anton Mesmer (1734–1815) wirkten in der Literatur nach, auch wenn schon der Großteil seiner Zeitgenossen die wissenschaftliche Unhaltbarkeit seiner Thesen erkannt hatte. In seinen Therapien spielte die Hypnose eine wichtige Rolle und der Schritt vom Traum zum hypnotischen Zustand und zum Schlafwandeln war nur mehr ein kleiner. Motive, die in der Literatur des 19. Jahrhunderts immer wieder zu finden sind – auch Stokers Lucy wandelt durch die Nacht, als die Macht des Vampirs sie immer stärker beeinflusst.

Die Religion schien den Kampf gegen die Vernunft verloren zu haben. Der Spiritismus füllte das entstandene Vakuum und zwischen den Trümmern dieses Schlachtfeldes fand der deutsche Schauerroman bzw. die englische *Gothic Novel* eine angemessene Kulisse. Düstere Architektur in phantastischen Landschaften – Ruinen, verfallene Kapellen, Tunnelsysteme und einsame Friedhöfe – verlieh den Geschichten eine historisierende Atmosphäre und machten den Schauerroman neben dem Räuber-, dem Ritter-, dem Geheimbund- und dem Familienroman zu einer Hauptgattung der Unterhaltungsliteratur des späten 18. und des 19. Jahrhunderts. In Werk des Malers Caspar David Friedrich (1774–1840) lässt sich auf eindrucksvolle Weise nachvollziehen, in welchem atmosphärischen Rahmen die großen Werke jener Zeit entstanden.

Auf der Rationalität der Aufklärung aufbauend (und sie zum Teil verwerfend), nimmt der Schauerroman zwei verschiedene Wege, die sich auch im Vampirroman widerspiegeln: Ein Teil der Geschichten will das Unheimliche als Mystifikation von durchaus erklärbaren Phänomenen enttarnen. So geschieht es auch, wenn Arthur Conan Doyle (1859–1930) seinen berühmten Detektiv Sherlock Holmes für den „Vampir von Sussex“ (erstmals 1927 erschienen) eine völlig profane Lösung finden lässt: Die Mutter saugt ihrem Kind Gift aus den Adern und hat keineswegs, wie ihr vorgeworfen wird, vampirische Absichten. Allein: Sie ist Chilenin und schon wegen ihrer fernen Herkunft grundsätzlich verdächtig.

Noch erfolgreicher waren jedoch jene Geschichten, die das Irrationale als einen realen Teil der Wirklichkeit präsentierten. Als Begründer des Genres gilt Horace Walpole (1717–1797) mit seinem 1764 erschienenen Roman „Das Schloss von Otranto“. Er brach bewusst mit der Aufklärung und schrieb eine Geschichte, die die Kritiker bis zur Enthüllung von Walpoles Autorenschaft im Vorwort der zweiten Auflage (1765) glauben machte, sie sei tatsächlich schon im „dunklen“, „katholischen“, „gotischen“ Mittelalter verfasst worden.

Rund ein halbes Jahrhundert, nachdem der erste Schauerroman publiziert worden war, schien die Zeit nun also reif für die Karriere des Vampirs. Eros, Gewalt und Tod wurden zu miteinander verbundenen Komponenten einer Atmosphäre, die der untote Blutsauger perfekt verkörperte. Er war die fleischgewordene Synthese dieser scheinbaren Widersprüche, der zum Mythos gewordene Beweis, dass der Versuch, die Natur zu beherrschen, nur durch größtmögliche Anstrengung zu erreichen ist oder gar scheitern muss. Was Theodor Adorno und Max Horkheimer über ein Jahrhundert später in „philosophische Fragmente“ gießen werden, hat die bloße Existenz des literarischen Vampirs bereits vorweggenommen. Das größte Verdienst Polidoris war es jedoch, einen literarischen Archetypus zu prägen, der bis heute die Menschen zu faszinieren und zu unterhalten vermag.

„Kein Theater ist ohne seinen Vampir!“

Die Simulation von historischer und volkskundlicher Authentizität war ein wesentliches Merkmal der zeitgenössischen Literatur. Nikolai Gogol (1809–1852) beispielsweise behauptete, sich bei seiner Erzählung „Wij“, in der sich Hexen als Wiedergängerinnen, Geister und Dämonen tummeln, auf ukrainische Volkssagen zu stützen. Tatsächlich aber findet sich in der Überlieferung kaum ein Nachweis für die Geschichten, die Gogol „nacherzählt“. Besonders delikat ist das Beispiel des französischen Schriftstellers Prosper Mérimée (1803–1870), der mit „La Guzla“ (1827) vorgab, eine Sammlung von

„illyrischen Gedichten" vorzulegen. Mérimée war es mit seiner Mischung aus bewusst unbeholfener Lyrik und Motiven aus dem Volksglauben gelungen, die Literaten und Volkskundler zu täuschen. Selbst Goethe und Puschkin glaubten zunächst, es mit genuiner Volkspoesie zu tun zu haben. Nicht immer beabsichtigten Autoren, ihr Publikum derart hinters Licht zu führen. Das Kokettieren mit vorgeblich realen Hintergründen zu den Blutsauger-Erzählungen gehört jedoch bis heute zu den grundlegenden Elementen der vampirischen Erfolgsgeschichte.

Die rasche Weiterentwicklung der vampirischen Textgattungen, nicht zuletzt der Sprung des Vampirs auf die Bühne, ist eng mit dem Namen Charles Nodier (1780–1844) verbunden. Der Schriftsteller, Bibliothekar und Literaturkritiker unterhielt, nachdem er als Anhänger des französischen Königs die Jahre der Revolution unbeschadet überstanden hatte und 1824 zum Direktor der Pariser *Bibliothèque de l'Arsenal* ernannt worden war, einen literarischen Salon. Dort traf sich die erste Generation der französischen Romantiker, unter ihnen auch der junge Victor Hugo. Nodier selbst führte mit seinen Novellen die Schwarze Romantik, die von den dunklen Seiten des Seins und den Abgründen der Menschheit geprägt war, in Frankreich ein.

In seiner Traumtheorie *(principe imaginatif)* misst er der phantastischen Welt der Imagination einen höheren Wert zu als der spirituellen des Geistes und der materiellen der Intelligenz. Den Vampirismus zieht er immer wieder als Beispiel heran, um seine Thesen zu untermauern – er würde zeigen, dass „die Chimären der Imagination und des Traumes eine fast sinnliche Realität gewinnen können".[10]

Nodier zeichnet auch für die „Einschleppung" des Vampirstoffes auf die französischen Bühnen verantwortlich. Polidoris Erzählung wurde 1819 ins Französische übersetzt, nachdem bereits mehrere vampirische Geschichten in Frankreich reüssiert hatten. Cyprien Bérard schrieb 1820 als eine Art Fortsetzung von Polidoris Geschichte *Lord Ruthven où les Vampires*, die Nodier in Zusammenarbeit mit mehreren Kollegen unverzüglich für das Theater adaptierte. Schon im Juni 1820 wurde das Melodram *Le Vampire* im Pariser *Théâtre de la Porte-Saint-Martin* uraufgeführt. Das Stück, geschickt für die Ansprüche des zeitgenössischen Publikums adaptiert – Nodier selbst hatte in einer Rezension auf die große Eignung des Lord Ruthven für den Boulevard hingewiesen – wurde ein durchschlagender Erfolg. Dass die Kritik dabei die Begeisterung des Publikums kaum teilte, wird die Produzenten und Finanziers damals ebenso wenig gestört haben wie heute, wenn einer ihrer Vampirfilme verrissen wird.

Nur wenige Tage nach Nodiers Bearbeitung hatten weitere Vampirstücke ihre Uraufführung und schon bald sollte es heißen: „Kein Theater in Paris ist ohne seinen Vampir! Im *Porte-Saint-Martin* gibt es *Le Vampire*; im *Vaudeville* gibt es auch *Le Vampire*; und in den *Variétés* ‚Die drei Vampire oder die Strahlen des Mondes'."[11] Von Frankreichs Hauptstadt aus fand der Stoff in zahlreichen Adaptionen auf die europäischen Bühnen, von London bis Wien gab man vampirische Melodramen, Parodien und sogar Pantomime.

In Deutschland entstanden sogar zwei Werke für die Oper. Der zu dieser Zeit in Leipzig wirkende Heinrich Marschner (1795–1861) schaffte 1828 mit „Der Vampyr" den musikalischen Durchbruch. Die zweite, gleichnamige Oper wurde von Peter Joseph von Lindpaintner (1791–1856) komponiert, der Text stammt von Cäsar Max Heigel (geb. 1783, verst. nach 1847). Beide Opern wurden mit dem Vermerk „nach Byron" angekündigt und basieren auf der deutschen Übertragung von Nodiers Melodram „Der Vampir oder Die Totenbraut" (1821). Sie erfreuten sich großer Popularität, gerieten jedoch bald wieder in Vergessenheit. Nur Marschners Fassung gelangt bis heute gelegentlich zur Aufführung.

Die zeitgenössische deutsche Oper war noch stark von der französischen und italienischen beeinflusst und wurde dem Bereich des unterhaltenden Musiktheaters zugerechnet. Als „hohe Kunst" wurde hingegen nur das Sprech- und Literaturtheater gesehen. Dorthin hat es der Vampir jedoch nie geschafft. Trotzdem verdankt der Vampir-Mythos der deutschen Oper eine Innovation: Da sie weniger als das (Musik)theater an literarische Vorgaben gebunden war, konnte die Inszenierung intensiver auf die Persönlichkeiten der handelnden Menschen – und anderer beteiligter Wesen – eingehen und so einen Blick in das Innere der Protagonisten gewähren. Das Publikum konnte erstmals nachvollziehen, wie der Vampir Ruthven denkt und handelt, versteht ihn nicht mehr nur als Monster, sondern als einen verdammten, der Hölle verfallenen Menschen.

Die deutschen Romantiker konnten sich mit dem Vampirmotiv nicht anfreunden. Anders als in Frankreich, England und etwas später in Russland, wo es fast zum guten Ton zu gehören schien, sich des Themas anzunehmen, beschränkte sich die deutschsprachige Vampirliteratur auf triviale Schauspiele und billige Romane, in denen der untote Blutsauger oft wie ein Fremdkörper in eine völlig andere Thematik integriert wurde.

Varney the Vampire – zwischen Urvampir und Erzvampir

Aber auch in England war es ein typischer „Schundroman", der das Image des Vampirs weiterentwickeln und nachhaltig prägen sollte: *Varney the Vampire or The Feast of Blood* (Varney der Vampir oder Das Blutfest) erschien erstmals in den Jahren 1845–1847 als billiger Fortsetzungsroman, der sich großer Popularität erfreute. Als

Autoren vermutet man James Malcolm Rymer (1814–1884) oder Thomas Peckett Prest (Lebensdaten fraglich, evtl. 1810–1859). Mit den typischen Elementen des Schauerromans versetzt, entfaltet der Roman – in Buchform über 800 Seiten stark – eine konfuse Handlung zwischen Horror und Sexualität.

Seine Bedeutung für die Genese des Vampir-Mythos erlangte der Text kaum wegen seiner literarischen Qualitäten. Vielmehr sind es die Eigenschaften des Vampirs, die sich – durch diesen populären Roman eingeführt oder verfestigt – im kollektiven Vampirimage festsetzten: die auffälligen Eckzähne und die punktförmigen Wunden, die sie am Hals des Opfers hinterlassen, die hypnotischen Kräfte des Vampirs und seine übermenschliche Stärke. Zudem interpretieren die anonymen Autoren den Vampir erstmals als Wesen, das über seine Lebensumstände – die Abhängigkeit vom Blut seiner Opfer – äußerst unglücklich ist. Darum wird sich *Sir Francis Varney* schließlich in den Vesuv stürzen, um seinem untoten Leben als Blutsauger ein Ende zu bereiten.

Wir können davon ausgehen, dass hinter diesem billigen Horrorroman *(penny dreadful)* kaum ein ausgeklügeltes poetisches Konzept steckte. Die größte Sorge des Autors war es, die Geschichte spannend genug zu entwickeln, um die Leserschaft von einer Fortsetzung zur nächsten bei der Stange zu halten. Das Beispiel *Varneys*, anspruchsloses, aber wichtiges Bindeglied zwischen Polidoris „Urvampir“ und Stokers „Erzvampir“, zeigt, wie sehr sein Image, und damit sein Mythos, von literarischen Konjunkturen und wirtschaftlichen Zwängen beeinflusst werden.

Am westlichen Rand Europas sollte der irische Schriftsteller Joseph Sheridan Le Fanu (1814–1873) mit „Carmilla“ (1872) eine der letzten und interessantesten Vampir-Novellen des 19. Jahrhunderts verfassen. In diesem Buch wird noch mehrmals von ihr die Rede sein: Einerseits ließ sich Bram Stoker, der Schöpfer des einflussreichsten Vampirs der Geschichte, von Le Fanus Text inspirieren. Andererseits entfaltete „Carmilla" ihre Vorbildwirkung nicht nur für den Mainstream-Blutsauger, sondern wird als erste lesbische Vampirin der Literaturgeschichte an der Wiege eines ganzen Subgenres stehen.

Originalschauplätze? – Textvampire in ihrer alten Heimat

Betrachtet man die zweite große mediale Vampir-Welle der Geschichte – nun in der Literatur und auf der Bühne statt in den Zeitungen und in den wissenschaftlichen Abhandlungen –, fällt auf, dass es zwar eine starke Rezeption der westlichen Texte in Russland gab (Gogol, Turgenew, Tolstoi), die „historisch betroffenen" Gebiete Mittelost- und Südosteuropas hingegen kaum eine genuine Vampir-Literatur hervorgebracht haben. Im 19. Jahrhundert finden wir nur vereinzelte Texte und Bezüge zwischen osteuropäischen Landschaften und dem Vampirmotiv – diese sind jedoch umso interessanter!

Christoph Augustynowicz, Professor für Osteuropäische Geschichte in Wien und als Organisator einer wissenschaftlichen Vampirisimus-Konferenz im Jahr 2009 maßgeblich an der Entwicklung einer seriösen Auseinandersetzung mit dem Vampir-Mythos beteiligt, weist uns in diesem Zusammenhang auf das Werk Leopold Sacher-Masochs (1836–1895) hin. In seiner Novelle „Don Juan von Kolomea" (1866), die seinen literarischen Ruhm begründete, schreibt er einer galizisch-jüdischen Schankwirtin vampirische Eigenschaften zu:

„Eine glühende, verlangende Seele stieg aus diesen großen schwarzen, wollüstigen Augen, ein Vampyr aus dem Grabe einer verfaulten Menschennatur, und saugte sich in das schöne Antlitz des Fremden."[12]

Und so erweist sich der Vampir einmal mehr als vielfältig einzusetzende Metapher, wenn Sacher-Masoch, ein entschiedener Gegner des mitteleuropäischen Antisemitismus, Vampirmotiv und Gesellschaftskritik subtil miteinander verknüpft. In „Moses Goldfarb und sein Haus" (1878) geht Sacher-Masoch viel deutlicher auf die Assoziation Jude = Blutsauger ein und zieht sie als Erklärung – nicht als Rechtfertigung – für die Randstellung der Juden im multikulturell geprägten Galizien heran: Der polnische Adelige, der Staatsbeamte, der katholische Pfarrer und der Pastor der deutschen Kolonie halten im gleichen Maße an dieser Einstellung zum Judentum fest.

Diese Perspektive wird auch die jüdische Frauenrechtlerin und Sozialreformerin Bertha Pappenheim (1859–1936) bestätigen, wenn sie, nachdem sie Galizien bereist hatte, in ihrem Bericht „Zur Lage der jüdischen Bevölkerung in Galizien" (1904) die vorherrschenden sozialen Verhältnisse schildert und dabei auch den Jargon der Antisemiten nicht unerwähnt lässt, die die Juden als „Vampyre, die die christliche Bevölkerung aussaugen", bezeichnen. Christoph Augustynowicz weist darauf hin, dass hier durchaus noch eine weitere Assoziation durchschimmert: Vampirismus wird gerne in kinderreichen Familien vermutet, heißt es doch im Volksglauben, dass jedes siebte oder jedes neunte Kind eines Ehepaares zum Vampir oder vampirähnlichen Wesen werden könne.

Fremdheit und Vampir, diese beiden Begriffe sind unzertrennlich miteinander verbunden. Die Vampirliteratur des Ostens setzt sich mit dieser Assoziation ebenso auseinander wie die westliche, die sich, wie bereits ausgeführt, ihre Vampire oder andere „Fremdkörper" aus den vorgeblichen Randzonen Europas holt. Augustynowicz bezeichnet diese Tendenz als „Inversion", die z. B. bei Ivan S. Turgenev deutlich wird: In seiner Erzählung „Prizraki" (ca. 1864) ist es eine englische Vampirin, die sich in der russischen Provinz einfindet, um ihr Wirken zu entfalten.

Fest verankert im Heimatland des Autors ist jedoch „Fräulein Christine“, eine Erzählung des weltbekannten rumänischstämmigen Religionsphilosophen Mircea Eliade. Der Roman ist in einer politisch „heißen Phase“ erschienen: 1936 marschierten die paramilitärischen Truppen der „Eisernen Garde“ durch die Straßen Rumäniens und demonstrieren die steigenden Machtansprüche dieser faschistisch-religiösen Bewegung. Eliade, selbst ein Anhänger der Eisernen Garde, lässt die Handlung in seiner Gegenwart der Dreißigerjahre spielen, verortete die Wurzeln des Bösen allerdings im Jahr 1907, als in Rumänien der letzte Bauernaufstand Europas niedergeschlagen wurde.

Der Archäologieprofessor Nazarie und der Maler Egor, die auf einem nur von Frauen geführten Gutshof in der Walachei zu Gast sind, werden vom verstorbenen Fräulein Christine heimgesucht. Nach und nach erfahren die beiden Männer, dass die Zwanzigjährige keineswegs bei den Bauernaufständen ums Leben gekommen, sondern ermordet worden ist, nachdem sie ihren Sadismus zu weit getrieben hatte: Sie habe ihre untergebenen Bauern regelmäßig auspeitschen lassen und mit Vorliebe lebendigen Küken den Hals umgedreht. Schließlich sei sie vom Gutsverwalter erschossen worden, nachdem er sie dabei erwischt hatte, wie sie Bauern zwang, sie zu ihrem perversen Vergnügen zu vergewaltigen.

Fräulein Christine verliebt sich in Egor, der aber die ältere Tochter des Hauses, Sanda, ehelichen will. Die Untote scheint sich der jüngeren Tochter Simina bemächtigt zu haben, um sie als Medium und Sprachrohr zu gebrauchen. Während die offensichtlich durch den Einfluss der Untoten körperlich und seelisch erkranke Sanda immer anämischer wird, verführt die neunjährige Simina Egor, beißt ihm auf die Lippen und saugt sein Blut. (Diese in

Andeutungen päderastische Szene wird nach der Veröffentlichung der Erzählung einen Skandal auslösen.) Um der im Sterben liegenden Sanda zu helfen, konsultieren die Männer in einer „kulturhistorisch" invertierten Reihenfolge mehrere Berater: zuerst einen Mediziner, und als dieser nicht helfen kann, einen Priester. Und schließlich sollen die Zaubersprüche einer alten Frau Sanda von ihrer Besessenheit befreien. Die Geschichte endet in einem Inferno: Das Haus brennt nieder, Sanda stirbt, und auch Simina wird völlig zerschunden vorgefunden. Egor aber stürzt in den Keller, wo er die verschollene Leiche Fräulein Christines vermutet, und durchbohrt mit einer Eisenstange das Erdreich, bis er schließlich ihr Herz trifft und sie endgültig ins Jenseits befördern kann.

Bei „Fräulein Christine" haben wir es mit dem einzigen vampirischen Text zu tun, der im vorgeblichen Ursprungsland des Vampirismus spielt. Eliade, eine gebildete und weltgewandte, jedoch durch die Anziehungskraft der Eisernen Garde politisch völlig fehlgeleitete Persönlichkeit, verarbeitet den Stoff ganz bewusst auf „national-historische" Weise: Die „neue Generation" von jungen Intellektuellen, der auch er angehörte, sah ihren größten Feind in den alten Eliten, die Fräulein Christine treffend verkörperte: Gutsherren und Bojaren galten als die traditionellen Ausbeuter (Blutsauger) des rumänischen Bauernstandes, jener Schicht, die den Kern einer neuen, national-sozialen Gesellschaftsordnung bilden sollte. Die Ausbeuter vom Typ der grausamen Christina sollten mit dem Aufstand von 1907 und der Landreform nach dem Ersten Weltkrieg verschwunden sein – wie Untote wirkten sie aber noch in den Dreißigerjahren hemmend auf die rumänische Modernisierung. Wenn die Gutsherrin angesichts der Bauern, die das „Geisterzimmer" Christinas zertrümmern wollen, immer wieder ruft, sie habe kein Land mehr zu vergeben, will man ihr keinen Glauben schenken. Christina, die blutsaugende, wiedergehende

Tyrannin, muss endgültig aus dieser Welt geschafft werden. In Eliades Roman geschieht dies auf traditionelle Weise, mit einem Eisenstab im Herzen.

Die von Thomas M. Bohn, Ordinarius für Osteuropäische Geschichte in Gießen, beschriebene Metamorphose des „Gespensts von Lublau“ zeigt uns, dass nicht jeder „gemeine Wiedergänger“ als Vampir enden muss: Wie bereits erwähnt, hatte man im Zuge der ersten Vampir-Welle in den 1730er-Jahren auch die Geschichte eines Wiedergängers in Lublau, einer Stadt in der heute nordslowakischen Zips, kanonisiert. Die Ereignisse von 1718 lassen sich aufgrund von verschriftlichten Berichten der Bevölkerung und des zuständigen Bischofs recht genau rekonstruieren: Michael Kasparek scheint bald nach seinem Tode damit begonnen zu haben, seine lebenden Bekannten mit Schlagen, Beißen und Würgen zu belästigen. Obwohl man ihm – sogar mit Genehmigung des Krakauer Bischofs – das Herz entnommen und auf einem Komposthaufen entsorgt sowie den Rest seines Leichnams verbrannt hatte, fanden die Heimsuchungen kein Ende. Kasparek wurde weiterhin für eine Reihe von Bränden in der Stadt verantwortlich gemacht. Auch ein Exorzismus brachte nicht den gewünschten Erfolg. So schritt man zum Äußersten und verbrannte sein Herz, was Kasparek veranlasste, endlich Ruhe zu geben. Seine Verwandlung vom Wiedergänger zum Vampir und letztlich zum Gespenst konnte beginnen.

Als das Unterhaltungsmagazin, „Der Europäische Niemand“, 1719 drei fiktive Gelehrte über den Lublauer Fall sinnieren ließ, kamen sie zu dem Schluss, dass es sich dabei lediglich um eine „erbauliche Fabel“ handle. Dieser Meinung schloss sich rund zwei Jahrzehnte später der Schaumburger Superintendent Eberhard David Hauber an. In seinem Traktat *Biblioteca sive Acta et Scripta Magica* mutmaßte er, dass die Geschichte aus der Zips durch den „Eindruck der Phantasie“ entstanden sei, und bezeichnete das „oberungarische Gespenst Michael Caspareck“ als „Vorläufer der in Serbien und der Ungarischen Grenze bekannt gewordenen Vampire und Blutsauger“.

Die diskursive Mutation vom Wiedergänger zum Vampir war vollzogen, der Prozess der Verwandlung sollte jedoch noch nicht abgeschlossen sein: Der esoterische Publizist Georg Conrad Horst bezeichnet Kasparek in seiner „Zauber-Bibliothek“ von 1825 gar als den ältesten Vampir Ungarns, „dessen sogenannter Vampyr-Stand der tolleste, abentheuerlichste und furchtbarste von Allen“ gewesen sein soll. Und als dann Klaus Hamberger 1992 die Kasparek-Texte in seine kulturhistorische Dokumentation des Vampirismus zwischen 1689 und 1791, „Mortuus non mordet“, aufnahm, war der „Vampir Kasparek“ endgültig kanonisiert. 1892 erschien *Das Gespenst von Lubló (Kisértet lublon)*, eine von der Legende um Michael Kasparek inspirierte Erzählung des ungarischen Schriftstellers Kálman Mikszáths (1847–1910). Vom Blutsaugen ist in dieser Geschichte keine Rede mehr – vielleicht ist das der Grund, warum man heute Stokers „Dracula“ und nicht Mikszáths „Gespenst von Lubló“ liest?

Der Vampirstoff wird im östlichen Europa, mit Ausnahme Russlands, jedoch nicht in größerem Maße rezipiert werden. Zu nahe scheinen die Menschen dort am Geschehen zu sein, um eine literarische Auseinandersetzung möglich zu machen. Der Vampir des Volksglaubens wird dort jedoch in Märchen und Legenden, mitten in einer Schar von anderen wunderlichen Gestalten, weiterleben. Im Gegensatz zum Westen ist den vampirischen Gestalten des slawischen, rumänischen, albanischen, ungarischen und griechischen Volksglaubens die Reduzierung ihrer Eigenschaften und Vereinheitlichung ihres Namens auf *den* Vampir jedoch großteils erspart geblieben.

Der nationale Vampir – Blutwahn ohne Transzendenz

Wenige Jahre nach Stokers Dracula, jedoch nahezu unberührt vom zukünftigen Paradevampir aus England, wird es um die Jahrhundertwende im deutschen Sprachraum eine kleine literarische Vampirwelle geben, die wir im Kapitel „Fragil, fatal, komplex – der Vampir zwischen den Geschlechtern" näher behandeln. Für das Thema dieses Kapitels stellt das Beispiel eines späten Werkes dieser Periode einen symptomatischen Übergang zur sich radikalisierenden Landschaft des 20. Jahrhunderts dar: Hanns Heinz Ewers schrieb „Der Vampir" (1920), seine zweite vampirische Erzählung nach „Die Spinne" (1908) zur Zeit des Ersten Weltkriegs, die er in den Vereinigten Staaten zubrachte. Ewers gehört aufgrund seiner Biographie gewiss zu den interessantesten Literaten seiner Zeit. Einerseits setzte er sich für die Gleichberechtigung der Juden ein: Im liberalen Politiker Walter Rathenau (1867–1922) sah er das Idealbild einer jüdisch-deutschen Elite verkörpert. Anderseits trat Ewers 1931 der NSDAP bei und verfasste, wohl aus Gründen der Anbiederung an die neue Elite, einen Roman über Horst Wessel. Als Mitglieder des Corps Normannia in Berlin hatten sich die beiden vermutlich auch persönlich gekannt.

In „Vampir" fließen die phantastisch-irrationalen, die historisch-politischen und die sexuellen Diskurse ineinander und zeigen „Ambivalenz und Ambiguität" als Grundstimmung, wie Clemens Ruthner, der sich eingehend mit dem Text auseinandergesetzt hat, aufzeigt. Der Untertitel des Werkes ist symptomatisch: „Ein verwilderter Roman in Fetzen und Farben" – so zerrissen, wie der Titel klingt, ist auch der Protagonist.

Frank Braun, die Hauptfigur in Ewers „Vampir", stellt sich erst im Laufe der Handlung als der Vampir dieser Geschichte heraus, der Autor legt mehrere falsche Fährten, um die Frage, die im Titel aufgeworfen wird, möglichst lange offen zu lassen: Wer ist der Vampir? Von Braun erfahren wir, dass er seine Hämatophilie erstmals auf dem Paukboden verspürt hätte, als ihm während einer studentischen Mensur das Blut in den Mund geronnen war. Der rote Saft habe ihn seither nicht mehr losgelassen – die Blut-Metaphorik zieht sich leitmotivisch durch die Handlung.

In diesem Roman ist der Mann der Vampir, trotzdem ist seine alte Liebe Lotte Lewi, halb Jüdin, halb Deutsche, die überlegene Figur, er ist von ihrem Blut abhängig. Frank Braun verkörpert jedoch nicht nur ein weiteres Mal das (literarisch) neu definierte Mann-Frau-Verhältnis, sondern kann auch als „politischer Vampir" gelesen werden. In dieser Dimension ist er ebenso wie in der privaten ein abhängiges Wesen, eine Puppe: Als viel gefragter Redner der deutschen Propaganda in den USA prostituiert er sich für die Veranstalter, die ihn einladen. Ihm ekelt vor den Massen, aber gleichzeitig findet er es immer aufregender, sie zu manipulieren. Die autobiographische Komponente kommt dabei nicht zu kurz: Wie seine Hauptfigur wandelt sich Ewers während seiner Zeit in den USA vom Anhänger einer kosmopolitischen Elite zum deutschnationalen Agitator.

Die Zerrissenheit der Zeit spiegelt sich jedoch nicht nur in der Persönlichkeit des Frank Braun wider, sondern auch in der Phantastik des Romans selbst, sodass über lange Strecken die Frage offenbleibt, ob es sich nun um einen übernatürlichen Vampir oder ob es sich um ein rationell erklärbares Phänomen handle.

Auch wenn sich der Roman in die Tradition des 19. Jahrhunderts stellt – Traum, Schlafwandeln und Trance (im Drogenrausch) spielen eine wichtige Rolle –, sind einige wesentliche Elemente des „klassischen" Vampirs bei Frank Braun nicht zu finden: Er öffnet seinen „Opfern" die Adern mit einem Messerchen, nicht mit spitzen Zähnen. Die Figur des Vampirs wird dabei auf die des Blutsaugers reduziert, Frank Braun ist kein Wiedergänger, kein Untoter, sondern ein lebendiger Mensch, der Blut trinken muss, um sich von seiner Schwäche zu erholen. Mehr noch, Braun scheint am Blut, das ihm Lotte Lewi schenkt, zu genesen – so wie sie hofft, dass auch die kranke Welt genesen würde. Mag die Welt also am deutschen Wesen genesen? Nur bedingt, das heilende Blut für Braun (und Ewers) ist deutsch-jüdisches „Mischblut“ ...

Ewers Roman stellt mit seinem zerrissenen Helden, mit seiner zweifelhaften Phantastik und der Überhöhung der Blut-Metapher einen Übergang zur deutschen Blut- und Bodenideologie dar, die in der großen Katastrophe von Krieg, Rassenwahn und Völkermord einen tragischen Höhepunkt finden wird. Trotz zeitweiliger Anbiederung konnte Ewers die Ideologie des Nationalsozialismus nicht konsequent mittragen. Als das Regime 1935 die Nürnberger Rassegesetze erließ, half er, mittlerweile bei den Nazis in Ungnade gefallen, jüdischen Freunden, sich ins Ausland abzusetzen. In dieser Zeit war die Blutsauger-Metapher von den Propagandisten des Nationalsozialismus schon völlig vereinnahmt worden.

Zweierlei Dracula: der Pfähler und der Aufhänger

Wer heute das Wort Vampir hört, denkt unwillentlich auch an Dracula. Wer aber war der Mann, der eine der bekanntesten Figuren der Literaturgeschichte geschaffen hat?

Abraham (Bram) Stoker wurde am 8. November 1847 als drittes von sieben Kindern im Clontarf in der Nähe von Dublin geboren. Als protestantische Familie waren die Stokers Teil jener starken Minderheit im katholisch geprägten Irland, der auch Joseph Sheridan Le Fanu, Oscar Wilde und George Bernard Shaw angehörten. Einen Teil seiner Kindheit musste Stoker schwer krank im Bett verbringen. In dieser Zeit kamen ihm viele Gedanken, die nach eigener Aussage „auf ihre Art" sehr fruchtbar für sein späteres Schaffen sein sollten. Stoker entwickelte sich nach seiner Gesundung, die sich die Ärzte ebenso wenig erklären konnten wie zuvor die Krankheit selber, zu einem sportlichen jungen Mann. Während er am Trinity College Dublin Geschichte, Literatur, Mathematik und Physik studierte (1864–1870), fiel er nicht nur mit einigen Aktivitäten in literarischen und historischen Clubs, sondern auch durch seine hervorragenden Leistungen als Universitätsathlet auf.

Nach seinem Abschluss trat er eine Stelle in der Dienstaufsichtsbehörde der Justizverwaltung in Dublin an. Da ihn diese Stelle nicht auszufüllen vermochte, versuchte er, seine Passion für das Theater in journalistischer Betätigung zu kanalisieren, und begann Theaterkritiken für die *Dublin Evening Mail* zu verfassen, zu deren Eigentümern auch Joseph Sheridan Le Fanu gehörte. Eine solche erregte die Aufmerksamkeit des damals berühmten Shakespeare-Darstellers Henry Irving, der Stoker nach der Lektüre von dessen positiver Kritik an ihm spontan zum Essen einlud. Aus der Bekanntschaft entwickelte sich eine Freundschaft, und aus dieser erwuchs eine dauerhafte berufliche Zusammenarbeit: Nahezu drei Jahrzehnte lang, von 1878 bis zu Irvings Tod 1905, managte Stoker den von ihm so verehrten Schauspieler und dessen Lyceum Theatre in London.

Noch in Dublin heiratete Stoker die bekannte Schönheit Florence Balcombe, die sich damit gegen Oscar Wilde, der ihr seit Längerem den Hof machte, entschied. In Irvings Windschatten erlangte Stoker Zugang zur Londoner Avantgarde, traf mitunter den Maler James McNeill Whistler und den Schriftsteller Arthur Conan Doyle. Die

Freundschaft mit Hall Cane veranlasste Stoker sogar, dem Romancier seinen „Dracula“ zu widmen. Als Irvings Manager unternahm er regelmäßig internationale Reisen, zweimal war er sogar im Weißen Haus in Washington geladen. Nur bis Osteuropa ist Stoker niemals vorgedrungen.

Trotz seiner ausfüllenden Sekretärs- und Managertätigkeit für Irving fand der Workaholic Zeit, eigene Texte zu verfassen. Seit 1872 publizierte er regelmäßig seine Kurzgeschichten und Novellen. Sein Vampirroman „Dracula“ erschien nach sieben Jahren Arbeit im Mai 1897. Gemessen an anderen zeitgenössischen Schriftstellern und gegenwärtigen Epigonen zu diesem Thema, stellte sich jedoch nur mäßiger Erfolg ein. Stoker blieb zwar zeit seines Lebens ein geachteter Theatermanager, als Literat wurde ihm aber die Anerkennung weitestgehend verwehrt. Er verstarb in bescheidenen finanziellen Verhältnissen 1912 in London und wurde im Golden Green Crematorium beigesetzt.

Der zweite Dracula – die literarische Figur

Kaum jemand würde heute den Namen Bram Stoker noch kennen, wäre sein „Dracula“ nicht posthum einer der größten literarischen Erfolge der Geschichte geworden. Bis heute fragen sich die Literaturwissenschaftler, was den Unterschied zwischen diesem Roman und den vielen anderen Geschichten jener Zeit, die es – so erfolgreich sie vielleicht nach ihrem erstmaligen Erscheinen gewesen sein mögen – im Gegensatz zu Stokers Werk nicht bis an die Spitze der Weltliteratur geschafft haben, ausmacht.

Stokers Geschichte beginnt aus der Perspektive des Londoner Rechtsanwalts Jonathan Harker, der nach Transsilvanien aufbricht, um einen exzentrischen Adeligen namens Dracula auf seinem Karpatenschloss zu besuchen, dem er ein Anwesen in London verkaufen soll. Während seines Aufenthalts macht Harker eine Reihe von beunruhigenden Beobachtungen: Er bemerkt, dass der Graf kein Spiegelbild besitzt, und beobachtet ihn dabei, wie er kopfüber die Schlosswand hinunterklettert. Als ihn eines Nachts drei Frauen anfallen, verfällt Harker in Todesangst. Er verbringt seine Zeit auf Draculas Schloss wie ein Gefangener. Letztlich gelingt ihm die Flucht, aber seine Psyche ist seit den Erlebnissen in den Karpaten derart erschüttert, dass er drei Monate in Budapest gepflegt werden muss, bevor er nach England zurückkehren kann.

Der zweite Teil des Romans handelt in England. In der Hafenstadt Whitby landet während eines Unwetters ein Schiff, die ganze Mannschaft scheint ums Leben gekommen zu sein. Dracula, der auf diesem Wege mit seinen fünfzig Kisten voll transsilvanischer Erde in England ankommt, verlässt das Schiff in der Gestalt eines schwarzen Hundes. In Whitby befinden sich zu diesem Zeitpunkt auch Harkers Verlobte Mina Murray und deren Freundin Lucy Westernra, eine lebenslustige Person, die gleich von drei Männern umworben wird: vom Irrenarzt John Seward, dem Amerikaner Quincey P. Morris und Arthur Holmwood, mit dem sie mittlerweile verlobt ist. Lucy erkrankt in den Tagen nach der Ankunft des Schiffes an einer schweren Form von Somnambulismus, und Mina bemerkt an ihrer Freundin zwei punktförmige Male. Da auch der Arzt Seward ratlos ist, wie man Lucys zwanghaftem Schlafwandeln Einhalt gebieten könne, bittet er seinen Lehrer Professor Abraham van Helsing um Hilfe. Der holländische Gelehrte erkennt sofort, dass es sich um einen Vampir handelt, der hier sein Unwesen treibt. Trotz mehrerer Bluttransfusionen stirbt Lucy nach einer Begegnung mit Dracula in Wolfsgestalt. Sie wird selbst zum Vampir, und ihr Verlobter muss sie nach Anweisung van Helsings von diesem Fluch befreien, indem er ihr einen

Pflock durchs Herz treibt. Lucys Leichnam wird der Kopf abgetrennt und mit Knoblauch gefüllt.

Die Gruppe um van Helsing folgt dem transsilvanischen Vampir nach London, um ihn aufzuspüren und zu vernichten. Während die Männer Dracula jagen, sucht dieser Mina heim und zwingt sie, sein Blut zu trinken. Der Vampir kann letztlich in die Flucht geschlagen werden und tritt auf dem Seeweg den Rückzug nach Transsilvanien an. Van Helsing legt Mina eine Hostie auf die Stirn, die sich in ihre Haut einbrennt. Die offenbar Infizierte scheint mit Dracula telepathisch verbunden zu sein, sie kann unter Hypnose seinen Aufenthaltsort nennen. Mit ihrer Hilfe können die Vampirjäger Dracula in der Nähe seines Schlosses stellen und mit einem Bowiemesser sowie einem Gurkhadolch endgültig vernichten. Minas Brandmal auf der Stirn verschwindet, Morris erliegt jedoch den Verletzungen, die ihm die Schergen des Grafen zugefügt haben.

Die Dracula-Exegese 1 – Komponenten einer Erfolgsgeschichte

In Stokers Roman sind mehrere literarische Genres vertreten: Liebes-, Abenteuer-, Brief- und Reiseroman verbinden sich zu einer stilsicheren, im Genre verankerten Schauergeschichte. Der Autor lässt verschiedene Protagonisten zu Wort kommen und macht seine Erzählung durch den Einsatz verschiedener Textgattungen zu einem multimedialen Ereignis: Tagebuchnotizen, Mitschriften von Phonographenaufnahmen, persönliche und geschäftliche Korrespondenzen und Zeitungsartikel – niemals real, aber immer realistisch – vermitteln das Gefühl, dass es sich hier um keine Erfindung handle, sondern um eine Geschichte, die sich tatsächlich in dieser Art zugetragen hat oder deren Realismus zumindest denkbar ist.

Viele Studien sind seit der Veröffentlichung erschienen, in denen versucht wird, Elemente des Romans aus der Biographie Stokers herzuleiten. Relativ leicht auszumachen sind, weil er sie selbst in seinen Notizen anführt, die direkten literarischen Vorbilder für seinen Roman: John Polidoris für das Vampirgenre fundamentale Erzählung „The Vampyre“ (1819) und Joseph Sheridan Le Fanus „Carmilla“ (1872). Aufgrund seiner universitären Ausbildung und seines Interesses an der einschlägigen Literatur können wir vermuten, dass er noch andere Wiedergänger-Texte wie Johann Wolfgang von Goethes „Braut von Korinth“ (1797), Gottfried August Bürgers „Leonore“ (1774) oder Lord Byrons „Giaour“ (1813) kannte, als er seinen Text verfasste.

Umstritten ist, wie wir noch im Detail ausführen werden, wie gut Stoker über die südosteuropäischen Verhältnisse und die Geschichte des walachischen Fürsten Vlad III. (um 1431–1476), dem vermeintlichen historischen Vorbild für Graf Dracula, informiert war. Wir müssen jedoch davon ausgehen, dass Stoker als fleißiger Theatermanager und leidenschaftlicher Literat gar nicht die Zeit hatte, die Archive auf der Suche nach verwertbarem historischem Material systematisch zu durchforsten. Für die westlichen Schauplätze in seinem Roman konnte Stoker auf seine persönlichen Eindrücke zurückgreifen: London war ihm seit seinem Umzug von Dublin zur zweiten Heimat geworden, und Whitby, wo Dracula im Roman mit seinem Schiff landen sollte, kannte er von einem Urlaubsaufenthalt im Sommer 1890.

Einige seiner Protagonisten und manche ihrer Namen sind seinem persönlichen Umfeld entnommen, manchmal als Reminiszenz an eine Freundschaft, manchmal lediglich, weil sie gerade greifbar waren und gut in die Erzählung passten. Es liegt nahe, dass er vermutlich auch Henry Irving, den er besonders für sein Talent verehrte, dämonische Charaktere darzustellen, vor Augen hatte, als er seinen Dracula erschuf. Weitaus spekulativer scheint die Ansicht mancher Stoker-Exegeten, dass die subversive Sexualität im Roman der Kompensationsversuch des kühlen Verhältnisses zu seiner angeblich frigiden Frau sei. Ob Stoker für diese offensichtlichen Handlungselemente tatsächlich die (negative) Motivation seiner Gattin benötigt hat, muss unbeantwortet bleiben. Quincey Morris, den draufgängerischen Amerikaner, als eine literarische Verdichtung von Stokers Bewunderung für die Vereinigten Staaten zu deuten, fällt um einiges leichter.

Sein Interesse für den Okkultismus, einer Modeerscheinung des 19. Jahrhunderts, wurde durch seine naturwissenschaftliche Ausbildung und seine Fortschrittsgläubigkeit relativiert. Beide Aspekte finden sich in „Dracula“ und werden zu bestimmenden Antagonisten einer impliziten Modernisierungstheorie: Der „alte“ Mystizismus und der „neue“ Fortschrittsglaube ringen um die Vorherrschaft in der Gesellschaft. Einerseits lässt Stoker Professor van Helsing vor allzu großer Fortschrittsgläubigkeit warnen, andererseits führt er technische und medizinische Errungenschaften wie Bluttransfusion, Schreibmaschine, Telegraphie und Phonographen ein. Ob der Roman tatsächlich der Versuch Stokers ist, seine Zeit einer psychoanalytischen Studie zu unterziehen – bald wird man die Dämonen „das Unterbewusste“ nennen –, können wir nicht nachweisen. Wir wissen jedoch, dass Stoker die Thesen Siegmund Freuds bekannt waren.

Die Dracula-Exegese 2 – Spekulationen über eine Erfolgsgeschichte

Die Dracula-Exegeten fragen aber nicht nur nach den expliziten Inspirationsquellen für Stokers Roman. Bis heute dient er Literaturkritikern, Soziologen, Historikern, Philosophen, Sexualwissenschaftlern und nicht zuletzt „Vampirologen“ als literarischer Steinbruch für eine schier unendliche Bandbreite an Deutungen des Impliziten. Dabei klingen nicht alle Interpretationen im selben Maße einleuchtend, besonders wenn die Politik sie für ihre Zwecke benützt: Der US-amerikanische Senator Joseph McCarthy deutete den Roman als eine prophetische Vorwegnahme des Kalten Krieges. Dracula verkörpere dabei, wie unschwer zu erkennen sei, die kommunistische Subversion, und Lucy Westernra – *nomen est omen* – stehe für den Westen Europas, die das Monster nur mithilfe der Vereinigten Staaten – Quincey Morris! – niederringen könne. Stoker war jedoch kein Prophet, er konnte nicht wissen, dass fünf Jahrzehnte später die Welt von zwei sich bekämpfenden politischen Blöcken dominiert werden würde. Schon zu seinen Lebzeiten jedoch war der Osten aus der Sicht der westlichen Gesellschaft zu einem Ort der Fremdheit geworden: Stoker brauchte sich nur mehr zu überlegen, wie weit in den Osten er seine Geschichte verlegen wollte.

Der wohl beliebteste Aspekt der Dracula-Exegese ist jedoch die Sexualität. Der fremde Graf stellt aus dieser Perspektive einen Gegenpol zur Verklemmtheit des Viktorianischen Zeitalters dar. Die Leser hätten sich an der unterschwelligen Schlüpfrigkeit des Romans, der latenten Erotik und den Übertretungen des zeitgenössischen Moralkodexes delektiert. Die Thesen der von Freud beeinflussten „Vampirologie“ bringt der Psychologe Maurice Richardson 1959 auf den Punkt, wenn er den Roman als die Schilderung eines „inzestiösen, nekrophilen, oralen, analen sadistischen Ringkampf(s) ohne Regeln“ beschreibt und Dracula selbst als eine „Vaterfigur von gewaltiger Potenz“.

Dass der Roman eine Schöpfung seiner Zeit ist, in dem sich einzelne Persönlichkeiten aus dem Umfeld des Autors ebenso widerspiegeln wie Realitäten, Wissensstand, aber auch Mythen und Atmosphäre seiner Zeit, ist unbestritten. Neu sind diese Ansätze bei Stoker aber nicht, wie wir bereits in vorangehenden Kapiteln dargelegt haben. Einzigartig hingegen ist der (spätere) Erfolg der Geschichte, der trotz vielfältiger Interpretationsversuche nur schwer zu erklären ist. Was Stoker uns mit seinem Roman vermitteln wollte, bleibt weiterhin Gegenstand der Spekulation. Der Nachwelt hat er ein Stück Trivialliteratur für Horror-, Romantik- und Abenteuerfans geschenkt, das mit seinem schier unerschöpflichen Potential regelmäßig die stotternden Motoren der Unterhaltungsbranche wieder zum Laufen bringt. Ein wahrhaft mächtiges Werk.

Der erste Dracula – die historische Figur

Als das historische Vorbild für die literarische Figur des Grafen Dracula wird meist der bereits genannte walachische Fürst Vlad III. angegeben. Seine Biographie scheint tatsächlich von „vampirischen" Elementen durchzogen – wenn man sie vor der Folie eines Jahrhunderte später entstandenen Schauerromans interpretiert. Geboren wurde Vlad, der von der Geschichte den Beinamen „der Pfähler" erhielt, wahrscheinlich im siebenbürgischen Schäßburg (rum. Sighişoara, ungar. Segesvár). Zum Zeitpunkt von Vlads Geburt befand sich sein Vater, Vlad II. (1395–1447), gerade in Nürnberg, wo ihn der luxemburgische Kaiser Sigismund (1368–1437) in die *Societas Draconistrarum*, den Drachenorden, aufnahm. Es handelte sich dabei um einen vom Kaiser ins Leben gerufenen katholischen Adelsorden, der sich der Verteidigung der Christenheit gegen die „Heiden und Schismatiker", konkret gegen die im Südosten immer stärker werdenden Osmanen, verschrieben hatte. Die Schutzpatrone des Ordens waren der Drachentöter Georg und die hl. Margit von Antiochia. Von ihr berichtet uns die Legende, dass sie vom Teufel in Gestalt eines Drachens verschluckt worden, aber mit der Hilfe Gottes unbeschadet entkommen sei. So wurde der Drache zum Symbol dieses Ordens.

Aus diesem Grund nannte sich Vlad II. „Dracul" – Drache. Gerne wird in der modernen Dracula-Exegese darauf hingewiesen, dass das Wort „Dracul" auf Rumänisch nicht nur Drache, sondern auch Teufel, und der Beiname des Sohnes „Drăculea" dementsprechend „kleiner Teufel" oder „Sohn des Teufels" bedeute. Dass diese beiden Begriffe synonym verwendet werden können, ist jedoch kein Spezifikum der rumänischen Sprache. Schon in der Offenbarung des Johannes wird die Erscheinung des Teufels in Gestalt dieses Untiers geschildert. Mit den angeblich teuflischen Eigenschaften von Vlad III. – dem vermeintlichen Vorbild für Stokers Romanfigur – hat der Beiname also wenig zu tun und ist dem Wunschdenken moderner „Vampirologen" entsprungen. In den Neunzigerjahren wurde gar die Theorie aufgebracht, dass sich der Beiname vom rumänischen Wort „dragul" ableite, was „der Liebe" oder „der Liebliche" bedeutet. Es gibt jedoch kaum Beweise für diese Behauptung. Den Beinamen „Drăculea" verdankt Vlad III. also Kaiser Sigismund und seinem Vater Vlad II.

Nachdem Vlad II. Dracul die Walachei erobert und seinen abtrünnigen Halbbruder Alexandru Aldea gestürzt hatte, bestieg er selbst mit Zustimmung Kaiser Sigismunds den walachischen Fürstenthron. Sein Leben wurde als Regent einer Pufferzone zwischen dem Osmanischen Reich und Ungarn nicht unbedingt einfacher. Nach dem Tode Sigismunds 1437 ging er ein Zweckbündnis mit den Osmanen ein und brach damit den Eid, den er als Mitglied des Drachenordens abgelegt hatte. Als Sultan Murad II. (um 1403–1451) 1438 in Siebenbürgen einmarschierte, wurde er von Vlad II. unterstützt. Und als dieser seinen Thron an die konkurrierende Basaraben-Dynastie verlor, konnte er ihn nur mithilfe der Osmanen wieder zurückerobern. Um das Bündnis – also die Unterwerfung der Walachei als Vasallenstaat – zu besiegeln, überließ Vlad II. Dracul seine Söhne Vlad und Radu den Osmanen als Geiseln. Die Gefangenschaft prägte ohne Zweifel die Zeit ihres Heranwachsens und damit die Persönlichkeiten der Brüder.

Nach der Ermordung seines Vaters durch ein Komplott seiner Gegner durfte der am osmanischen Hof erzogene Vlad kurzzeitig den Führer einer von der Hohen Pforte eingesetzten Marionettenregierung spielen. Johann Hunyadi (um 1407–1456), der ungarische Reichsverweser mit rumänischen Wurzeln, marschierte aber bald darauf in der Walachei ein und setzte Vlad III. ab. Dieser zog sich zu seiner Verwandtschaft in das benachbarte Fürstentum Moldau zurück, wo er bis 1451 ausharrte.

Als sein Onkel und Protektor Bogdan II. von einem Konkurrenten ermordet wurde, verließ Vlad das Land wieder Richtung Ungarn. Das Risiko, zu seinem Gegner Johannes Hunyadi zu flüchten, lohnte sich. Dieser begnadigte ihn und nützte ab nun seine Expertise für osmanische Kultur und Politik. So empfahl sich Vlad im Sinne Ungarns auch als Fürst der Walachei. Und nach einem erfolgreichen Feldzug 1456 fand sich Vlad III. tatsächlich ein zweites Mal auf dem Thron des Donaufürstentums wieder.

Seine kurze Regierungszeit von 1456–1462 war außenpolitisch vom Kampf gegen seine ehemaligen Geiselnehmer südlich der Donau geprägt. Innenpolitisch arbeitete er an der Festigung seiner Macht, indem er die ihm gefährlichen, alteingesessenen Bojaren bekämpfte und die Hofämter mit ihm loyalen Männern besetzte. Um die walachische Wirtschaft zu stärken, missachtete er die traditionellen Handelsprivilegien der benachbarten Siebenbürger Sachsen, genehmigte für sie nur drei Handelsplätze und führte das Stapelrecht ein, was bedeutete, dass die Händler dazu verpflichtet waren, ihre Waren zuerst in

Fürst Vlad III. (ca. 1431–1476), der wegen seiner Vorliebe für grausame Hinrichtungen durch Pfählung posthum den Beinamen *Ţepeş* („Pfähler") erhielt. Zu Lebzeiten nannte man ihn *Drăculea*, Sohn des Drachen. Er wurde zum Namenspatron der Romanfigur Dracula.

den walachischen Städten anzubieten, bevor sie weiterziehen durften.

Die sächsischen Handelstädte litten unter den brutalen Strafexpeditionen, die Vlad III. unternahm, nachdem sich seine Beziehungen zu seinem ehemaligen Verbündeten Matthias Corvinus (1443–1490), dem Sohn Johann Hunyadis, verschlechtert hatten. Aber sowohl mit den Sachsen als auch mit Matthias Corvinus konnte eine Einigung erzielt werden. Der ungarische König versprach Vlad III., ihn im Kampf gegen die Osmanen zu unterstützen. Doch es sollte anders kommen: Als der walachische Fürst in den Krieg ziehen wollte, ließ ihn Matthias verhaften. Der politische Druck durch ungarische Magnaten einerseits und Kaiser Friedrich III. (1415–1493) andererseits ließ ihn zu der Entscheidung kommen, diesen Feldzug, der ihn noch mehr geschwächt hätte, zu verhindern. Da kamen ihm die Schreiben, die ihn über einen angeblichen Verrat Vlads in Kenntnis setzten, nur gelegen. Heute gilt es als sehr wahrscheinlich, dass Matthias diese „Verratsbriefe" selbst hat verfassen lassen, um seine Entscheidung vor Papst und Kaiser zu rechtfertigen. Immerhin war Vlad III. als einer der wenigen dem Aufruf zur Verteidigung der Christenheit gefolgt!

Ob die in dieser Zeit in Umlauf gekommenen „Histori von dem posen Dracol der vil wunders vnd vbels begangen hat" ein weiterer gezielter Schlag in Buda gegen Vlads III. Reputation waren oder lediglich die zeitlose Sensationsgier der Bevölkerung trefflich befriedigten, lässt sich nicht eindeutig beantworten. Als Grundlage zog man dazu vermutlich die Klagen von siebenbürgischen Händlern über die Grausamkeit Vlads III. heran und ergänzte sie, um das Ausmaß der Sensation zu steigern, mit erfundenen Details. Die verschollene Urschrift, deren Entstehung um das Jahr 1462 anzusetzen ist, hat eine ganze Flut an spätmittelalterlicher Dracula-Literatur ausgelöst.

Der Hofschreiber Michael Beheim (1416 bis um 1474) ist einer der namentlich bekannten zeitgenössischen Dracula-Literaten. Von ihm stammt das 1463 am Hofe Kaiser Friedrichs III. in Wien verfasste Gedicht „Von ainem wutrich der hies Trakle waida von der Walachei“, das maßgeblich dazu betrug, dass sich die Kunde vom „Wüterich und Tyrannen“ Dracula vor allem in Form von Flugblättern in weiten Teilen Europas verbreitete. Buchdrucker machten mit der Vervielfältigung ein gutes Geschäft – Horrorgeschichten verkauften sich schon damals ausgezeichnet. Vlad III. war zu jenem Zeitpunkt längt tot. Er wurde 1476, kurz nachdem er die Herrschaft in der Walachei wiedererlangt hatte, von osmanischen Truppen gefangen genommen und enthauptet. Seinen Kopf konservierten seine Mörder in Honig und brachten ihn nach Konstantinopel.

Medienhype um den Pfähler – Konstruktion eines Monsters

Die Geschichten über Vlad III. gehören mittlerweile zum Standardrepertoire des Dracula-Komplexes: Am berühmtesten wurde jene Tötungsmethode, der er auch seinen posthum verliehenen Beinamen, Vlad Ţepeş (der Pfähler), verdankt. Beim Pfählen wurden die Delinquenten auf einen meist abgerundeten und eingefetteten Holzpfahl gesetzt, der den Körper durch After oder Vagina nur langsam durchdrang und den Tod oft über Tage hinauszögerte. Rund vierzig verschiedene Episoden über Draculas Grausamkeiten sind uns überliefert. An dieser Stelle seien nur ein paar Kostproben genannt: Bettlern und Kranken habe er sich entledigt, indem er sie zu einem Gastmahl lud, um dann das Haus, in dem sie zusammengekommen waren, niederbrennen zu lassen. Als eine Gruppe von Zigeunern im Land auftauchte, habe er drei von ihnen braten lassen und die Überlebenden gezwungen, sie zu verspeisen. Und nicht nur die „Unterschicht“ hat der strenge Fürst brutal behandelt: Er habe seine Bojaren zum Osterfest eingeladen, um sie dann, nachdem sie ein Ratespiel verloren hätten, aufspießen zu lassen. Berühmt wurden auch die Holzschnitte, die den Fürsten beim Mahle zeigen, während er zu seiner Unterhaltung Menschen foltern und pfählen lässt.

Als das Interesse am „historischen“ Dracula nach einigen Jahrzehnten zu versiegen begann, wechselte die Überlieferung das Genre und machte die Figur des Dracula zur Metapher, zum Fallbeispiel des Bösen, wie es auch mit Nero, Diocletian oder Caligula geschehen ist. Besonders deutlich wird die Metaphorisierung in russischen Überlieferungen, die Draculas Handeln allerdings positiv interpretieren: Er sei hart, aber gerecht gewesen. Dieses Motiv ging nach dessen Tode auf Ivan IV. den Schrecklichen (1530–1584) über, indem man den Begriff „Woiwode“ mit „Zar“ ersetzte. Aber auch in der rumänischen Historiographie finden wir das Motiv des „harten, aber gerechten“ Herrschers. Am Höhepunkt des kommunistischen Regimes konstruierten die Geschichtsideologen einen positiven Vlad Ţepeş-Mythos, der als mittelalterliches Vorbild für das Wirken des Diktators Nicolae Ceauşescu inszeniert wurde.

Der historische „Dracula“ hat durch die über ihn kolportierten Schauergeschichten schon im Spätmittelalter einen medialen „Hype“ ausgelöst. Auch wenn man ihn als blutrünstiges Monster konstruiert hat – von Blutsaugern oder Vampiren war in diesen Schilderungen niemals die Rede. Auch im 18. Jahrhundert stellt der Volksglaube keinen direkten Zusammenhang mit dem walachischen Fürsten her. Erst Bram Stoker wird durch einen Zufall auf seinen Namen stoßen und seine hervorragende Eignung zur Hauptfigur seines Schauerromans erkennen.

Wunsch oder Wirklichkeit? – Dracula wird zu Drăculea

Die Verantwortung für die allmähliche Verschmelzung der literarischen mit der historischen Figur trägt aber nicht allein Bram Stoker. Der erste erhaltene Film, der Dracula mit Vlad dem Pfähler in Zusammenhang bringt, ist interessanterweise eine türkische Produktion aus dem Jahr 1953, der Horrorfilm „Dracula in Istanbul" des Regisseurs Mehmet Muhtar. In den USA finden wir die Drăculea-Dracula-Gleichung drei Jahre später in einem Aufsatz des Ethnologen Basil F. Kirtleys. Es waren aber zwei andere amerikanische Wissenschaftler, die sich ab den Sechzigerjahren diesem Thema widmeten und mit ihren Publikationen den Grundstein für die Annahme legten, Stoker hätte sehr genau über Vlads III. Wirken und die Verhältnisse des 15. Jahrhunderts an der unteren Donau Bescheid gewusst. Radu Florescu und Raymond McNally erlangten mit ihrem erstmals 1972 erschienenen Buch „Auf Draculas Spuren" Weltruhm. Es gilt, in späteren Auflagen zumindest von den gröbsten Sachfehlern befreit, bis heute als ein Standardwerk der westlichen Dracula-Forschung. Als verbindende Merkmale der beiden Figuren vermeinten sie vor allem die Blutrünstigkeit und den Pfahl als Tötungsinstrument gefunden zu haben.

So gerieten die beiden Autoren in einen Strudel von Spekulationen und erschufen in einer Mischung aus Geschichtsaufsatz und Vampirroman einen neuen Vlad Ţepeş, der ab nun als historischer Schatten an den Fersen des historisierten Grafen Dracula haften sollte. Ein Großteil der Dracula-Exegeten schloss sich nicht nur der These McNallys und Florescus an, sondern zementierte deren Behauptungen durch völlig unreflektierte Zitate noch fester ein. Da kann es dann schon einmal vorkommen, dass selbst seriöse Autoren die beiden Figuren nicht mehr auseinanderhalten können. Im besten Falle wird der historische Fürst Vlad zu einem Grafen degradiert, im schlimmsten Falle wird seine Geschichte als der erste überlieferte Fall von Vampirismus bezeichnet.

Die kanadische Literaturforscherin Elizabeth Miller hat es sich zur Lebensaufgabe gemacht, den spekulativen Charakter dieser Behauptungen aufzudecken und nachzuweisen, dass Bram Stoker nur sehr wenig über den walachischen Fürsten wusste und sein Roman kaum auf dessen Biographie Bezug nimmt. Viel wurde über die Quellen spekuliert, aus denen Stoker sein „Wissen" über Vlad III. bezogen hatte. Eine Schlüsselfigur für diese Mutmaßungen ist der in Budapest tätige Professor Arminius Vambéry, der Stoker bei zwei Treffen von dem walachischen Fürsten erzählt haben soll. Gerne wird die Erwähnung eines „Arminius von der Universität Budapest" im Roman als eine Reminiszenz Stokers gewertet, der sich auf diese Weise bei seinem Bekannten für die Informationen über Vlad Ţepeş bedanken wollte. Eine Behauptung, die ebenso wenig zu belegen ist wie jene, dass der echte Vambéry irgendein Wort über die Walachei des 16. Jahrhunderts verloren habe.

Gerne wird auch auf die Möglichkeit hingewiesen, dass Stokers Dracula-Bild von einem der Anti-Ţepeş-Pamphlete aus dem 16. Jahrhundert angeregt worden sei, die in den Archiven des British Museum zu finden sind. Wir wissen, dass Stoker dort oberflächlich recherchiert hat. Ob er den Text und das Bild jemals zu Gesicht bekommen hat, finden wir nirgendwo bestätigt. Fest steht jedoch, dass buschige Augenbrauen und eine gebogene Nase, wie sie Stokers Dracula auszeichnen, ganz typische Komponenten des Schauerromans darstellten und keineswegs aus einem historischen Ţepeş-Dokument stammen müssen. Am absurdesten ist die Behauptung, Stoker hätte sich vom Pfähl-Wahn des mittelalterlichen Fürsten inspirieren lassen und seine vampirkranken Protagonisten in Anlehnung daran durch einen Pflock im Herzen erlösen lassen. Wir wissen nicht, ob der Autor überhaupt so viel über Ţepeş in Erfahrung gebracht hatte. Aber: Untote mit dem Pflock unschädlich zu machen, war ein gängiges Motiv in den zeitgenössischen Berichten über südosteuropäische Folklore. Dazu brauchte es weder den Pfähler als Vorbild noch Stokers besondere Phantasie.

Die Idee, seine Hauptfigur Dracula zu nennen, entnahm er William Wilkinsons Buch „An Account of the Principalities of Wallachia and Moldavia", das 1820 in London erschienen war. Dreimal ist das Wort „Dracula" darin erwähnt, wobei zweimal davon der Vater Dracul und nur einmal der Sohn Drăculea gemeint ist. „Drakula heißt Teufel", notierte sich Stoker nach der Lektüre in seinem Manuskript. Ob Stoker auch in anderen Quellen über Vlad Ţepeş gelesen hat, lässt sich weder durch seine handschriftlichen Notizen noch durch den Roman selbst belegen. Selbst der Name Vlad findet darin keine Erwähnung. Auch Wilkinson nennt den Vornamen des Fürsten nicht – hätte Stoker ihn nicht in seinen Roman übernommen, wenn er ihm aus anderen Quellen geläufig gewesen wäre? Viele „Vampirologen" reagieren enttäuscht über diese gut nachvollziehbare Relativierung der Vorbildwirkung Vlads III. und werfen Bram Stoker diesen Mangel an historischer Authentizität vor. Ihm wird's egal sein, er hatte nie die Absicht, einen komplexen Historienroman zu verfassen. Er schrieb lediglich eine der populärsten Geschichten der Welt.

Siebenbürgen wird zu Transsilvanien – die Erfindung einer Landschaft

Transsilvanien ist das Land der Vampire, das Land Draculas – es erscheint uns heute völlig logisch, dass Bram Stoker seinen Roman in dieser Ecke Europas, die auch den Namen Siebenbürgen trägt, angesiedelt hat. Allerdings hatte diese Region vor Bram Stoker keineswegs das Monopolrecht auf eine „gotische“ Landschaft. Im 18. Jahrhundert tendierten vor allem die Vertreter der anglikanisch-britischen Literatur dazu, ihre Schauplätze der Phantasie in der Exotik katholischer Länder zu suchen. Davon zeugen für Italien Horace Walpoles „The Castle of Otranto“ („Die Burg von Otranto“, 1764) oder Ann Radcliffe mit „The Mysteries of Udolpho“ („Die Geheimnisse von Udolpho“, 1794) und „The Italian“ („Der Italiener“, 1797). Matthew Lewis' Roman „The Monk“ („Der Mönch“, 1796) hat seinen Schauplatz in Spanien. All jene Klischees, die wir ein paar Jahrzehnte später auf den ganzen Balkan projiziert finden werden, lassen sich in jenen Texten für den katholischen Raum Südeuropas ausmachen: Primitive, irrationale Glaubenspraktiken, vermischt mit zeitlosem Aberglauben, scheinen diese Gegend in den Augen der britischen *Gothic Novel*-Autoren auszuzeichnen.

Bald schon begannen die Autoren, sich neue imaginierte Räume als Schauplätze für ihre Texte zu erschließen. So gelangt der Balkan in die Texte der englischsprachigen Autoren – oder zumindest das, was sie sich darunter vorstellen. Den Schauplatz aufzusuchen, den man für seine Geschichte erwählt hat, wurde von den meisten Autoren als nicht für notwendig befunden. Im Gegenteil scheint Ortsunkenntnis nahezu Bedingung zu sein, um eine Landschaft für die Literatur brauchbar zu machen. Eine Ausnahme zu dieser These stellt jedoch ausgerechnet jener Autor dar, der das literarische Balkanbild des frühen 19. Jahrhunderts am stärksten geprägt hat: Lord Byron kannte den Balkan von einer ausgedehnten Reise, was ihn jedoch auch nicht davon abhielt, diesen Raum romantisch zu verklären.

Wie die in Serbien geborene Schriftstellerin Vesna Goldsworthy in einem Aufsatz über den „Imperialismus der Imagination“ feststellt, hat Byron mit seinen Bildern

Rumänien heute

von „wilden Tieren und wilden Menschen" das „Gewaltige und Schreckliche" und gleichzeitig das Erhabene in der Landschaftsbeschreibung mit der schon von Jean-Jacques Rousseau geprägten Vorstellung des „edlen Wilden" verbunden. Byron bezog sich in seinen Geschichten meist auf Albanien, zweifellos beeinflusste er aber mit seinen Schilderungen die westlichen Vorstellungen des gesamten südosteuropäischen Raumes.

Nicht nur der Balkan bot eine Kulisse für die Literaten des 19. Jahrhunderts. Joseph Sheridan Le Fanu ließ seine Vampirgeschichte „Carmilla" in der österreichischen Steiermark handeln. Bram Stoker war von dieser Novelle dermaßen beeindruckt, dass er seinen „Dracula" ursprünglich ebenfalls dort ansiedeln wollte. In „Draculas Gast", einem erst nach seinem Tod als Kurzgeschichte veröffentlichten ersten Entwurf für eine Einleitung seines Buches, schimmert der Einfluss der Erzählung „Carmilla" immer wieder durch. Vieles schien für diese österreichische Provinz zu sprechen: Für den zeitgenössischen Leser war sie weit genug entfernt von jeglicher städtischen Hektik, stand für eine nahezu unschuldige Idylle am Rande Kontinentaleuropas, die völlig unberührt von Schmutz und Korrumpiertheit des britischen Kolonialismus war.

Mit der Zivilisation schien die Steiermark auch im geographischen Sinne nur am Rande zu tun zu haben und doch war sie so manchem schon als ein Gebiet des frühen Alpintourismus bekannt. Eine romantische Kulisse, die den perfekten Kontrast für das Böse bot, das mit der Vampirin Carmilla in diese Idylle eindringen sollte. Wie ihre Präsenz auch den Ort verändern wird, schildert uns Nina Dallos in ihrer Dissertation: „Aus der überschaubaren Idylle wird eine drohende, unberechenbare Wildnis, ein Zwischenreich, in dem die Regeln angemaßter Kontrolle des Menschen über die Natur aufgehoben sind."

Aus dem Dracula-Manuskript Stokers geht hervor, dass er sich schon mitten im Schreibprozess befunden hatte, als er die Entscheidung traf, die Handlung von der Steiermark in die Karpaten zu verlegen. Seine Gründe dafür können wir heute nur mehr erahnen. Der Schlüssel scheint aber am Charakter der Steiermark – oder zumindest am Bild, das man in seiner Heimat von der Gegend hatte – zu liegen. Wie oben beschrieben, machte erst Carmilla die Idylle mit ihrer Präsenz zur Wildnis. Stoker suchte jedoch nach einer Landschaft, die in der Vorstellung des Lesers „von sich aus" wild und barbarisch war. (Oder zumindest unbekannt genug, um ihr diese Eigenschaften zuzuschreiben.) Nur von solch einem Ort konnte das Wilde, Unzivilisierte in der Gestalt des edlen, aber grausamen Grafen Dracula kommen, um ins Zentrum der Zivilisation – London – einzudringen. Und nur ein solcher Ort – nicht zu nah am Zentrum und doch gerade noch in Europa – war dazu geeignet, letztlich von dem „Retter aus dem Westen" befreit zu werden, indem die Truppe um Abraham van Helsing Dracula in seiner Heimaterde für immer den Garaus machen kann.

Stoker entschied sich also dafür, seinen Romanhelden in Transsilvanien, im „Land hinter den Wäldern", wirken zu lassen. Er schuf ihn als Szekler-Graf, als Angehörigen einer magyarischen Volksgruppe, der unter den Bewohnern der Region Angst und Schrecken verbreiten sollte. Als Wohn- und Wirkungsstätte erschrieb ihm Stoker standesgemäß ein Schloss am Borgo-Pass in den Karpaten, eingebettet in eine „vampirische" Landschaft von schroffen Felswänden und undurchdringlichen Wäldern. (Die tatsächlich von Szeklern bewohnte Gegend befindet sich südlich des Borgo-Passes.)

Auch der berühmte Science-Fiction-Autor Jules Vernes befand diese Region als für eine seiner Geschichten würdig. Der Held der 1892 erschienenen Kurzgeschichte „Das Karpatenschloss" vermutet, dass seine Angebetete, eine Operndiva, auf dem Karpatenschloss gefangen gehalten wird, weil er von dort ihre Stimme zu hören vermeint. Im Vernes' Roman ist es aber einmal mehr die technische Innovation, die im Mittelpunkt der Handlung steht: Die Stimme der Diva kommt lediglich aus einem Grammophon.

Vernes nützt denselben Imaginationsraum wie Stoker: Der Leser soll sich an einem Ort wiederfinden, wo genug Raum für eigene Projektionen und wohlig-düstere Phantasien ist. Als Komparserie dient den beiden Autoren eine abergläubische Bevölkerung. „Transsilvanien" wird zu einem wundersamen Ort, „wo die mächtige Kette der Karpaten für Geisterbeschwörungen und Geistererscheinungen einen so günstigen Boden bietet", wie Vernes die Kulisse seiner Handlung beschreibt. Wenn Stoker seinen Helden Jonathan Harker nur fünf Jahre später in genau diese Gegend reisen lässt, um einem dubiosen Adeligen ein Haus in London zu verkaufen, werden im Kopf des Lesers genau dieselben Bilder erzeugt. Schon in den ersten Zeilen passiert Harker in seiner Vorstellung eine Grenze: Als der Zug von Budapest Richtung Transsilvanien fährt, hat er das Gefühl, den Westen zu verlassen und in den Osten „einzutreten".

Bis heute wird in einer Flut von Texten unterschiedlichster Qualität dieses von Stokers Dracula mitgeprägte Bild weitertradiert. Die Jahrzehnte des Eisernen Vorhangs haben dieses Gefühl der Kulturgrenze noch verstärkt – das Böse, Dunkle wohnt im Osten, das Licht kommt aus dem Westen. Nur wenigen ist bewusst, dass Transsilvanien lange im „Diesseits" lokalisiert war. Die Karpaten stellen die Ostgrenze zur osmanischen Einflusszone dar, Transsilvanien – Siebenbürgen – wurde viel stärker durch seine westlichen als durch seine östlichen Nachbarn geprägt, sei es als Teil Ungarns, als eigenständiges Fürstentum oder als Teil der Habsburger-Monarchie. Erst nach dem Ersten Weltkrieg wurde Siebenbürgen ein Teil Ru-

Schloss Bran im Karpatenbogen (Törzburg), seit den Sechziger-
jahren auch als „Draculaschloss“ bezeichnet

mäniens. Die Karpaten verloren ihre Grenzfunktion – manche nannten sie Bollwerk gegen die Barbaren – und rückten in die Mitte des durch die Pariser Vororteverträge nach 1918 vergrößerten Königreichs Rumäniens.

Die Wahrnehmung Siebenbürgens, vor allem unter dem Synonym Transsilvanien, scheint aber mit der realen Geschichte des Landes nur wenig gemein zu haben. Es ist müßig, hier die Debatte auszubreiten, ob Rumänien im Allgemeinen und Transsilvanien im Speziellen tatsächlich zum Balkan gehört. Tatsache ist, dass dieser Raum als Teil des Balkans *wahrgenommen* wird. So prallen die Begriffe „Karpaten", „Transsilvanien" und „Balkan" aufeinander und werden im Westen zu einer phantastischen Landschaft zusammengedacht. In der Literatur märchenhaft und geheimnisvoll, in den Zeitungen abstoßend und rückschrittlich, aber immer fremd – das Gegenstück zu unserer westlichen Gesellschaft. Unsere Modernität, unsere Aufgeklärtheit, unser Wohlstand wird erst durch diesen Kontrast deutlich. Dass der Osten dem Westen ständig nachzueifern scheint, rundet dieses Bild ab. Der rumäniendeutsche Schriftsteller Richard Wagner bringt es in seinem in der *Neuen Zürcher Zeitung* erschienenen Aufsatz über „die Karpaten als Mythos und Ideologie" auf den Punkt: „Der Rand will Auto fahren, das Zentrum aber ergötzt sich am Anblick der vorgefundenen Pferdewagen. Harkers Bistritz ist ein ganz anderes als das der Einheimischen."

Dracula ausgeschlachtet – ein Mythos als Touristenmagnet?

Wie groß auch immer die Wirkung von Stokers „Dracula" auf der ganzen Welt war, die erste rumänische Übersetzung entstand erst in den Neunzigerjahren des vergangenen Jahrhunderts. Dementsprechend irritiert reagierten die Touristenführer, wenn sie, nachdem sich das Land erstmals seit der Machtergreifung der Kommunisten in den späten Fünfzigerjahren vorsichtig für westliche Besucher geöffnet hatte, auf Graf Dracula angesprochen wurden. Kaum jemand in Rumänien kannte den Roman und seine Erfolgsgeschichte. So erwiesen sich die Versuche, auf die Bedürfnisse und Erwartungen der Touristen einzugehen, als äußerst schwierig. Die Kulisse schien zu stimmen, allein die Protagonisten und Originalschauplätze fehlten. Es existierte kein Schloss Dracula, weder am Borgo-Pass noch sonstwo in den Karpaten. Es befand sich in Stokers Roman und in den Köpfen der Leser, jedoch nicht in Transsilvanien. So verließen vor allem Amerikaner und Engländer das Land meist mit einem Gefühl von (Ent)täuschung.

Als einer der Ersten verstand es der rumänische Tourismusmanager Nicolae Păduraru, den Dracula-Mythos für sein Land und sich selbst zu nützen. Bald nachdem die kommunistische Führung sich entschlossen hatte, einen kontrollierten und gesteuerten Fremdenverkehr zuzulassen, wurde er zum Berater für das zuständige Ministerium ernannt. Man bot ab 1973 eine „offizielle", staatliche Draculatour an, die den Titel „Dracula: Legende und Wahrheit" trug und sich ausschließlich dem vermeintlichen historischen Vorbild Vlad III. Ţepeş widmete. Den Touristen sollte beigebracht werden, dass es sich bei Stokers Grafen und dem walachischem Fürsten um zwei völlig verschiedene Phänomene handelte: erster ein Importprodukt, die Schöpfung eines irischen Theatermanagers, zweiter ein bodenständiger rumänischer Nationalheld, Symbol für Ordnung und Gerechtigkeit. Die Bemühungen um historische „Wahrheit" aus der rumänischen Perspektive bewirkten jedoch das Gegenteil. Vlad wurde in den Augen der Touristen nun endgültig mit Dracula gleichgesetzt.

Manche Tourismusexperten, allen voran Nicolae Păduraru, haben es aber bald verstanden, den Besuchern aus dem Westen zu liefern, was diese erwarteten. So mutierte Schloss Bran – zu Deutsch Törzburg – in der Nähe von Kronstadt (rumänisch Braşov, ungarisch Brassó) von einer 700 Jahre alten, verfallenen Burg zum Schloss Dracula. Es ist hinlänglich bekannt, dass nicht nachgewiesen werden kann, ob Vlad III. zu Lebzeiten diese Burg überhaupt jemals betreten hat, ganz abgesehen davon, dass sie in Siebenbürgen und nicht in der Walachei steht, wo Vlad III. Drăculea als Fürst gewirkt hat. Die ursprünglich von Siebenbürger Sachsen errichteten Gemäuer schienen aber ausgezeichnet in die Phantasiewelt zu passen, die Stoker mit seinem Roman geschaffen hatte. Und zu alldem kamen auch praktische Überlegungen: Bran liegt an einer Hauptverkehrsader und ist von Bukarest aus nicht schwer zu erreichen.

Wenn man die Burg heute besichtigt, findet man in ihrem Inneren keine Hinweise auf eine „vampirische" Präsenz. Selbst als noch der Staat im Besitz des Objektes war, ging man nicht so weit, die Burg mit an den Haaren herbeigezogenen Draculageschichten aufzumöbeln. Rundherum aber hat sich ein permanenter Dracula-Jahrmarkt entwickelt, an dem sich mit der Romanfigur und seinem vermeintlichen Wohnsitz gutes Geld verdienen lässt. Auch anderorts in Rumänien entdeckten findige Unternehmer den Vampir-Komplex für sich. In Schäßburg, wo das vermeintliche Geburtshaus Vlads III. steht, fanden nun regelmäßig Dracula-Führungen statt, und am Borgo-Pass, weit weg von Bran, aber dafür prominent in Stokers Roman erwähnt, entstand 1985 das „Hotel Dracula".

Nach den Umstürzen von 1989 erfolgte ein Aufschwung für den Dracula-Tourismus in Rumänien, auch wenn sich rumänische Intellektuelle und Politiker nach wie vor gegen die Gleichsetzung ihres Nationalhelden Vlad Drăculea mit Stokers Dracula wehrten. Westliche Medien bemühten gerade in jener Phase des Umbruchs, als die katastrophalen Zustände im Lande bekannt wurden, gerne Vergleiche mit Dracula. Die vermeintliche traditionelle Blutrünstigkeit dieser Gesellschaft schien in der Persönlichkeit Vlads III. ihre historische Bestätigung zu finden.

Ultranationalistische Stimmen vermuteten gar eine ungarische Verschwörung hinter Stokers Roman. So äußerte Anfang der Neunzigerjahre ein Vertreter der Großrumänienpartei die Vermutung, Stokers Bekannter, der ungarische Gelehrte Arminius Vambéry, habe den Draculamythos erfunden, um die Rumänen als grausam und feige zu diffamieren. Dass Graf Dracula bei Stoker ein Szekler-Graf und damit eindeutig ungarischstämmig ist, wird bei dieser Theorie ebenso ignoriert wie der Umstand, dass der vermeintliche ungarische Nationalist Vambéry der Sohn eines Rabbiners ist und bei seiner Geburt den Namen Hermann Bamberger trug.

Zum Zeitpunkt dieser Debatte waren die Publikationen McNallys und Florescus noch nicht einmal ins Rumänische übersetzt. Erst allmählich entdeckte man in Rumänien, dass die Verschmelzung der beiden Figuren vielleicht eine Beleidigung des nationalen Selbstverständnisses, gleichzeitig aber eine Chance für die Entwicklung des Fremdenverkehrs bedeutete. Nicolae Păduraru war auch nach dem politischen Umbruch einer der Ersten, die das erkannten. Darum gründete er noch in den frühen Neunzigerjahren die „Transylvanian Society of Dracula“ (TSD), deren Vorsitzender er bis zu seinem Tod im Mai 2009 war. Als gemeinnützige Organisation mit Mitgliedern auf der ganzen Welt hat sie sich zum Ziel gesetzt, den Dracula-Mythos zwischen Fürst Vlad und Graf Dracula wissenschaftlich zu erforschen. Der Tourismusmanager Păduraru war über das Medienecho, das die regelmäßig veranstalteten Kongresse weltweit auslösten, gewiss nicht unglücklich. Sein Leben steht für die Gratwanderung zwischen ernsthafter Auseinandersetzung mit dem

Mythos und dessen skrupelloser Ausschlachtung durch Politik und Wirtschaft.

Viel besser noch als im jahrzehntelang von Stokers Roman und westlicher Vampirpublizistik unberührten Rumänien profitiert man im Westen vom Dracula-Mythos. Nicht nur die Unterhaltungsindustrie, auch Wissenschaft und Pseudowissenschaft kommen auf ihre Rechnung. Auf der ganzen Welt existieren Dracula- und Vampirgesellschaften, die sich mit dem Thema auseinandersetzen. Wissenschaftliche Akribie muss dabei nicht immer ein Kriterium sein. Oftmals dient die Beschäftigung mit Vampiren und Dracula einfach als spannende Freizeitbeschäftigung.

Das Projekt Draculapark – vom Pfähler zum Aufhänger

In Rumänien halten sich die Befürworter und Gegner einer forcierten Ausschlachtung des Dracula-Mythos aus soeben dargelegten Gründen die Waage. Ein Lehrstück dafür, dass bei Weitem nicht alles zu Gold wird, was die Siegel des walachischen Fürsten und des transsilvanischen Grafen trägt, ist die Geschichte des Dracula-Themenparks.

Als der rumänische Tourismusminister Dan Matei Agathon 2001 die Idee lancierte, einen Dracula-Themenpark zu errichten, bewarben sich gleich fünf Kommunen im ganzen Land, dieses Projekt realisieren zu dürfen: Die walachische Gemeinde Poienari-Argeş hatte den Vorteil, über eine Burg zu verfügen, die tatsächlich von Vlad Ţepeş errichtet worden war. Leider war dieser „Originalschauplatz" jahrzehntelang derart vernachlässigt worden, dass die Kosten für die Renovierung die Chancen für einen Zuschlag erheblich verringerten. Zudem fand sich die Ruine in einem Gebiet mit ausgesprochen schwach ausgebauter Infrastruktur. Dieses Schicksal teilte diese

„echte“ Draculaburg mit seinem Mitbewerber Târgovişte, immerhin ein ehemaliger Sitz der walachischen Fürsten. Die Gemeinde Bran wiederum war sich ihrer Sache zu sicher – genoss Schloss Bran – wie erwähnt – doch schon seit Längerem den Ruf eines Dracula-Schauplatzes.

Bran war bald aus dem Rennen, auch wenn sich die Vergabekommission eher an den mangelnden Vergünstigungen bei den Grundstückspreisen als an fehlender historischer Authentizität zu stoßen schien. (Dies wird vor allem die liberale Gemeinderegierung geärgert haben. Deren Vertreter waren nicht nur führend an der Projektbewerbung beteiligt, sie hatten sich offensichtlich schon das eine oder andere Grundstück in der „heißen Zone“ gesichert ...)

Die Regierung zog nur die beiden letzten Bewerber in Betracht: Bistritz (rumänisch Bistriţa, ungarisch Beszterce) hatte den großen Vorteil, in Stokers Buch als wichtige Station für Harkers Reise in die Karpaten zu fungieren, und konnte noch dazu mit seiner bergigen Landschaft punkten, auch wenn die im Roman beschriebenen schroffen Felsen dort eher sanften Hügeln gleichen. Schäßburg hingegen bot einen mittelalterlichen Stadtkern, eine relativ zentrale Lage und einen schwachen, aber vorhandenen historischen Vlad Ţepeş-Bezug. Vor allem aber stellte die Stadt für das Projekt ein 120 Hektar großes Grundstück, die „Schäßburger Breite“, kostenlos zur Verfügung, was letztlich auch den Ausschlag für den Zuschlag gegeben haben dürfte. Dass es sich bei dieser Draufgabe um ein staatlich geschütztes Naturreservat handelte, kümmerte weder die sozialdemokratische Regierung noch deren Parteifreunde von der Stadtregierung.

Als der Regierungsbeschluss, den Dracula-Themenpark bei Schäßburg zu realisieren, öffentlich wurde, formierte sich eine breite Front des Widerstands, die von verschiedenen Interessensgruppen getragen wurde. Kulturell und historisch Versierte argumentierten, dass der Draculapark eine Pervertierung der regionalen, der rumänischen, aber auch der siebenbürgisch-sächsischen Geschichte bedeute. Umweltschützer warnten indes vor der drohenden Zerstörung einer einmaligen Naturlandschaft, Kunsthistoriker wiesen wiederum auf den Status der Stadt Schäßburg als UNESCO-Weltkulturerbe hin. Tourismusexperten errechneten, dass die Idee, zu 80 Prozent auf einheimische Besucher zu bauen, niemals aufgehen könne: Einerseits war der Graf-Dracula-Mythos in der Bevölkerung Rumäniens kaum etabliert, andererseits der kalkulierte Eintrittspreis von ca. 20 US-Dollar bei einem durchschnittlichen Monatsgehalt von ca. 120 US-Dollar pro Person für diese Zielgruppe zu hoch angesetzt. Juristen merkten an, dass es schlicht illegal sei, ein staatliches Naturreservat zu verbauen. Welches Bild gebe das damalige EU-Bewerberland Rumänien ab, wenn man sich nicht einmal an die eigenen Gesetze hielt? Zudem bot sich für die liberalen und konservativen Kräfte im Lande eine gute Gelegenheit, gegen die sozialdemokratische Regierung zu agitieren. Und viele fanden das Projekt einfach nur peinlich – man wollte nicht noch stärker mit den Vampirklischees in Verbindung gebracht werden.

Tourismusminister Agathon verfiel bei so viel Widerstand in die alten Muster autoritär-planwirtschaftlicher Rhetorik: „Wir können über den Park 48 Stunden lang diskutieren, ich glaube aber, es wäre das Beste, wenn wir mit den Bulldozern auf das Plateau fahren und die Konstrukteure reden lassen. Dies wird ohnehin so bald wie möglich geschehen", kündigte er in einem Interview für eine Regionalzeitung an. Auf der Seite des Ministers fanden sich wenig überraschend all jene, die sich mit dem Projekt einen wirtschaftlichen Aufschwung versprachen. Der Verein „Pro Dracula" sammelte sogar Unterschriften für die Errichtung des Themenparks. Während die einen Dracula peinlich fanden, machte er den anderen Hoffnung auf ein besseres Leben.

Die vorgesehenen Attraktionen des Dracula-Parks zeugten allerdings keineswegs von Phantasie und origineller Planung, die ein Schloss inklusive Folterkammer und Gefängnisturm, einen künstlich angelegten See, ein „Institut für Vampirologie“ mit angeschlossener Bibliothek und ein entsprechend eingerichtetes Hotel vorsah. Die unter Naturschutz stehenden Eichen des Plateaus sollten in einem „dendrologischen Park“ ein eigenes „Reservat“ bekommen. Vom Vlad Ţepeş-Mythos würde lediglich der Pfahl eine Rolle spielen. (Im Restaurant sollte als Spezialität „gepfähltes Schwein“ auf die Speisekarte kommen und die Vorderansicht des billig konstruierten Schlosses durch eine Reihe von gepfählten Puppen authentischer wirken.) Der Minister hielt an seiner Überzeugung fest, dass die Welt nach dem 11. September nur mehr auf Schockierendes ansprach und sein Dracula-Park-Projekt genau diese Bedürfnisse erfülle. In der Realität wollten sich nicht einmal seine Parteifreunde mittels Aktien an dem Projekt beteiligen.

Eine führende Rolle im Kampf gegen die Verbauung der „Schäßburger Breite“ nahm der britische Mihai-Eminescu-Trust und allen voran ihr Gründer, Charles, Prince of Wales, ein. Dieser leitete mit einem Telefonat mit dem rumänischen Präsidenten im Mai 2002 auch das Ende des Dracula-Themenparks in Schäßburg ein, bevor auch nur eine bauliche Maßnahme gesetzt worden war. Der Standort Schäßburg wurde verworfen. Andere „Schauplätze“ des Dracula-Mythos kamen wieder ins Gespräch – wohl in erster Linie, damit auch dort die Grundstücksspekulanten profitieren konnten. Mit dem Regierungswechsel 2004 verebbten die Diskussionen um die Errichtung eines Dracula-Themenparks jedoch endgültig.[13]

Die Dracula-Park-Episode zeigt uns die Wirkmächtigkeit des janusköpfigen Dracula-Mythos – und ihre Grenzen. Schwarzer Umhang und spitze Eckzähne, so wurde der Karpatengraf seit Bram Stoker geprägt, so ist er nach

Rumänien eingewandert und hat sich mit Vlad III. vereinigt. Und als dieses Hybridwesen wollte ihn die rumänische Regierung an den Westen wieder verkaufen. Die Projektplaner bauten dabei auf das Zauberwort „Transsilvanien", Vlad Ţepeş als historische Figur spielte in dieser touristischen Tragikomödie nur eine Nebenrolle. Bram Stokers Graf Dracula und all seine später auf Papier und Leinwand erschaffenen Kopien hatten eine Landschaft derart geprägt, dass einer Kommerzialisierung bis zur Lächerlichkeit nichts mehr im Wege zu stehen schien. Aber auch Draculas Macht als „Aufhänger" für touristische Monsterprojekte scheint seine Grenzen zu haben, wenn Peinlichkeitsfaktor und Dilettantismus die Aussicht auf Profit zu sehr trüben.

Die Stoker-Wende – das Monster und sein Lebensraum

Wie einen Filter passierte der im 18. und 19. Jahrhundert entstandene Vampir-Mythos den Roman, um danach in seiner auf Dracula reduzierten und verdichteten Form zum Paradigma zu werden. Bis heute gehen nahezu alle vampirischen Kreaturen, egal, ob von Literaten, Filmemachern, Werbefachleuten oder Politikern heraufbeschworen, auf Dracula zurück. Manche halten sich treu an die Romanvorlage, andere ziehen sie heran, um sie zu verwerfen und zu konterkarieren. Stokers Monster hat aber nicht nur ein ganzes Genre geprägt, sondern auch einer Region nachhaltig seinen Stempel aufgedrückt. Besonders im deutschen Sprachgebrauch wird dies deutlich, wenn wir prüfen, wie die Synonyme für die rumänische Provinz verwendet werden: „Siebenbürgen" steht für ein ehemaliges Kronland Österreich-Ungarns, das heute als Teil Rumäniens um Wohlstand und Fortschritt ringt. „Transsilvanien" aber assoziieren wir mit einer von Vampiren besiedelten, phantastischen Landschaft voller Magie und Aberglauben.

Mittlerweile aber haben Schloss Bran, der Borgo-Pass und Schäßburg Konkurrenz bekommen. Spätestens mit „Twilight“ sind neue vampirische Wallfahrtsstätten entstanden: Stephenie Meyer wählte ganz wie Bram Stoker Orte aus, die sie zwar selbst nicht kannte, die aber der Beschreibung nach in die Erzählung passen würden: So erfreuen sich die nordamerikanische Kleinstadt Forks (Washington) und das italienische Volterra (Toskana) neuerdings eines regen Zulaufs an Touristen. Forks, im Roman Wohnstätte der Twilight-Proponenten, qualifizierte sich mit dem Umstand, der Ort mit der größten Niederschlagsmenge Nordamerikas zu sein. Die Stadt *Volterra* kam zu ihrer jüngsten Bekanntheit durch den Klang ihres Namens: Meyers siedelte dort in ihrem Roman die einflussreiche Familie der *Vulturi* an. Vampirtaugliches Wetter und eine Alliteration – so leicht wird man in den Vampir-Mythos integriert.

Was der Vampir zu sagen hat – das Monster wird zum Menschen

Der Vampir des 20. Jahrhunderts ist vor allem im Film groß geworden. Es handelte sich bei diesem Leinwandmonster zuerst um einen ganz speziellen Typus, der in seiner „komplexen Eindimensionalität“ geeignet war, die Verdichtung und Reduzierung, die bei der Verfilmung eines Stoffes notwendig sind, mitzutragen: Bram Stokers Dracula.

„Vampirologen“ und vampirisch interessierte Medienwissenschaftler beziehen sich in ihren Analysen über den Vampirfilm in der Regel auf einen Kanon von wenigen Werken, die auf verschiedene Art aus der unzählbar gewordenen Menge an einschlägigen Filmen herausragen.

In diesem Zusammenhang sind (zumindest) folgende Werke zu nennen: Walter Murnaus Stummfilm „Nosferatu – Symphonie des Grauens", der 1922 in Deutschland auf die Leinwand kam, Tod Brownings „Dracula" (USA, 1931), die gleichnamige britische Hammer-Produktion von 1958 mit Christopher Lee in der Hauptrolle, Roman Polanskis Parodie „Tanz der Vampire" (GB, USA, 1967), je nach „kanonischer Tradition" eventuell Werner Herzogs „Nosferatu – Phantom der Nacht" (D, 1979) oder „Begierde" („The Hunger", GB 1983) mit Catherine Deneuve und David Bowie und dann die Auslöser der großen Vampirwelle der Neunzigerjahre: „Bram Stoker's Dracula" (USA, 1992) und „Interview mit einem Vampir" (USA, 1994).

Eine solche Auswahl ist weder völlig willkürlich noch allein mit rationalen Argumenten zu begründen. Zudem liegt es – wie bereits angedeutet – an der jeweiligen, meist sprachlich geprägten Tradition der Vampirfilm-Exegese und an den Motiven für eine Analyse der Filme. Ein amerikanischer Medienwissenschaftler wird andere Schwerpunkte setzen als ein deutscher und auch die Fragestellung beeinflusst das „Sample", das zur Analyse ausgewählt wird. Ästhetische Maßstäbe anzusetzen bedeutet zum Beispiel, viele „schlechte" Vampirfilme auszuklammern – auch wenn diese in der Regel ein größeres Publikum erreichen als avantgardistische Projekte. Umgekehrt führt eine wahllose Aneinanderreihung von möglichst vielen Vampirfilmen zu Nullaussagen. Denn eines sei vorweggenommen: Im Grunde ist das Vampirmotiv für nahezu alle Themen und Genres zu gebrauchen, sei es für Liebesfilm oder Splatter-Movie (eine Art Horrorfilm), philosophischen Art-Film oder Softporno.

Darum werden wir in diesem Kapitel versuchen, einerseits den Kanon der „großen Vampirfilme" genauer zu untersuchen, andererseits unseren Blick auch abseits vom *Mainstream* schweifen lassen und andere vampirische

Bram Stoker (1847–1912), irischer Schriftsteller, Autor des später weltberühmten Romans „Dracula“

Kunstformen wie Literatur und Theater berücksichtigen. Freilich darf dabei die aktuelle „Vampirwelle" – die vielleicht größte, die es bis jetzt gegeben hat – nicht zu kurz kommen. Ästhetische Kriterien werden dabei nur am Rande behandelt – unser Hauptaugenmerk liegt auf der Frage, was uns der Vampir im 20. Jahrhundert über sich und unsere Gesellschaft erzählen kann.

Der stumme Nosferatu – ein Urvampir auf der Leinwand

Angesichts der nahezu grenzenlosen Kombinierbarkeit des Vampirmotivs müssen wir fragen: Gibt es den Vampirfilm an und für sich überhaupt? Oder sind es nicht die anderen Genres, die sich der Gestalt oder des Motivs bemächtigen, ohne dass es Mittelpunkt des Geschehens wird? Nun – ein Großteil der soeben aufgelisteten Produktionen können getrost als „klassische Vampirfilme" bezeichnet werden. Sie drehen sich meist um Graf Dracula, dessen Eigenschaften den Vampirfilm zu ersten Erfolgen führen sollten – Erzvampir und Film, sie machten sich gegenseitig groß.

Walter Murnaus „Nosferatu – Symphonie des Grauens" ist der erste „echte" Vampirfilm der Geschichte. Produktionen, die den Begriff des Vampir oder den Namen Draculas im Titel trugen, gab es schon zuvor. Der Inhalt dieser Werke bleibt jedoch meist Spekulation, weil keine Kopien mehr auffindbar sind oder sich in schwer zugänglichen, privaten Sammlungen befinden. So bleibt es dem als Friedrich Wilhelm Plumpe (1888–1931) in Bielefeld geborenen Regisseur, der sich später Walter Murnau nennen sollte, vorbehalten, als Urvater des Vampirfilm-Genres zu gelten. Der Sohn eines Tuchfabrikanten und einer Lehrerin hatte Romanistik, Anglistik und Germanistik studiert und verkörpert als Filmregisseur mit seinem durch Text und Sprache geprägten Bildungshorizont den Übergang zwischen der „alten“ literarischen Tradition und dem Aufstieg des neuen Mediums Film. Durch Murnaus Prägung konzentriert sich sein „Nosferatu“ nicht allein auf Stokers Erbe, sondern schenkt uns eine Reihe von Zitaten aus der Literatur des 19. Jahrhunderts.

Stefan Keppler, der gemeinsam mit Michael Will den Sammelband „Der Vampirfilm. Klassiker des Genres in Einzelinterpretationen“ herausgebracht hat (im Übrigen die luzideste deutschsprachige Auseinandersetzung mit dem Thema), nennt uns ein paar Beispiele für Murnaus auf die Leinwand projizierte Belesenheit: Als sich Hutter – so heißt Harker in Murnaus Film – in den Finger schneidet, will sich Graf Orlok (Dracula) über die Wunde hermachen und dem jungen Häusermakler das Blut aussaugen. Eine Szene, die aus Gautiers „Die liebende Tote“ zitiert, so wie Murnau wohl an Alexej Tolstois „Familie des Wurdalak“ gedacht hat, als er Graf Orlok an das Bett Hutters schleichen lässt – Stoker hat so eine Szene nie beschrieben. Als besonders interessantes Detail schildert uns Keppler auch die Anklänge an Richard Wagners spätromantischen „Fliegenden Holländer“ (1843): Murnau wertete die Schiff-Szene auf, verlegte die Handlung an die deutsche Küste und brachte die Idee des Frauenopfers ein: Ellen (Mina) muss am Ende selbst sterben, um den Vampir mit ins Jenseits zu nehmen. Das Schiff, das Orlok nach Wisborg bringt, heißt nun nicht mehr „Demeter“, sondern „Empusa“, womit Murnau auf die von uns bereits untersuchten, möglichen Wurzeln des neuzeitlichen Vampirglaubens in antiken Mythen anspielt.

Der Regisseur scheint sich mit der Gestalt des Vampirs auch über die literarische Dimension hinaus beschäftigt zu haben. Er lässt Orlok die Pest nach Wisborg bringen, was uns zu folkloristischen Ideen führt, die den Vampir und seine Verwandten häufig mit seuchenartigen Krankheiten in Verbindung bringen. (Es liegt hier also im Gegensatz zu manch pseudowissenschaftlicher Arbeit eine ganz bewusste Integration des Volksglaubens in die Figur des fiktiven Vampirs vor!) Andere Interpreten sehen in den Ratten, die in Orloks Gefolge Wisburg überfallen, eine antisemitische Metapher. Diese Auslegung erscheint dem Großteil der Murnau-Exegeten jedoch etwas zu weit hergeholt. Es liegt in diesem Falle wohl näher, in der orlokschen Seuche den Schatten der gerade erst überstandenen Spanischen Grippe zu sehen.

Murnau wird von vielen als der Begründer einer neuen vampirischen Motivtradition gesehen, hat er Stokers Dracula doch mit einer Reihe von innovativen Elementen versehen. Dahinter stecken jedoch nicht nur das Interpretationstalent des Regisseurs, sondern auch sehr profane Motive: Da sich die eigens für dieses Projekt von Enrico Dieckmann und Albin Grau gegründete Produktionsfirma Prana-Film die Kosten für die Filmrechte am Stoker-Stoff ersparen wollten, beauftrage man Henrik Galeen (1881–1949) damit, ein Drehbuch zu schreiben, das weit genug von der Vorlage abwich, um keine Urheberrechte zu verletzen. Ein Vorhaben, dass nicht gelang: Bram Stokers Witwe hatte schon längst das Potential erkannt, das ihr Ehemann mit dem Dracula-Stoff hinterlassen hat, und verklagte die Produzenten.

Die Klage erreichte jedoch nur mehr den Rechtsnachfolger von Prana-Film, die zu diesem Zeitpunkt bereits nicht mehr existierte. Dieckmann und Grau hatten sich finanziell übernommen: Die Universum Film AG (Ufa) hatte sich geweigert, „Nosferatu“ in ihr Programm aufzunehmen, sodass der Film nur in wenigen, kleineren Kinos gespielt wurde und sich zu einem finanziellen Desaster entwickelte.

Florence Stoker bekam Recht. Es wurde gerichtlich verfügt, dass alle Kopien von Murnaus Film vernichtet werden müssten. Nicht alle, die ein Exemplar des Films besaßen, hielten sich an das Urteil – aus heutiger Perspektive muss es heißen: zum Glück. Sonst wäre ein in mehrerlei Hinsicht wichtiger Meilenstein der Filmgeschichte für immer verloren gegangen – und der Vampirmythos um einige Facetten ärmer, denn immerhin war es Murnau, der die Idee, dass der Vampir im Sonnenlicht sterben müsse, eingeführt hat – heute ein unverzichtbares Element in nahezu jeder Vampirverfilmung!

Ein „Nebenschauplatz" des Vampir-Mythos ist der Begriff des Nosferatu an sich, den Murnau für den Titel seines Films verwendete. Der Ausdruck ist zuerst in Emily Gerards Buch *The Land beyond the Forest. Facts and Fancies from Transsylvania* (1888) nachzuweisen – nicht aber im Volksglauben der Rumänen. Mittlerweile kursieren mehrere Thesen über die Herkunft des Begriffs, von dem die schottische Reiseschriftstellerin behauptete, dass er eine dämonische Blutsaugergestalt im rumänischen Volksglauben bezeichne: Der *Nosophoros* ist ein Dämon der griechischen Volksmythen, sein Name bedeutet in der Übersetzung so viel wie „Pestbringer". Aufgrund von Gerards Besuch in Transsilvanien noch naheliegender scheint jedoch eine Herleitung vom rumänischen Ausdruck des *nesuferit*, einem alten Synonym für „Teufel", das heute eine Begriffserweiterung erfahren hat und vor allem einen „widerlichen" oder „nicht zu ertragenden Menschen" beschreibt.

Eine Tatsache ist jedoch gesichert – Emily Gerard hat unter dem Begriff des Nosferatu eine Figur konstruiert, die im Volksglauben nicht zu finden ist. Bram Stoker hat jedoch in ihrer Beschreibung Transsilvaniens gelesen und lässt den Begriff vom wichtigsten Dracula-Antagonisten und „Experten" van Helsing (eine Figur, die in Murnaus Film fehlt) in die Handlung einführen: „Mein Freund Arthur, wenn Sie den Kuss gegeben hätten, den die arme Lucy vor ihrem Tode und auch gestern Nacht von Ihnen erbat, als sie Sie in ihre Arme schließen wollte, dann wären Sie nach ihrem Tode ein *Nosferatu* geworden, wie man es in Osteuropa nennt."[14] Lediglich zweimal kommt der Name in Stokers Roman vor, in Murnaus Werk finden wir ihn jedoch im Titel des Films (und in der Handlung eigentlich kaum mehr), der so zum Sprungbrett einer Begriffs-Karriere wurde, die bis heute am Vampirstoff oder an Rumänien Interessierte in die Irre führt. „Nosferatu" ist wie der „Vampir" in Rumänien ein Fremdwort, das, in der Ideenwelt des anglo-amerikanischen Raums groß geworden, über den deutschen Murnau und die globale Kinokultur wieder in seine vermeintliche Heimat zurückgefunden hat.

Der künstlerische Einfluss von Murnaus Film auf die amerikanischen Draculas – vor allem die Draculaikonen Bela Lugosi und Christopher Lee – und damit auf das bald vorherrschende Vampirbild kann jedoch kaum überschätzt werden. Mit Max Schreck gelang es, einen Schauspieler zu engagieren, dessen Art, das Leinwand-Monster darzustellen, zu den Ideen Murnaus passte. Auch Schreck wäre wohl schon zu Lebzeiten in die erste Liga der Horrordarsteller aufgestiegen, hätte der Film ein größeres Publikum erreicht. So allerdings musste er sich nach „Nosferatu" mit kleineren Rollen begnügen, während Murnau den „Sprung über den Teich" noch schaffen und mit seinem bereits in den USA produzierten Film „Sunrise" 1927 immerhin drei Oscars gewinnen sollte. Auch ihm, einem der größten Regisseure der Stummfilmära, sollte aber wie so vielen der Wechsel ins Tonfilmgenre nicht mehr vollends glücken.

Murnaus Film steht – betrachtet man die Draculaverfilmungen der Universal- und später der Hammer-Studios – sowohl durch seinen künstlerischen Zugang als auch durch seine deutsche Entstehungsgeschichte relativ isoliert im Kanon. Die Ausstrahlung baut nicht auf den skurrilen Sexappeal der Figur, wie ihr bald Lugosi oder Lee verkörpern sollten, sondern orientierte sich deutlich an klassischen Motiven der Schauerromantik wie dem Gesicht des Nachtmahrs, der in Johann Heinrich Füsslis gleichnamigen Gemälde auf der Brust einer schlafenden Frau hockt.

Richtig populär geworden ist die „Symphonie des Grauens“ erst in den Sechzigerjahren, als der Film in den USA unter den Titeln „Dracula“ und „Terror of Dracula“ wieder gezeigt wurde. Die Filmkritikerin Pauline Kael, nicht gerade eine Adeptin des Horror-Genres, meinte dazu: „Dieser erste wichtige Film des Vampirgenres besitzt mehr Atmosphäre, Genialität und mehr fantasievolle Schrecklichkeit als alle seine Nachfolger.“[15]

Die Schatten Nosferatus – der Film zitiert sich selbst

Die Hommagen an das von Murnau geschaffene und von Max Schreck verkörperte Leinwand-Monster trugen ebenfalls zum späten Ruhm des Films bei. Werner Herzog drehte Ende der Siebzigerjahre „Nosferatu – Phantom der Nacht“, ein Remake des Murnau-Films, von dem Herzog selbst verkündete, dass seine Qualität von anderen Produktionen vielleicht erreicht, aber in den nächsten Jahrzehnten keinesfalls überboten werden könne. Herzogs offenbares Sakrileg, Murnaus Filmdenkmal einfach in Farbe nachzustellen, wurde alles andere als wohlwollend kommentiert. Als der Film 1979 in die Kinos kam, hagelte es Kritik am Hauptdarsteller Klaus Kinski: Er sei immer Kinski geblieben, nie aber zum Nosferatu geworden, wie es weiland dem unbekannten Max Schreck gelungen sei.

Die Filmgeschichte hat die damalige Perspektive freilich relativiert, heute werden sowohl Herzogs Murnau-Variationen als auch Kinskis schauspielerische Leistung durchaus positiv beurteilt, vielleicht auch, weil der Film mittlerweile dem „Kanon“ angehört und es sich nicht, wie damals angenommen, lediglich um einen von der Frechheit Herzogs motivierten und der Arroganz Kinskis getragenen Bildersturm auf eine Ikone des deutschen Stummfilms handelt.

Herzog zitiert streckenweise sehr gewissenhaft das Original, legt seinen Nosferatu jedoch im Grunde völlig anders an: Während Max Schreck wie ein Insekt wirkt, das sich „von Natur aus“ an seine Opfer heranmacht, hat Herzog selbst in einem Interview festgestellt, dass er seinem Monster menschliche Züge verleihen wolle, das auch über emotionale Register verfügen könne, denn: „Alle meine Filme bestehen aus Schmerz.“[16] Dieser Schmerz hat den Protagonisten, der in dieser Version wieder Dracula heißen darf, auch definitiv erfasst: „Der Tod ist nicht alles. Es gibt Schlimmeres“, kommentiert er sein Unleben. Dieses Motiv des verdammten, traurigen, im Grunde ratlosen Monsters wird sich als Kontrapunkt zum „klassischen“ Blutsauger-Vampir durchsetzen.

Für Herzog wäre es so viel einfacher als für Murnau gewesen, das Blut, seine Farbe und seine Aussage in den Mittelpunkt der Erzählung zu rücken. In diesem Zusammenhang scheinen sich Murnau und Herzog aber einig zu sein, dass die immer ins Banale zu kippen gefährdete Blutmetapher ihren Filmen mehr schade als helfe – und das ist wohl der Punkt, an dem sich die beiden Nosferatus deutlich von ihren oft trivial inszenierten englischsprachigen Vettern unterscheiden: Sie lassen sich die Botschaft ihrer Filmwerke nicht durch übermäßigen Einsatz von Filmblut verwässern. Dass sich die beiden Nosferatus trotzdem wesentlich voneinander unterscheiden, bringt Hans Richard Brittnacher auf den Punkt: Herzogs Graf Dracula sei im Gegensatz zu Murnaus Orlok kein aus psychischer Verunsicherung und sexueller Frustration ans Tageslicht gespülter Nachtmahr, der, geduckt in die Schatten und düsteren Winkel eines Ostsseestädtchens, gierig auf das Aufkeimen sexuellen Verlangens hinter

Butzenscheiben lauere, um dem unzüchtigen Träumer den Tod zu bringen."[17] Murnaus Nosferatu wirft man – anscheinend einmal mehr auf der zwanghaften Suche nach vordergründiger, wenngleich erst retrospektiv konstruierter Originalität – gerne vor, die sexuelle Komponente der Dracula-Geschichte außer Acht zu lassen. Auch wenn Murnau tatsächlich andere Schwerpunkte setzte, spricht die Schlussszene, bei der die sich aufopfernde Heldin und das Monster gemeinsam im Bett sterben, eindeutig gegen diese These.

Nosferatu, Orlok-Dracula, das Monster, bringt die Pest nach Wisburg. Herzogs pessimistische Variation invertiert das opferreiche, aber letztlich (zumindest für den überlebenden Hutter-Harker) optimistische Ende der Geschichte: Mina vermag Dracula durch ihre eigene Aufopferung hinters und so ins vernichtende Licht zu führen. Die Krankheit aber, die er in die ahnungslose und scheinbar heile Welt getragen hat, pflanzt sich weiter fort – Harker ist längst infiziert. Van Helsing, der bei Herzog wieder auftreten darf, irrt als Ignorant durch die Szenen, er will nicht glauben, was nicht sein darf – die Ratio spricht gegen die Existenz des Vampirs. Erst als es zu spät ist, erkennt er seinen Irrtum. Hätte er früher reagiert, wäre die Seuche vielleicht aufzuhalten gewesen, nun verhilft er dem Bösen zu überleben. Der Murnau-Film hatte dem Publikum diese Entlarvung der wissenschaftlichen Hybris noch erspart, indem er van Helsing gar nicht erst auftreten ließ.

In den USA kam Herzogs Kunstwerk, das gekonnt mit der Todessympathie der deutschen romantischen Tradition spielt, nicht gut an: Zu langatmig scheint sein melancholisches Nachdenken über Seele und Sein des Menschen für ein Publikum, das schnellere Schnittfolgen und eine rasantere Handlung gewöhnt ist, zu sein. Die amerikanisch-britische Horrorsatire „Shadow of the Vampire" (2000) stellt trotzdem eine weitere, durchaus gelungene

Auseinandersetzung mit Murnaus (und Herzogs) Nosferatu dar, die auch den amerikanischen Geschmack traf: Max Schreck ist in diesem Film tatsächlich ein Vampir, Murnau, von John Malkovich verkörpert, verspricht ihm als Lohn für den Film das Blut der Hauptdarstellerin Greta Schröder, die, wie im Original gezeigt, Orlok-Dracula mit in den Tod nimmt.

Murnau wird in dieser Interpretation als ein vom Produzenten getriebener „Snuff-Film-Regisseur"[18] dargestellt, der für seinen Film auch über Leichen geht. Dass die Kritiker meinen, der große deutsche Regisseur habe so eine Darstellung nicht verdient, ist für unsere Interpretation, ebenso wie die Tatsache, dass das Publikum den Film nicht wirklich angenommen hat, nur ein Detail. Besonders interessant ist jedoch die Auseinandersetzung damit, wie Max Schrecks Biographie schon zu Lebzeiten von vampirischen Legenden umrankt war. Diese Mystifizierung seines Lebenslaufs scheint ein Werk des Produzenten Albin Grau zu sein, der im Nachhinein auch seinen „Nosferatu" mit einem „Gründungsmythos" ausstattete: Er erzählte mit Vorliebe, dass ihm ein serbischer Bauer während des Krieges von seinem Vampir-Vater erzählt habe. Wie passend für jemanden, der einen Vampirfilm vermarkten will!

Exotisch und erotisch – Dracula mit Akzent

Florence Stoker bewies einmal mehr ihren Geschäftssinn, als sie den Dracula-Stoff den Universal-Studios verkaufte, bevor ihre Exklusivrechte abliefen. Ursprünglich hatte die Produktionsfirma eine Adaption des Stoffes geplant; so sollte Dracula nicht mit dem Schiff, sondern per Flugzeug nach London gelangen, zudem war eine Verfolgungsjagd mit dem Motorboot vorgesehen. Universal verwarf jedoch dieses Konzept als finanziell nicht machbar – die „Große Depression“ der Dreißigerjahre schränkte auch die Möglichkeiten der Filmindustrie massiv ein – und zog ein Bühnenstück als Filmvorlage heran.

Schon 1924 hatte der irische Schauspieler und Dramatiker Hamilton Deane mit Florence Stokers Genehmigung den Dracula-Stoff für die Bühne adaptiert. Das Stück war drei Jahre durch England getourt, bevor es 1927 in einer modifizierten Fassung an den Broadway kam. Die Rolle des grausamen Helden übernahm Bela Lugosi (1882–1956), ein aus dem Banat stammender Schauspieler, der in den USA sein Glück versuchte. Auf der Bühne schien man Lugosis starken ungarischen Akzent für die Rolle des transsilvanischen Grafen passend zu finden. Bei den Universal-Studios sah man das anders und versuchte, trotz Lugosis Qualifikation als erfolgreicher Bühnen-Dracula, zuerst eine Reihe anderer Persönlichkeiten für die Filmrolle zu gewinnen. Lugosi war jedoch überzeugt davon, dass er die Rolle bekommen sollte, und nachdem mehrere angefragte Schauspieler abgesagt hatten, kamen die Produzenten tatsächlich auf den Osteuropäer mit dem schlechten Englisch zurück.

Filmexperten sind sich heute einig: Der Beginn von Tod Brownings „Dracula“ (1931) ist überdurchschnittlich, der Rest jedoch lediglich mittelmäßiges B-Film-Material, das von Regiefehlern und schauspielerischen Schwächen nur so strotzt. Was qualifiziert diesen Film also für seinen Platz im Vampirfilm-Pantheon? Es ist die Wirkung des Films und letztlich die seines Hauptdarstellers Bela Lugosi auf das damalige Publikum, das den Film zu einem Meilenstein des Genres macht.

Lugosi sollte als erster Dracula-Darsteller zum Star der Horrorfilmfans werden, seine für unseren heutigen Geschmack übertriebene Theatralik und sein exotisches, rollendes „R“ hinterließen nachhaltige Spuren an der Figur des Dracula.

In den folgenden Jahren entstanden bei Universal mehrere Dracula-Sequels, die in der Retrospektive zu einer Art filmischer Familienzusammenführung anwuchsen: 1936 entstand „Draculas Tochter“ und 1943 „Draculas Sohn“, der jedoch nur mehr wenig mit der Original-Geschichte zu tun hatte. (Lugosi wirkte in diesen Filmen nicht mit.)

Mary Shelleys Frankenstein-Geschichte sollte zu jener Zeit, wie schon einmal im 19. Jahrhundert, parallel zum Vampir Karriere machen: Im selben Jahr wie Tod Browings Dracula kam auch James Whales „Frankenstein“ in die amerikanischen Kinos und machten auch Boris Karloff als Leinwand-Monster berühmt. – Berühmter als Bela Lugosi, der in vielen gemeinsamen Produktionen nur mehr „Nummer 2“ hinter Karloff sein sollte. Auch der Frankenstein-Stoff neigte offensichtlich zur Serialisierung: In den Dreißiger- und Vierzigerjahren sollten insgesamt sieben Frankenstein-Filme gedreht werden. Als der Innovationscharakter der einzelnen Leinwandmonster – der „Wolfsmensch“ hatte sich als dritter im Bunde dazugesellt – nachließ, begannen die Produzenten damit, die drei Figuren in verschiedenen Kombinationen aufeinandertreffen zu lassen. Höhepunkte dieser monströsen Gipfeltreffen waren gewiss die „Hausparties“ namens „Frankensteins Haus“ (1944) und „Draculas Haus“ (1945).

Lugosis Karriere war zu diesem Zeitpunkt bereits auf Talfahrt. So wie er den Charakter Draculas geprägt und zementiert hatte, war auch sein eigenes Profil auf das des B-Movie-Monsters reduziert. Und selbst in diesem Fach wurde er von Kollegen wie Karloff übertrumpft und musste ein Leben lang von seinem einstigen Ruhm als Dracula zehren, der ihn bis zu seinem Tod nicht mehr losließ: Bela Lugosi wurde 1956 im schwarzen Cape, einem Ausstattungselement, das noch aus Dracula Theaterzeit stammt, begraben. Trotz seines späteren Abstiegs ist es Lugosis Verdienst, dem Vampir wieder ein Stück mehr Erotik zu verleihen. Phallisch anmutende Eckzähne waren dazu allerdings nicht notwendig, der Film kommt ganz ohne dieses Accessoire aus!

Christopher Lees Dracula – eine Ikone in Farbe

Die erste Dracula-Ikone der Nachkriegszeit sollte, durch die Möglichkeiten von Technicolor unterstützt, mit blutigen Szenen viel großzügiger umgehen. Diese Phase der erneuten Popularisierung des Vampirgrafen ist eng mit dem Namen Christopher Lee verbunden. Mit dem Erfolg von „Frankensteins Fluch" (1957) – Lee spielte auch hier schon die „Kreatur" – hatte die kleine Filmproduktionsfirma „Hammer" Blut geleckt und wollte nun auch mit dem Dracula-Stoff Geld verdienen. Dies gelang ihr auch – „Dracula" (1958) wurde zu einem großen Publikumserfolg, der eine weitere Dracula-Serie auslöste: In sechs von sieben Hammer-Draculas wird Lee das edle Monster geben. Ganz in der Tradition von Goethe oder Byron sollte sich auch er später eher abschätzig über seine vampirische Vergangenheit bei Hammer äußern. Trotzdem bringen ihn die Filmgeschichtsschreiber bis heute in erster Linie mit Dracula in Verbindung, auch wenn ihn das jüngere Publikum eher als bösen Zauberer Saruman aus der Verfilmung von J. R. R. Tolkiens „Herr der Ringe" oder als Count Dooku in der Starwars-Trilogie kennt.

Der Drehbuchautor war der Meinung, dass der Roman viel zu sehr mit Symbolik beladen sei, und reduzierte Stokers Geschichte um einige Facetten, die er für überflüssig hielt. Was übrig blieb, war ein einfach strukturierter, blutrünstiger Film, der das Publikum zu erschrecken vermochte. Die englische Zensur riet Hammer sogar, in Zukunft auf derart „explizite" Filme zu verzichten, und tatsächlich verwarf man die Idee, Richard Mathesons

Sience-Fiction-Vampir-Roman „Ich bin Legende“ (*I am legend*, 1954) zu verfilmen. Der Stoff sollte dennoch mehrmals auf die Leinwand kommen, erstmals unter dem Titel „The Last Man on Earth“ (1963), später mit Charlton Heston in „Der Omega-Mann“ (1971) und noch einmal mit Will Smith als Hauptdarsteller unter dem Originaltitel „I Am Legend“ (2007).

Hammer ließ sich von der Zensur jedoch nicht nachhaltig bremsen und produzierte bis in die Siebzigerjahre eine Serie von Dracula-Verfilmungen schwankender Qualität, auch wenn Peter Cushing als van Helsing wesentlich zur Niveausteigerung beitragen sollte. Lee ließ sich seine zumindest im Nachhinein geschilderte Abneigung nicht anmerken und spielte den Grafen Dracula mit offensichtlicher Hingabe. Die englische Filmkritik rezensierte den Erfolg der Hammer-Studios jedoch denkbar schlecht und genierte sich für diesen cineastischen Exportartikel „Dracula“. Dem Erfolg der Filme tat die kritische Rezeption jedoch keinen Abbruch, das Publikum im In- und Ausland liebte Lee, der bald einen ähnlichen Status als Frauenschwarm erlangte wie einst Bela Lugosi. Selbst in Südkorea wurde 1961 eine Variante des Stoffs unter dem Titel „Alikea Kkots“ („The bad Flower“) gedreht.

Nach Hammers erstem Dracula in den späten Fünfzigerjahren hatten sich die Fans bis 1964 gedulden müssen, um Lee wieder als Dracula zu sehen – erst mit „Dracula, Prince of Darkness“ startete die serielle Dracula-Lee-Symbiose. (In „Dracula und seine Bräute“ – *Brides of Dracula*, 1960, dem ersten Sequel des Films vom 1958, hatte Lee nicht mitgewirkt.)

In den Siebzigerjahren sollte die Vampirfilm-Produktion ihren Höhepunkt erreichen – neben den eben beschriebenen Klassikern mit ihren von den Hardcore-Fans als Säulenheilige des Vampirismus verehrten Hauptdarstellern Schreck, Lugosi und Lee finden wir auch außerhalb des angloamerikanischen Raumes einschlägige Produktionen. In den Dreißiger- und Vierzigerjahren noch kamen nahezu alle Vampirfilme aus den USA, zu denen sich in den Fünfzigerjahren auch europäische und asiatische Länder dazugesellten. (Die englischen Hammer-Filme trugen das Ihrige dazu bei.) Die Dominanz der USA sollte sich in den Achtzigerjahren wieder verstärken und bis heute nicht mehr nachlassen.

Stabilität im Wandel – worüber der Vampir erzählt

Margit Dorn verdanken wir die Studie „Vampirfilme und ihre sozialen Funktionen", in der sie auch theoretische Überlegungen anstellt, wie man den Vampirfilm einer bestimmten Epoche in soziale Kontexte setzt. Die Autorin weist darauf hin, dass das wechselnde Aufkommen von Vampirfilmen nicht mit der Gesamtentwicklung korreliert: Während nach Schätzungen der UNESCO die Welt-Filmproduktion eine begrenzte, aber kontinuierliche Steigerung bis zur Mitte der Siebziger mit einem anschließenden leichten Rückgang aufweist, verläuft die Entwicklung beim Vampirfilm äußerst sprunghaft. Der rund zwei Jahrzehnte andauernde Vampirboom von Mitte der Fünfziger an ist somit nur bedingt damit zu erklären, dass ohnehin die ganze Branche einen Aufschwung erlebt hätte. Eindeutig war der Vampirfilm für die Produzenten und das Publikum in dieser Zeit überdurchschnittlich attraktiv.

Dorn stellt fest, dass ästhetische Kriterien, die vor allem die Filmkritiker heranziehen, und Beliebtheit beim Publikum zwei völlig verschiedene Kategorien sind, die nicht immer ursächlich zusammenhängen müssen. Darum müsse es auch an äußeren Einflussfaktoren liegen, warum ein bestimmtes Genre, eine bestimmte Machart, ein bestimmter Film in einer bestimmten Epoche besonders gut ankommt.

Die Einflüsse auf die Filmindustrie sind verschiedenster Natur, dabei spielt die Wirtschaft eine besonders große Rolle. Aber auch die Tradition des Horrorgenres bzw. Vampirsubgenres gibt gewisse Parameter vor: sei es um sie weiterzupflegen, sie zu modifizieren oder mit ihnen zu brechen. Ein gutes Beispiel für die Einflussfaktoren ist die Bedeutung, die Blut in den verschiedenen Produktionen beigemessen wird: Für Murnau war es trotz der vorhandenen Reißzähne Orlok-Draculas nicht besonders wichtig, und selbst der erste autorisierte Dracula verzichtet 1932 darauf, Blut effektvoll fließen zu lassen: Gewiss ist daran einerseits die Tatsache schuld, dass beide Filme noch im Schwarz-Weiß-Zeitalter produziert worden sind, andererseits können wir besonders Murnau auch künstlerische Absichten unterstellen. Die Technicolor-Filme der Hammer-Studios setzten hingegen deutlich auf die „Blutkarte" – vor allem um mit einem vom Horror begeisterten Publikum Geld zu verdienen. Werner Herzog verzichtet wiederum darauf, Blut in den Vordergrund zu rücken, obwohl ihm technisch und auch durch die Prägung des Genres durch die Hammer-Filme genug Anknüpfungspunkte zur Verfügung gestanden hätten. Mehr noch – er lehnte diese scheinbar genrespezifische Verpflichtung zu einer blutrünstigen Inszenierung bewusst ab.

Wie aber sollen wir dieses Verhältnis von Angebot und Nachfrage beurteilen? Sind es die Produzenten, die bestimmen, was gerade „in" ist, oder ist es das Publikum, das mit seinem Geschmack die Produzenten in eine gewisse Richtung treibt? Margit Dorn wählte für ihre Untersuchung einen ganzheitlichen Ansatz: In der „Dialektik von Angebot und Nachfrage" zeigen sich (zumindest in *Mainstream*-Produktionen) die wirtschaftlichen Faktoren wenig überraschend als wesentlich, denn ein Film muss sich rentieren. Dazu braucht man jedoch ein Publikum, das die Angebote auch annimmt – und das tut es, wenn es selbst einen „Mehrwert“ aus dem Film ziehen kann, die „Gratifikation“ über den bloßen Unterhaltungswert hinaus.

Die Metamorphosen des filmischen Vampirs (und des Textmonsters, das auch im späten 20. Jahrhundert durchaus eine Rolle spielen wird!) müssen wir also aus der Atmosphäre heraus beurteilen, die von der Wechselwirkung zwischen Produzenten und Konsumenten erzeugt wird. Wenn wir wie Dorn das Gesamtsystem betrachten, gelingt uns der Blick auf das Wesentliche: Wir erfahren, welche „Gratifikationen“ sich der Zuseher vom Vampir erwartet – und haben so einen Schlüssel in der Hand, der es uns ermöglicht, (vorsichtige) Rückschlüsse auf unsere Gesellschaft zu ziehen.

Die Einteilung in „Sparten“ oder „Klassen“ scheint ein typisches Merkmal des menschlichen Forscherdrangs zu sein – man denke an die Versuche, die verschiedenen Wesen im Volksglauben zu kategorisieren, was letztlich dazu geführt hat, dass aus dem nur in bestimmten Regionen verbreiteten Vampir eine globale „Rasse“ wurde! Die Kunst greift dafür auf Systeme zurück, die an naturwissenschaftliche Herangehensweisen erinnern: *Gattungen* beziehen sich auf das Medium, durch das sich Kunst ausdrückt (bildende und darstellende Kunst, Musik, Literatur) und bilden typische *Genres* aus, die die einzelnen Gattungen „quer“ durchziehen: Das Krimi-Genre gibt es im Film wie in der Literatur, und Science-Fiction können wir ebenso in Bildern wie in Filmen und Texten finden.

Wir werden kaum einen Film finden, der tatsächlich nur einem Genre zuzuordnen ist, schon allein, weil es verschiedene Möglichkeiten gibt, Genres zu definieren, z. B. nach Erzählform (Komödie, Tragödie etc.) oder Stimmung (Horror-, Action-, Liebesfilm etc.). Trotz dieser Zuordnungsprobleme kann der Versuch einer Kategorisierung die tiefgehende Auseinandersetzung mit den Funktionen der Gattung Film erleichtern.

Die Forschung ist sich einig, dass Genres bestimmte Normen und Werte vermitteln wollen. Dies gelingt vor allem dadurch, dass die Charaktere schon „typisiert“ sind und sich der Zuseher leichter in der Leinwand-Welt zurechtfindet: Ein Sheriff in einem Western weist in der Regel gewisse Charaktereigenschaften aus, die nicht in jedem Film neu erzählt werden müssen. Und so kann sich ein Genre ohne viele Umschweife bestimmten sozialen Konflikten, die auf der Leinwand ausgetragen werden, widmen. Western und Gangsterfilm beschäftigen sich mit dem Konflikt zwischen Ordnung und Anarchie, während ein Musical oder ein Melodram eher zwischenmenschliche Konflikte thematisiert. Nicht immer aber sind die Problemstellungen sozialer Natur, der Katastrophenfilm kann uns mit dem Spannungsfeld zwischen „Schicksal“ (bzw. dem Einfluss „höherer Mächte“) und den Dingen, die wir selbst beeinflussen können, konfrontieren.

Um sich mit derart existenziellen Fragen möglichst ohne seelische oder gar körperliche Blessuren auseinanderzusetzen, kommt uns der Film sehr entgegen. Die Projektion (im doppelten Sinne) ermöglicht uns einen spielerischen Umgang mit dem, was uns berührt. Das Fremde, Unbekannte bleibt spannend, kann uns aber nicht wirklich bedrohen, sodass die Ordnung der Welt – unsere Sicherheit – in der Realität nicht betroffen ist (oder scheint). Im Horrorfilm wird diese Dialektik besonders deutlich: Lust und Angst bzw. Gewalt, Erlaubtes und Verbotenes, Realismus und Fiktion erzeugen das Spannungsfeld, in das wir uns gerne begeben und schlicht mit „Nervenkitzel“ beschreiben. Es steckt jedoch mehr dahinter: Der Film erspart uns die bewusste Konfrontation mit unseren Wünschen und Ängsten.

Gerne lassen wir uns in diesem Zusammenhang von einfachen Erzählstrukturen täuschen und nehmen an, dass populäre Filme lediglich bestätigen würden, was der Zuschauer gerne hört und denkt, und deswegen sehr statische, konservative Züge aufweise. Dabei übersehen wir jedoch oft genug, dass der Vampirfilm seine Dynamik eben gerade aus der Suche nach adäquaten Antworten auf die Bedürfnisse der Zeit bezieht. Margit Dorn fasst diese Erkenntnis in einem Satz zusammen: „Systemerhaltung bedeutet … permanente Anpassung an innere und äußere Veränderung.“[19] Die Lebenswelt des Publikums, der Gesellschaft, seine Bedürfnisse und seine Orientierung befinden sich in einem ständigen Wandlungsprozess. Und mit ihnen der Vampirfilm.

Antworten und Entlastungsangebote – was der Vampir bietet

Den Versuch, Antworten und Entlastungsangebote zu bieten, spiegelt sich in allen Filmen, unabhängig von ihrer Qualität, wider. So reflektiert Murnaus „Nosferatu“ die Unsicherheit der jungen Weimarer Republik. Als der Film 1922 in die Kinos kam, hatten die Deutschen seit dem Kriegsende schon fünf Regierungen erlebt, Putschversuche von links und rechts hinter sich und kämpften damit, die vom Krieg geprägte Wirtschaft zu normalisieren. Nosferatu, der unvermittelt, wenn auch nicht ohne Vorzeichen, in die bürgerliche Ruhe einbricht, bietet sich als Projektionsfläche für Schuldzuweisungen, gleichsam als Entlastungsangebot für eine unter Spannung stehende Gesellschaft. Zudem macht der Film deutlich, dass der Staat versagt hat: Mit Ellens Tod muss ein *individuelles* Opfer gebracht werden, um das Gesellschaftsgefüge vor dem Auseinanderbrechen zu bewahren.

„Dracula“ von 1931 entfaltet seine Botschaft auf einer anderen Ebene – die Hauptfigur ist kein abscheuliches Monster mehr, wie es noch Max Schreck verkörpert hat. Lugosi gibt eine Figur, die vor allem durch seine Überdurchschnittlichkeit herausragt: Er verfügt über eine noble

Erziehung, zeigt hohe Intelligenz, starke erotische Ausstrahlung und kann durch seine hypnotischen Fähigkeiten sein Gegenüber beeinflussen. Die Bedrohung wird – gemäß der amerikanischen Idee, dass jeder sein Glück selbst in die Hand nehmen müsse – nicht auf die gemeinschaftliche Ebene gebracht. Wie bei Murnau wird ein individuelles Opfer verlangt, allerdings nicht durch völlige Selbstaufgabe, sondern dadurch, dass sich der Einzelne einschränkt und so zu einem funktionierenden Ganzen beiträgt. Genau diese Einstellung verlangte die Wirtschaftskrise, die nach den Jahren des Wohlstands 1929 auch über die USA hereingebrochen ist.

Besonders interessant sind die Spiegelungen im Dracula-Film der Fünfziger. Der Vampirfilm-Boom jener Zeit weist uns darauf hin, dass die Nachfrage nach gewissen „Gratifikationen“, die dieses Subgenre erfüllen konnte, besonders groß war. Mit Lees Dracula – beim Publikum extrem populär, von der Kritik verworfen – lässt sich besonders gut auf die Befindlichkeit der Gesellschaft reflektieren: Der im Steigen begriffene Wohlstand der Nachkriegszeit hat neue Bedürfnisse im Menschen ausgelöst; statt dem Gebot, sich einzuschränken, keimte nun der Wunsch nach einer liberaleren Gesellschaft auf.

Erste Anzeichen, dass sich zwischen den Generationen massive Auffassungsunterschiede im Umgang mit Sexualität entwickelten, manifestieren sich im Draculabild der Hammer-Studios und müssen gleich als Ersatzbefriedigung herhalten – „die Gesellschaft“ dachte (noch) gar nicht daran, einen offeneren Umgang mit Sexualität zu akzeptieren. Im Hammer-Sequel „Dracula A. D. 1972“ durfte Dracula endlich „Minimädchen jagen“ – so der deutsche Titel. Denn nachdem der nach altem Schema strukturierte Vorgängerfilm „Dracula – Nächte des Entsetzens“ (*Scars of Dracula*, 1970) ein Flop war, beschlossen die Produzenten, die Handlung in die Gegenwart der Siebzigerjahre zu verlegen – die zeitgenössische Kulisse inklusive Rockmusik, Drogenthematik und eben minirocktragenden Mädchen sollten den gealterten Hammer-Dracula wieder an die Wünsche der Publikums heranführen.

Zu diesem Zeitpunkt treffen jedoch andere Produktionen viel eher den Nerv der Zeit: Der deutsche Vampirfilm „Jonathan“ handelt von einer Gruppe von Studenten, die gemeinsam mit ihrem Professor gegen einen die Bevölkerung unterdrückenden Vampirgrafen zu Felde zieht. Mit seiner Parabel auf die „wilden Sechziger“ ist dem späteren Oscar-Nominée (für „Die gläserne Zelle“, 1979) und Produzenten der „Lindenstraße“, Hans Wilhelm Geissendörfer, somit ein Erstlingswerk geglückt, das unter eingefleischten Vampirfilm-Fans zum „Kanon“ gehört. Aber auch in den USA macht der gesellschaftliche Fortschritt vor dem Vampirfilm nicht halt: 1972 kommt der Film „Blacula“ in die Kinos, in dem der afrikanische Prinz Mamuwalde während einer Reise nach Transsilvanien, die er im Kampf gegen die Sklaverei unternimmt, von Dracula infiziert wird und zum Vampir – Blacula – mutiert. (Dieser Film wird den Anfang eines „schwarzen“ Subgenres markieren, das seine bisherigen Höhepunkte im von Grace Jones verkörperten „Vamp“, 1986, in Wes Cravens „Vampire in Brooklyn“, 1997, und der Blade-Trilogie, 1998/2002/2005, findet.)

Die zweite Hälfte der Siebzigerjahre sind nach den „wilden Sechzigern“ vom sprichwörtlichen Pendel, das zurückschlägt, geprägt: Werteverlust und Orientierungslosigkeit stehen nun im Mittelpunkt der Vampirgeschichten. *Dracula, Père et Fils* („Dracula, Vater und Sohn“, 1975) thematisiert eine von der Emanzipation der Frau frustrierte Männerwelt und in Werner Herzogs „Nosferatu“ soll sich, wenn wir der Interpretation mancher Fachleute folgen, gar die paranoide Grundstimmung des „Deutschen Herbsts“ spiegeln.

Der große vampirische Innovationsschub der Siebzigerjahre ist jedoch das Verdienst der schreibenden Zunft:

Mit Anne Rice (geb. 1941) und Fred Saberhagen (1930–2007) darf der Vampir endlich selbst von sich erzählen und seinen in der Regel ziemlich schlechten Ruf ins rechte Licht rücken. Saberhagens „Die Geständnisse des Grafen Dracula" (*The Dracula Tape*, 1975) ermöglichen es dem transsilvanischen Vampir, die Begebnisse, die Stoker so einseitig aus der Sicht der vermeintlichen Opfer geschildert hat, aus seiner Perspektive darzulegen. Van Helsing und Co. erscheinen nun als primitive Monsterjäger, die in keinem Moment begreifen, was um sie herum passiert. Dracula, der in London auf ein neues Leben hofft, in dem er nicht wie in Transsilvanien verabscheut und gefürchtet wird, hält sich selbst dann noch zurück, als er sich in Harkers Frau verliebt, und muss zudem hilflos zusehen, als der vorgeblich so gelehrte van Helsing Lucy mit drei Bluttransfusionen umbringt, weil er nicht um die Bedeutung der Blutgruppen weiß. Dracula wird zum Opfer einer Reihe von pseudoaufgeklärten Ignoranten – die wahren Monster sind die Jäger des Vampirs, der nur nach einem Leben in Ruhe sucht. Die Transylvanian Society of Dracula kürte im Rahmen einer 100-Jahre-Dracula-Jubiläumsfeier 1997 Saberhagens Buch zum besten von Stoker inspirierten Roman, und das wird er angesichts der meist recht phantasielosen Epigonen der letzten Jahrzehnte wohl noch für einige Zeit bleiben.

Anne Rice beeinflusste mit ihrer Vampirroman-Reihe, deren Debüt „Gespräch mit einem Vampir" (*Interview with the Vampire*, 1976) bereits ein großer Erfolg wurde, das Vampirbild der „Fantasyöffentlichkeit" nachhaltig. Der Vampir konnte sich endlich von seinem Übervater Dracula lösen (was ihm nach dessen „Geständnissen" möglicherweise etwas leichter fiel ...) und entwickelte eine eigenständige Perspektive, in der Gut und Böse nicht mehr so eindeutig auseinanderzuhalten waren. Wenn Vampir Louis von seiner Reise nach Osteuropa erzählt, wo er mehr über seine vampirische Existenz erfahren möchte, wird klar, dass von Graf Dracula nicht mehr viel zu erwarten ist: Die „ersten aller Vampire“ entpuppten sich als primitive Kreaturen ohne höhere Ansprüche. (So bestätigt sich doch wieder einmal das Klischee vom unterentwickelten Osteuropa.) Und als der Reporter, dem Louis seine Lebensbeichte ablegt, meint, dass Vampire nicht weinen würden, antwortet er: „Vielleicht tun sie es ein-, zweimal im Leben.“ Der Vampir durfte nun endlich (wieder) Mensch sein.

Kind-Vampir und Dandy – die Verjüngung des Vampirs

Nach den aus vampirischer Sicht eher mageren Achtzigern – „Begierde“ (*The Hunger*, 1983) ist wohl vor allem wegen der lesbischen Liebesszene zwischen Catherine Deneuve und Susan Sarandon in Erinnerung geblieben – lösen zwei Filmproduktionen in den Neunzigern eine neue Vampirwelle aus: „Bram Stokers Dracula“ (1992) und die Verfilmung von Anne Rice’ ersten Roman „Interview mit einem Vampir“ (1994). Francis Ford Coppolas Dracula gilt bis heute als die werktreuste Verfilmung der Romanvorlage – wovon auch Stokers Name im Titel zeugen soll.

Coppola erzählt zu Beginn die „Entstehungsgeschichte“ des Grafen: Als Prinz Dracul von seinen Kämpfen gegen die Osmanen auf sein Schloss zurückkehrt, muss er erfahren, dass sich seine Frau Elisabeta das Leben genommen hat, nachdem sie die von den Osmanen fingierte Botschaft erhalten hatte, dass ihr Mann gefallen sei. Ein Priester teilt ihm mit, dass ihre Seele nun verdammt sei, weil sie Selbstmord begangen habe. Zornig wendet sich Dracul vom Glauben ab und sticht mit seinem Schwert auf Christus am Kreuz ein, was den walachischen Fürsten zu einem blutgierigen Vampir werden lässt.

Der Hauptteil der Handlung folgt dann tatsächlich der Geschichte Stokers: Harker reist nach Transsilvanien, Dracula zieht anschließend nach London und wird letztlich wieder in seiner Heimat vom „Männerbund" unter der Leitung Abraham van Helsings gestellt. Mina wird von Coppola als eine Art Reinkarnation der Jahrhunderte früher verstorbenen Elisabeta inszeniert, was auch der Grund ist, warum sich Mina und Dracula zueinander hingezogen fühlen. Letztlich ist sie es auch, die ihn von seinem Fluch erlösen kann: In der Kapelle, in der sich der Fürst einst vom Christentum abgewandt hat, stößt Mina-Elisabeta dem schwer verwundeten Untoten ein Schwert in den Leib. Dracula und Elisabeta können nun im Jenseits wieder zueinanderfinden.

Mit der Geschichte vom Tode Elisabetas macht auch Coppola Dracula zu einer tragischen Gestalt, dessen Handeln durchaus nachvollziehbar ist. Auch wenn sich der Film vordergründig stark am Roman orientiert, hat diese Figur mit Stokers Dracula, dem seine Grausamkeit sprichwörtlich im Blut zu liegen scheint, nur wenig gemeinsam. „Bram Stokers Dracula" ist somit eher als „mythosgetreu" denn als „werkgetreu" zu bezeichnen: Die Geschichte Vlad Ţepeş', dessen lose Verbindung mit dem Vampir-Komplex wir bereits ausführlich behandelt haben, legitimiert das Handeln des von Gary Oldman verkörperten Erzvampirs.

Coppola erweiterte die artifizielle Ţepeş-Dracula-Verschmelzung sogar noch um eine recht interessante Facette: Mit dem Selbstmord Elisabetas bezieht er sich auf eine Legende aus dem Leben des Fürsten, dessen Frau sich bei der Belagerung seiner Burg Poenari tatsächlich in den an der Burg vorbeifließenden Fluss gestürzt haben soll, um einer Gefangenschaft zu entgehen. Der in den Karpaten entspringende „Râul Doamnei" – „Fluss der Dame" soll nach diesem tragischen Ereignis benannt sein. (Poenari liegt jedoch eigentlich am Argeş.)

Gary Oldman gibt einen modischen Dracula in den besten Jahren, der durch seinen Charme und sein Auftreten besticht. Wenn er durch London spaziert, erinnert er eher an einen Popstar oder einen Dandy in der Manier des Dorian Gray als an ein schreckliches Monster.

Diese Ambivalenz des „neuen“ Vampirbilds hat zweifellos Anne Rice mit ihrem Roman mitgeprägt und sie gleichsam auf zwei verschiedene Gestalten aufgeteilt: Der „gute“ Louis bewahrt sich sein Gewissen, auch nachdem er zum Untoten geworden ist, und vermeidet es deswegen, Menschen für ihr Blut zu töten, während Lestat als „klassischer“ Vampir kaum eine Gelegenheit auslässt, um seinen Sadismus auszuleben. In der Verfilmung werden die beiden Vampire mit Brad Pitt und Tom Cruise von zwei „echten Männern“ verkörpert, die die im Buch thematisierte (und für den Film ignorierte) homosexuelle Beziehung der beiden lediglich in Ansätzen denkbar machen. Vielleicht war dies ein Mitgrund, warum sich Anne Rice anfangs massiv dagegen gewehrt hat, dass die Rolle des Lestat vom vor allem für Actionrollen bekannten Tom Cruise gespielt werden solle. (Später hat die Autorin ihr Vorurteil öffentlich widerrufen und seine Interpretation der Rolle für ausgezeichnet erklärt.)

Besonders gelobt wurde auch die damals elfjährige Kirsten Dunst für ihre schauspielerische Leistung als Kind-Vampirin Claudia, deren Grausamkeit an das vampirische Mädchen Simina in Mircea Eliades „Fräulein Christine“ erinnert. Im schwedischen Meisterwerk „So finster die Nacht“ (2008) wird mit Eli ein Kind-Vampir sogar die Hauptrolle übernehmen: Auch sie ist eine in einem geschlechtslosen Kinderkörper gefangene Untote, die als Zerrbild des ewigjungen Glückskinds Peter Pan an der Ambivalenz von jugendlichem Äußeren und alterndem Inneren verzweifelt.

Diese Tendenz zur Verjüngung der Leinwandvampire lässt sich durch die Filmgeschichte des 20. und 21. Jahrhunderts deutlich nachvollziehen: Max Schrecks animalischer Fratze eines Nachtmahrs mit Glatze und tiefen Augenringen war sein jahrhundertelanges Wandeln auf Erden gleichsam ins Gesicht geschrieben. Bela Lugosis Äußeres vermittelte hingegen das Bild eines distinguierten Adeligen in den besten Jahren, während Christopher Lees Interpretation der Rolle schon fast als sportlich-juvenil bezeichnet werden kann. Mit Anne Rice erfährt das Vampirbild in den Siebzigerjahren noch einmal eine radikale Verjüngung, wenn zwei Vampirmänner mit dem Äußeren von Mittdreißigern sich eines zehnjährigen Vampirmädchens annehmen. Auch Gary Oldman gibt in Coppolas Dracula den draufgängerischen Dandy und unter den „Action-Vampiren“ wie Blade oder den Helden aus der Underworld-Saga sind alte Vampire ohnehin eine Randerscheinung.

Actionheld und Teenieschwarm – der Vampir im dritten Jahrtausend

Die Vampire des frühen dritten Jahrtausends gerieren sich entweder als comichafte Actionfiguren oder erzählen die Geschichten von hübschen Teenagern, die damit beschäftigt sind, erwachsen zu werden. Geschichten wie „Twilight“ und „The Vampire Diaries“, scharf auf diese Zielgruppe zugeschnitten, weisen dementsprechend relativ simpel gestrickte Handlungsmuster und Charaktere auf, die von Darstellern des Formats „Teenie-Star“ verkörpert werden. Sich auf die Optik der Darsteller zu beschränken und sich über die seifenopernartige Handlung zu mokieren, würde unserem Versuch einer „ganzheitlichen“ Analyse jedoch nicht gerecht.

Die „Twilight“-Filme basieren auf einer Romanreihe der Amerikanerin Stephenie Meyer (geb. 1973). Die vier Bände *Twilight* – „Bis(s) zum Morgengrauen“ (2005),

New Moon – „Bis(s) zur Mittagsstunde“ (2006), *Eclipse* – „Bis(s) zum Abendrot“ (2007) und *Breaking Dawn* – „Bis(s) zum Ende der Nacht“ (2008) wurden durchwegs zu internationalen Bestsellern: Die 17-jährige Bella Swan („schöner Schwan“ – sprechende Namen sind in den aktuellen Verfilmungen offensichtlich *en vogue*) zieht zu ihrem Vater in die Kleinstadt Forks und findet auf der örtlichen Highschool bald Anschluss. Sie lernt unter anderem Edward Cullen (engl. *to cull* – „aussondern“, aber auch „auswählen“) kennen, der wie seine Adoptivgeschwister den Ruf eines unnahbaren Sonderlings genießt. Bella weckt jedoch sein Interesse, sodass er seine Distanziertheit zumindest ihr gegenüber ablegt. Bald bemerkt das Mädchen, dass sie sich in einen besonderen Mann verliebt hat – die Familie Cullen ist eine Vampirfamilie, deren Mitglieder darauf verzichten, Menschenblut zu konsumieren.

Bellas Zuneigung zu einem Vampir bringt sie jedoch in Gefahr: Einerseits muss Edward aufpassen, dass ihn bei ihrem Anblick nicht der Durst nach Blut übermannt, was er zu verhindern versucht, indem er ihr nicht zu nahe kommt. Andererseits muss Bella vor boshaften Vampiren flüchten, die nicht auf Menschenblut verzichten und sie ganz traditionell aussaugen wollen. Als sie tatsächlich von einem solchen Untoten angefallen wird, muss Edward seine Freundin im letzten Moment vor der Verwandlung retten, indem er ihr das „Gift“ des bösen Vampirs aussaugt. Bella wünscht sich jedoch von Edward, dass er sie zu einer Vampirin macht, denn nur so kann sie mit ihm gemeinsam jung bleiben. Der besonnene Untote verweigert ihr jedoch diesen Wunsch, da er ihr das Menschsein nicht nehmen will.

New Moon (Teil 2) beginnt mit der Trennung von Edward und Bella. Die Cullens verlassen die Stadt, weil Edwards Adoptivbruder Jasper die Beherrschung verloren hat und das Mädchen fast gebissen hätte. Bella ist untröstlich und verbringt viel Zeit mit Jacob, einem Jungen aus dem Indianerreservat. Wegen eines Missverständnisses glaubt Edward, dass Bella tot sei, und reist nach Italien, um sich dort von den Volturi, der mächtigsten Vampirfamilie der Welt, töten zu lassen. Bella kann das verhindern und lässt die Cullens abstimmen, ob sie zur Vampirin gemacht werden dürfe. Nur Edward und eine seiner Schwestern sind dagegen. Vater Carlisle verspricht ihr, sie nach dem Ende des Schuljahrs zu verwandeln. Die Freundschaft mit Jacob droht jedoch zu zerbrechen, nachdem sich herausstellt, dass er ein Werwolf ist und somit zu den „natürlichen" Feinden der Vampire zählt.

Der Konflikt, der die gleichzeitige Freundschaft Bellas zu Vampiren und Werwölfen auslöst, wird in *Eclipse* (Teil 3) thematisiert. Bella kann ihre Verwandlung in einen Vampir kaum erwarten, Edward aber möchte damit bis zu ihrem Collegeabschluss warten. Die beiden einigen sich schließlich darauf, dass Bella erst nach der Hochzeit verwandelt werden sollte – und dass sie gemäß Edwards Wunsch auch dann erst miteinander schlafen. Um Bella vor einer Vampirgang zu schützen, müssen sich die zahlenmäßig unterlegenen Cullens mit den Werwölfen zusammentun. Der Kampf wird gewonnen, aber Werwolf Jacob trägt physische und psychische Verletzungen davon: erstere vom Kampf mit den Vampiren, letztere, weil Bella Edward heiraten will. Jacob muss ihre Entscheidung akzeptieren, und während Edward und Bella ihre Hochzeit planen, versucht er seinen Schmerz zu vergessen, indem er sich in seine Werwolfgestalt verwandelt und verschwindet.

Breaking Dawn (Teil 4) erzählt von der Hochzeit der beiden und der aus den Flitterwochen resultierenden Schwangerschaft Bellas. Der Halbvampir in ihr wächst rascher als ein gewöhnliches Kind und Edward fürchtet um das Leben seiner Frau. Er versucht, sie zur Abtreibung zu überreden, sie entschließt sich jedoch, das Kind auszutragen. Bella fühlt sich von ihrer Leibesfrucht jedoch bald „innerlich ausgesaugt". Ihr Zustand verbessert sich erst, als sie beginnt, Blut zu trinken. Bei der Geburt kann Edward Bella nur vor dem Tod retten, indem er ihr eine Spritze mit seinem Blut ins Herz stößt und sie (endlich) mit dem „Vampirvirus" infiziert. Bella verwandelt sich, ihre Tochter wird jedoch noch von ihr ferngehalten, bis sich die Cullens sicher sind, dass sich die frischgebackene Vampirin im Griff hat und dem Neugeborenen nichts zuleide tut.

Die Volturi kündigen einen Kontrollbesuch an, um festzustellen, ob es sich bei Edwards und Bellas Baby nicht um ein „unsterbliches Kind" handle, also eines, das zum Vampir *gemacht* wurde. Denn es ist verboten, solche Wesen zu schaffen, die zwar über die Kraft eines erwachsenen Vampirs, jedoch nicht über seine Intelligenz verfügen. Während sich die Familie auf die Ankunft der italienischen Vampire vorbereitet, beschützen Jacob und sein Rudel Mutter und Kind. Trotzdem bewiesen werden kann, dass das Kind kein „unsterbliches" ist, sondern ein gewöhnlicher Halbvampir, greifen die Volturi die Cullens an. Bella kann sie jedoch mit ihrer neuentdeckten Kraft, einem mentalen Schutzschild, vor den Angriffen schützen. In diesem Moment trifft der Halbvampir Nahuel aus Südamerika ein und erzählt seine Lebensgeschichte. Es zeigt sich, dass er schon eineinhalb Jahrhunderte niemanden mehr verletzt hat. Die Volturi lassen sich auf diese Weise überzeugen, dass sich das Halbvampirbaby später harmlos verhalten würde, und kehren nach Italien zurück. Das Buch, und damit die Tetralogie, endet mit einem glücklichen Vampirpaar inklusive Halbvampir-Kind.

Mit dem Erfolg von „Twilight" – Bücher und Filme brechen regelmäßig Verkaufsrekorde – haben Publizisten, Journalisten, Psychologen, Medienwissenschaftler und „Vampirologen" begonnen, sich mit der Frage auseinanderzusetzen, warum sich dieser Typus des handzahmen

Vampirs nun derartiger Beliebtheit erfreut. Für Filmkritiker ist der Hype jedenfalls keinesfalls mit der Qualität der Geschichte in Zusammenhang zu bringen. (Darum gewann „Twilight" auch eher Publikums- als Jurypreise.) Dies bestätigt sich auch nach einen Blick in die Kritiken. „Blutleer" heißt es dort nahezu unisono, „zahnlos" und „prüde" sei die Geschichte Meyers, und auch vom Kinoexperten des Vatikans kam – wie schon bei Harry Potter – ein kritischer Kommentar. Bischof Franco Perazzolo, Mitarbeiter des päpstlichen Kulturrats, stellte eine „Leere" fest, die sich hinter einer „explosiven Mischung aus Bildern" verbergen würde.[20] (So trägt auch der Vatikan *nolens volens* zur Publicity von „Twilight" bei …)

Profane Kritiker setzen ihre Kritik naturgemäß anderswo an: Das Frauenbild in der „Twilight"-Serie sei reaktionär und antifeministisch, Bella sei alles andere als eine starke Frau und würde sich ihrem verehrten Vampir bedingungslos aufopfern: Gebissen und miteinander geschlafen wird erst nach der Hochzeit, anschließend bekommt sie das (Halbvampir)kind, während er nachtsüber kämpfen geht und das Blut nachhause bringt. Tatsächlich entspricht das märchenhafte *Happy End*-Szenario jenem konservativen Gesellschaftsbild, dem schon Erzvampire wie Christopher Lee, wenn auch recht verschlüsselt, in den Fünfzigern entgegengetreten sind. Was die Kritiker irritiert: Das junge, vor allem weibliche Publikum scheint es nicht anders zu wollen.

Der Trend, auch im Vampirgenre Probleme des Erwachsenwerdens zu thematisieren, hat sich schon in den Siebzigerjahren abgezeichnet (z. B. in der französischen Komödie *Dracula père et fils* – „Dracula Vater und Sohn", 1976) und konnte seit Buffy, der vampirtötenden Highschool-Schülerin der Neunziger, nicht mehr gestoppt werden: Die jüngste, vor allem durch „Twilight" ausgelöste Vampirwelle baut zu einem Gutteil auf die sogenannte *Coming of age*-Thematik.

Neben der (neo)gotischen Kulisse der Action-Vampir-Filme ist die Schule zum physischen und sozialen Zentrum der Vampirgeschichten geworden: „Twilight“ dreht sich um Teenager bzw. Vampire, die wie solche aussehen, und auch die „Vampire Diaries“ („Vampirtagebücher“), eine vom amerikanischen TV-Sender *The CW* produzierte Vampirserie, erzählt von Problemen, unter denen der Vampirismus oft das geringste zu sein scheint: Elena, die weibliche Hauptdarstellerin, hat erst wenige Monate, bevor der Vampir Stefan auftaucht, ihre Eltern bei einem (vermeintlichen) Unfall verloren. Auch der zwölfjährige Oskar aus „So finster die Nacht“ hat es in der Schule nicht leicht. Erst die Freundschaft mit der gleichaltrig erscheinenden Vampirin Eli verleiht dem Jungen genug Selbstvertrauen, um sich gegen die Schikanen seiner Mitschüler zu wehren.

Stefan Kepplers These vom Vampir als „Figur der Krise“ wird durch diese Perspektive bestätigt, er verkörpert aber nicht nur die Ängste, sondern auch die Sehnsüchte der Jugendlichen. Seine Ausstrahlung und seine Fähigkeiten geben Halt in schwierigen Phasen des Lebens, wie die Teenager-Zeit gewiss eine ist. Der Vampir vom Format eines Edward Cullen bietet die phantastische Lösung aller Probleme, die das Herz von (vor allem weiblichen) Fans quälen. Die Dämonen, die das Highschoolmädchen Buffy noch vor ein paar Jahren bekämpfte, sind zu sanftäugigen Liebhabern geworden. Mehr noch – der Vampir des dritten Jahrtausends trägt die Züge eines Messias: Elenas vampirischer Freund in den „Vampire Diaries“ heißt nicht umsonst im Nachnamen Salvatore – Retter!

Jugendforscher relativieren die Warnungen, dass mit der Vampirwelle auch der Okkultismus wieder in Mode komme. Das junge Publikum könne durchaus zwischen der Realität und der Imagination des Films unterscheiden, die Popularität von Meyers „Twilight“-Welt sei weniger auf eine neue Okkultismuswelle, sondern eher auf ganz allgemeine Interessen im Teenager-Alter zurückzuführen: „Pony- und Pferdefarmen“ seien nun einmal nicht mehr in Mode. Die Jugendlichen würden das Weltbild des „stockkonservativen, romantischen Epos“ nicht ins Leben übernehmen, vielmehr handle es sich um ein Gruppenphänomen, wo Emotionen und Fragen wie „An welcher Stelle hast du geweint?“ im Vordergrund stünden.[21] „Twilight“ und seine Epigonen bringen aus dieser Perspektive nichts anderes als althergebrachte Themen in neuem Gewand, die Gestalt des Vampirs ist dabei maximal die Verpackung – der neue Schlauch, in dem der alte und doch immer junge Wein der Romantik verkauft wird. Diese Argumentation ist durchaus schlüssig, die Frage, warum gerade der Vampir das perfekte Medium für diese „Gratifikation“ darstelle, ist damit jedoch noch nicht beantwortet.

Rasse, Klasse, Sex und Sicherheit – der vampirische Problemfilm

Je mehr Kommentare und Interpretationen zur aktuellen Vampir-Welle erscheinen, desto komplexer entwickelt sich der Diskurs über das oberflächlich so simple Thema: Im Vampir ließen sich Liebe und Tod, die zwei großen Themen der menschlichen Existenz, zu einer perfekten Einheit verbinden. Zudem würden ästhetische Aspekte eine große Rolle spielen und das für Jugendliche allgegenwärtige Thema der Sexualität könne mit ihm verarbeitet werden. Dass die kitschige Story dabei jeder Ironie entbehrt, gereicht ihr für die Hauptzielgruppe nicht unbedingt zum Nachteil: Der Film nimmt die Probleme der (post)pubertären Generation ernst, wenn er Themen von erster Liebe, körperlichem Verlangen und des Sichzurechtfindens in der Welt der Erwachsenen problematisiert. Klischeehafte Erzählstrukturen und Inhalte sind in diesem Zusammenhang kein inszenatorischer Fehlgriff, sondern treffen im Grunde genau die Erwartungshaltung des Publikums. Der Vampir ist dabei nur das Motiv, nicht das Kernthema.

Gerade zu Beginn des Hypes um Bella und Edward scheint das Feuilleton noch genau diese Vorzüge (aus der Sicht des Konsumenten) erkennen zu wollen. So nennt die österreichische Tageszeitung „Die Presse", als der erste Teil des Films Anfang 2009 in die deutschsprachigen Kinos kam, den Film eine „anmutige Romanze mit blutigen Bissen".[22] Bald schon aber rückt man das subversive Potential erzählerischer Oberflächlichkeit in den Mittelpunkt. „Twilight" zu kritisieren ist zum Trend geworden, dem sich kein Medium entziehen kann, egal, ob es sich dabei um Qualitätszeitschriften oder Boulevardmagazine handelt.

Besonders problematisch wird dabei das religiöse Bekenntnis der Autorin Stephenie Meyer beurteilt, die als Mitglied der „Kirche Jesu Christi der Heiligen der Letzten Tage" (Mormonen) mehr als andere Autoren unter Verdacht steht, ihr eigenes Weltbild in ihre Romane einfließen zu lassen. Diesen Umstand allein kann man ihr nur schwer als Alleinstellungsmerkmal vorwerfen – die Eigenschaft, Weltbilder zu haben und auch zu vermitteln, ist ja nicht den Mormonen vorbehalten! Viele scheint jedoch zu irritieren, dass die konservativen Positionen zu Ehe, Treue und Enthaltsamkeit die Jugendlichen zumindest nicht davon abhalten, sich die Bücher zu kaufen und die Filme anzusehen – das Alternativangebot scheint eigentlich groß genug, um zu anderen Werken zu greifen, in denen es expliziter zur Sache geht.

Wie auch im Kapitel „Fragil, fatal, komplex – der Vampir zwischen den Geschlechtern" ausgearbeitet werden wird, kann man in „Twilight" jedoch nur mit größter Ignoranz von Prüderie sprechen – gerade das lange Hinauszögern des „ersten Mals" (im doppelten Sinne:

Blutsaugen und Sex werden ja implizit als Verbund von „Übergangsriten“ interpretiert) erzeugt eine Atmosphäre sexueller Geladenheit, die dort, wo es ständig zur Sache geht, gar nicht mehr aufkommen kann. In den „Vampire Diaries“ wird das Sexualleben von Jugendlichen – die auch schon ein wenig reifer wirken als die „Twilight“-Protagonisten – um einiges realitätsnäher dargestellt, dementsprechend reduziert ist auch der „Wert“ des körperlichen Umgangs miteinander.

Allerdings finden sich in Meyers Phantasiewelt andere ausgesprochen problematische Elemente. In „New Moon“ lernt Bella eine Frau kennen, deren Gesicht vom Angriff eines Werwolfs entstellt ist – ihrem Ehemann: Das kann also passieren, wenn sich Männer nicht im Griff haben. Die Frau aber scheint ihrem Mann, der sie angefallen hat, jedoch verziehen zu haben. Was kann er schon für sein animalisches zweites Ich?

Im Laufe der Geschichte muss sich Bella zwischen dem wohlhabenden, wohlerzogenen Edward und dem zünftigen Indianer-Werwolf Jacob aus dem Reservat entscheiden, eine Geschichte, die an Aschenputtel (mit invertierten Geschlechterrollen) erinnert: Wird die Prinzessin sich für den Prinzen oder den armen Jüngling entscheiden? Die Frage läuft auf einen Klassenkonflikt hinaus, der sich noch dazu in „rassischen“ Merkmalen manifestiert: Der dunkle Jacob tritt gegen den bleichen Edward an, der Indianer aus dem Reservat gegen den weißen Ärztesohn, Blockhütte und Werkstatt gegen Designervilla und Gemäldesammlung, leidenschaftliche Begeisterung gegen distinguierte Zurückhaltung. Im Märchen hat der Prinz das arme Mädchen bevorzugt, heute ist „Aschenputtel“ nicht mehr die erste Wahl: Bella entscheidet sich für den Vampir, der Werwolf bleibt der im Grunde von Anfang an chancenlose Nebenbuhler.

Vampir und Werwolf scheinen immer wieder ein ausgesprochen harmonisches Antagonistenpärchen abzugeben: In der „Underworld"-Trilogie werden die beiden Rassen nicht nur als Todfeinde dargestellt (die noblen Vampire knechten die Werwölfe, diese wehren sich), sondern letztlich auch als von „einem Blute" beschrieben: Den einen Sohn des Urvaters hat eine Fledermaus gebissen, den anderen ein Werwolf erwischt. Es ist also nur logisch, dass im Werwolf-Vampir-Hybriden Michael das neue Übermonster zu entstehen scheint. Auch in „Van Helsing" (2004) treffen die beiden Parademonster aufeinander und in diesem Falle darf der „Underdog" ausnahmsweise gegen Dracula siegen! Gerade wegen der schon in den Filmen der Vierziger praktizierten Monstergipfeltreffen wird dem Film eine gewisse Beliebigkeit und Phantasielosigkeit vorgeworfen: Am Anfang jagt der Hauptdarsteller im Auftrag des Vatikans Dr. Jekyll bzw. Mr. Hyde über die Leinwand und auch Frankensteins Monster darf eine größere Rolle in der Geschichte spielen. Im südosteuropäischen Volksglauben verhält es sich zwischen Vampir und Werwolf anders: Die beiden sind dort keine Feinde, sondern Wesen, die sich auf perfekte Weise ergänzen, um die Menschheit zu terrorisieren; der eine lebendig, der andere (un)tot, decken sie alle Phasen des Daseins ab.

Bellas Entscheidung gegen „Aschenputtel" zeigt uns, dass das Bedürfnis nach Sicherheit alle anderen zu dominieren scheint. Die Gesellschaft weiß spätestens seit den Terroranschlägen vom 11. September 2001, dass man selbst im Herzen der westlichen Welt nicht mehr sicher leben kann. Und es ist ihr seit Kurzem auch klar geworden, dass die Kapitalwirtschaft keine absolute Sicherheit bietet. Nur der Vampir scheint prinzipiell von Geldsorgen frei zu sein. Unter diesen Umständen ist es also durchaus vernünftig, dass sich Bella für Edward entscheidet. So muss sie sich als angehende Vampirin weder um den Prozess des Alterns noch um ihr finanzielles Auskommen kümmern, ihre Verwandlung kommt – wenn auch um den Preis großer Schmerzen – einem „Upgrade" ihres Daseins gleich. Das Streben nach ewiger Jugend und materieller Sicherheit scheinen den Fragen nach Liebe und Tod in ihrer Existenzialität um nichts nachzustehen.

Wenn Edward mit Bella auf die höchsten Bäume der Umgebung klettert, legt er ihr gleichsam die ganze Welt zu Füßen, also wäre er (noch immer) der Herr über das Land und seine Bewohner, wie ihn der Stokersche Graf Dracula verkörpert hat. Werwolf Jacob dagegen scheint in menschlicher und tierischer Gestalt nicht anderes als ein plebejisches Kriechtier aus dem Unterholz zu sein. Seine animalischen Eigenschaften können Bella nicht so sehr beeindrucken wie Edwards Selbstbeherrschung, der seine Triebe kontrollieren kann und sich dabei auch noch in offensichtlich zitierter Romeo-und-Julia-Romantik selbst umbringen will, als er glaubt, seine Angebetete sei tot. Finanzielle und emotionale Sicherheit, kombiniert mit wohltemperiertem Heldentum und Respekt – auf diese Formel verdichtet, scheint es alles andere als verwunderlich, dass sich viele (und nicht nur Jugendliche) in Meyers Phantasiewelt wünschen, mag es in der neogotischen Kulisse der Kleinstadt Forks auch noch so viel regnen.

Die Großstadt als Schauplatz scheint für die Produkte der „Twilight"-Welle nicht geeignet zu sein. Wenn sich in Filmen wie „Blade", „Underworld" oder *Nochnoj Dozor* („Wächter der Nacht", RU 2004) der Großteil der actionreichen Handlung im urbanen Raum entfaltet, sind die romantischen Vampire in die Provinz übersiedelt: Nicht nur Forks, auch Mystic Falls, der Schauplatz der „Vampire Diaries", ist gerade groß genug für eine Highschool und auch das fiktive Bon Temps in Louisiana, wo die Helden aus „True Blood" (USA, seit 2008) leben, kommt nicht in den Verdacht städtischer Dünkel. Im Getöse der anonymen Großstadt muss man schon wild um sich schießen, um aufzufallen, in der Kleinstadt ragt man jedoch schnell aus der (kleinen) Masse: Außenseiter,

Held, Monster – hier kann man alles werden. In dieser Atmosphäre scheinen sich vampirische Seifenopern besser zu entfalten, das Besondere kommt stärker zur Geltung und auch die Natur ist niemals weit: Lange genug scheint der böse Vampir sein Unwesen vom Rand ins Zentrum getragen zu haben, nun bringt der gute Vampir ein wenig Licht an die Ränder der Zivilisation, die entlang der Waldesränder um Mystic Falls und Forks zu verlaufen scheinen.

Mit gesellschaftlichen Randlagen beschäftigt sich auch die Serie „True Blood", in der die Vampire ihre Existenz öffentlich gemacht haben, nachdem in Japan künstliches Blut („Tru Blood") entwickelt wurde und sie nicht mehr auf Menschenblut angewiesen sind. Nicht alle sind über die Präsenz dieser „Rasse" erfreut und fühlen sich von der „Emanzipation" der Bluttrinker bedroht. „*Come out, come out, wherever you are!*", fordert schon Lestat in Anne Rice' Vampirgeschichten. Genau dieses *Outing* steht auch im Mittelpunkt von „True Blood", die Analogie mit der Homosexuellenbewegung ist nicht zu übersehen. Der Vorspann zeigt eine Kirche mit dem Spruch *God hates fangs* („Gott hasst Reißzähne"), eine Anspielung auf den Slogan des US-amerikanischen Fred Phelps, dem homophoben Sprecher der Westboro Baptist Church (Kansas): *God hates fags* („Gott hasst Schwuchteln"). In „True Blood" ist es die *Church of the Fellowship of the Sun* („Kirche der Kameradschaft der Sonne"), die sich dagegen wehrt, dass Vampire eine gesellschaftliche Gleichstellung mit der Menschheit erfahren. Am Ende der ersten Staffel berichtet das Fernsehen, dass nun auch „Vampirehen", also Mischehen zwischen Menschen und Vampiren, erlaubt seien.

Im Mittelpunkt steht auch hier die Liebe einer menschlichen Mittzwanzigerin zu einem Vampir. Gemeinsam lässt sich das Außenseitertum besser bewältigen, Sookie Stackhouse – nach ihr ist im Übrigen auch die

Buchreihe benannt, die als Vorlage für die TV-Serie herangezogen wurde – wird durch ihre Fähigkeit, die Gedanken anderer Menschen zu lesen, oft für verrückt gehalten. Für sie ist dieses Talent eine Behinderung, sie ist beziehungsunfähig geworden. Erst ein Vertreter der Vampirrasse, dessen Gedanken sie kaum lesen kann, lässt sie sich für eine Partnerschaft öffnen.

Toter Ernst und Ironie – der Vampir kann alles

Betrachten wir die vampirischen Publikationen der letzten Zeit, wird offensichtlich, dass der Vampir längst nicht nur als „klassisches Monster“ einzusetzen ist, sondern auch als Projektionsfläche für die Themen der jüngeren Generation dienen kann. Immer wenn die mehrfach paradoxe Gestalt des Vampirs zu so ironiefreien Reflexionen herangezogen wird – sowohl der Action- als auch der Liebes-Vampir scheinen sich selbst sehr ernst zu nehmen –, reizt dies in besonderem Maße zu zynischer Kritik und parodistischen Variationen des Themas bzw. des Motivs.

Dies gilt nicht nur für die Unterhaltungsprodukte der letzten Jahre. Wie wir bereits untersucht haben, hat sich schon Voltaire über das Thema abschätzig geäußert. Auch Hanns Heinz Ewers und sein „Vampir“ – diese beiden nahmen sich besonders ernst – wurde Opfer der kritischen Auseinandersetzung: Hans Reimann (1889–1969) veröffentlichte 1921 „Ewers. Ein garantiert verwahrloster Schundroman in Lumpen, Fetzchen, Mätzchen und Unterhosen von Hanns Heinz Vampir“, in dem er sich gnadenlos über Ewers lustig macht. Selbst der scharfzüngige Kulturkritiker Kurt Tucholsky lobt diese Parodie in höchsten Tönen:

„Alles hat er gefasst: dieses alberne Wort ‚irgendwie‘, das Ewers und andre schlechte Feuilletonisten anwenden, um

dem Ding einen Schuss Mystik zu geben; die lächerliche Überbetonung der Sexualität; die Ruhmesfanfare eines königlich preußischen vereidigten Beischläfers ...“[23]

Eine nur vordergründig weniger boshafte, jedoch ebenso komische Auseinandersetzung mit dem Vampirstoff lieferte uns Roman Polanski 1967 mit seinem Film „Tanz der Vampire“, der bis heute zu den „Klassikern“ des Vampirfilms zählt: Der Regisseur greift dabei auf die klischeehaften Elemente der Dracula-Geschichte zurück, um sie auf humorvolle Weise neu zu interpretieren. Nicht zu übersehen ist dabei, dass es ihm (so wie in den meisten anderen Vampir-Persiflagen) besonders Christopher Lees ursprünglich ironiefreie Interpretation von „Dracula“ angetan hatte. Polanski nützt die vordergründig „lustige“ Geschichte, um in die Tiefe zu gehen: Er thematisiert Christentum und Judentum und lässt Chagall, den Dorfwirten, (zumindest im englischen Original) mit jiddischem Akzent sprechen. (Der polnisch-französische Jude Polanski bringt damit einmal mehr die Verbindung von Juden, Wirten und dem Klischee von der Gier, die schon von Leopold von Sacher-Masoch vampirisch interpretiert wurde!)

In Professor Ambronius, der als chaotischer Universalgelehrter den Vampirjäger Abraham van Helsing ersetzt, zeigt sich die Ambivalenz der Ratio: Von Kants Universität Königsberg stammend, kritisiert der aufgeklärte Ambronius einerseits den Aberglauben der transsilvanischen Bevölkerung, andererseits ist er es selbst, der am Ende das Böse in die Welt trägt, wenn er den Schlitten lenkt, der ihn und seine „infizierten“ Begleiter vom Schloss wegbringt. Diese Parabel auf die „Dialektik der Aufklärung“, die nach Horkheimer und Adorno im Faschismus mündete, manifestiert sich jedoch nicht nur in der Figur des ignoranten Professors der alten Schule (man denke an den „Mief von 1000 Jahren unter den Talaren“, dem

Anti-Establishment-Slogan der 68er-Bewegung!), sondern auch im Vampirgrafen Krolock selbst, der offensichtlich deutscher Abstammung ist und die jüdische Bevölkerung des Umlands terrorisiert. Der zum Vampir gewordene Wirt bei Polanski lacht seinerseits über den Versuch, ihn mit dem Kreuz abzuwehren: Das funktioniere nicht bei einem *jüdischen* Vampir. (In der deutschen Version heißt es lediglich, dass dieses Mittel nur bei *alten* Vampiren wirke.)

„Tanz der Vampire" wird auch als Musical wiederaufbereitet werden und läuft seit 1997 nicht nur im deutschsprachigen Raum, sondern auch für internationale Produktionen mit unterschiedlichem Erfolg. Der Vampirstoff ist derartig flexibel, dass es sogar für die Musicalversion der Dracula-Parodie eine Parodie gibt: Seit 2009 läuft in Wien das „Grusical" *„Pflanz* der Vampire" …

Wie Polanski uns zeigt, müssen humorvolle Bearbeitungen des Vampirstoffs nicht unbedingt oberflächlich angelegt werden, wie dies etwa bei Mel Brooks „Dracula – Tot aber glücklich" (1995) der Fall ist. Andererseits muss es auch nicht jeder „echte" Horrorfilm ganz ernst mit sich selbst und den Vampiren meinen, wie uns Quentin Tarantinos grotesker Kultfilm „From Dask till Dawn" (1996), der als *Roadmovie* beginnt und in einer anrüchigen Bar namens „Titty Twister" als Vampir-Massaker endet, zeigt. So wie Polanski für seinen lustigen Totentanz greift Tarantino tief in die vampirische Klischeekiste, neigt jedoch dazu, diese Versatzstücke satirisch zu zertrümmern, anstatt mit ihnen zu spielen.

Die Protagonisten Tarantinos können im Gegensatz zum nahezu allwissenden Buchwissenschaftler Ambronius lediglich auf Informationen zurückgreifen, die sie den alten Hammer-Filmen entnehmen: Knoblauch, Tageslicht, Silber, Weihwasser und Kruzifixe würden bei der Abwehr von Vampiren helfen, bestätigt die Figur *Sex Machine*, denn Peter Cushing „würde es dauernd so machen".

Dem ehemaligen Pastor Fuller gefällt diese Herangehensweise gar nicht, er fragt skeptisch nach, ob nicht auch irgendjemand ein *Buch* darüber gelesen habe. Die Bibliothek ist bei Tarantino von der Videothek ersetzt worden, die Generationen von Harkers und van Helsings, die sich noch in verstaubten Druckwerken über den Untoten informiert hatten, scheinen in Tarantinos „Titty Twister"-Bar endgültig passé zu sein.

Das beim Film beliebte Stilmittel, frühere Werke zu zitieren, scheint im Vampirfilm besonders gerne praktiziert zu werden. (Der Innovationswert dieser Entdeckung wird jedoch relativiert, wenn man sich bewusst wird, dass es eine logische Bedingung von Genrefilmen ist, andere Werke zu zitieren. Oder fällt jemanden ein Western ohne Selbstzitat ein?) Auffällig ist jedoch, wie oft die Leinwandvampire von den Drehbuchschreibern mit dem Medium Film selbst konfrontiert werden. Der Interviewte Louis sieht im Kino den Murnau-Klassiker und auch Coppolas Dracula sucht in London das gerade in Mode gekommene Lichtspielhaus. In *Shadow of the Vampire*, der aus einem einzigen großen Nosferatu-Zitat besteht, kann der von William Defoe verkörperte Max Schreck-Dracula gar nicht mehr von der Kamera lassen, als er sich selbst – also den alten Murnau-Film – auf die Leinwand projiziert.

Aschenputtel schlägt zurück – Entlastungsangebote fernab von Hollywood

Der Vampir hat seit Murnaus Nosferatu keineswegs nur in bewegten Bildern Karriere gemacht. Nahezu jede der populären Vampirgeschichten auf der Leinwand oder im TV basierten auf Büchern und Buchreihen, darüber hinaus entstehen im Windschatten von Stephenie Meyers Bestsellern Unmengen an meist recht trivialer Genreliteratur, die sich mehr oder weniger frech am neuen Vampir-Archetypen eines Edward Cullen orientieren. (Die „Vampire Diaries" stellen in dieser Hinsicht eine Ausnahme dar, die zugehörige Romanreihe von Lisa Jane Smith existiert bereits einige Jahre länger als Meyers Romanze.)

„Gezeichnet" *(House of Night)*, erster Teil einer US-amerikanischen Vampir-Romanserie, für die das Mutter-Tocher-Autorinnen-Gespann Phyllis und Kristin Cast verantwortlich zeichnet, ist ein Paradebeispiel solch epigonaler Literatur. Das Buch und seine seriellen Nachfolger stürmen die Bestsellerlisten. Dass die Geschichte aus verschiedenen, bereits erprobten Elementen internationaler Bestseller zusammengezimmert ist, gehört dabei offenbar zum Erfolgsrezept: Die vampirische Heldin des Romans wird von einer Art Späher entdeckt und ins Vampir-Internat geschickt, dort lernt sie unter anderem Fechten und den Umgang mit Pferden. In dieser Eliteschule kommen aber nicht alle durch, jeder zehnte überlebt seine Ausbildung zum Vampir nicht. Schafft man es aber, ist man Teil einer Elite: Immerhin seien alle maßgeblichen Protagonisten der weltweiten Kulturszene im Geheimen Vampire gewesen, ist in „Gezeichnet" zu lesen, mit ein Grund, warum sie so viel Geld hätten. Ein Ignorant, der dabei nicht zuerst an Harry Potter und dann an Scientology denkt ... So kommt auch die trivialste Geschichte zu einem gewissen Maß an exegetischer Aufmerksamkeit.

Erst die Zeit nach der großen Vampirwelle wird den Spreu vom Weizen trennen und uns zeigen, welche Vampirgeschichten tragfähig genug konstruiert wurden, um auch vor einem weniger „vampirisierten" Publikum bestehen zu können. Vieles wird bis dahin im Meer der Trivialliteratur schlichtweg untergegangen sein und nachfolgende Generationen, die sich mit der Vampirwelle des frühen dritten Jahrtausends auseinandersetzen, werden sich fragen, warum so manches Buch jemals den Sprung in die Rezensionsteile der Feuilletons geschafft hat. Die Antwort ist recht einfach. Die Sogwirkung des Vampirs erfasst auch jene, die sie eigentlich kritisieren sollten: Feuilleton und Rezensionswebsites. Dabei spielt es kaum eine Rolle, ob die Bücher gut oder schlecht wegkommen, der Mythos fragt nicht nach Qualität.

Gerade das auf ein paar Stereotype verengte Wesen des Vampirs bietet Raum für bewusste, unbewusste und unterbewusste Reflexionen. Denn es entstehen im Humus des Vampir-Mythos nicht nur weitgehend inhaltsleere Textbaustein-Ruinen, die dazu verleiten, ihre Autoren selbst als Blutsauger zu bezeichnen, und dem Begriff des Schauerromans eine völlig neue Dimension verleihen. Vielmehr ermöglicht er – wie es auch dieses Buch versucht – durchaus eine Auseinandersetzung mit wesentlichen Fragen zum Menschen und zur Gesellschaft. So finden wir in den Buchläden nicht nur eine Reihe von Sachbüchern unterschiedlicher Qualität, die sich meist mit Einzelaspekten des Vampir-Komplexes beschäftigen, sondern immer wieder auch literarisch wertvolle Perlen: H. C. Artmann (1921–2000), der österreichische Büchner-Preisträger mit Hang zu Konsumliteratur und Phantastik, schrieb 1966 „dracula dracula“, ein Text, der sich mit dem vampirischen *Mainstream* seit Stoker auseinandersetzt.[24]

Bewusst reduziert Artmann den Stoff gleichsam im „Recycling-Verfahren“ auf klischeehafte Episoden aus den populären Vampirgeschichten und „lässt Schematisierungen von Trivialliteratur und B-Movies versatzstückhaft aufeinander auflaufen.“[25] Er schafft mit seinen Auslassungen einen Raum, der das Vorwissen, aber auch die ergänzende Phantasie des Lesers erfordert. In diesem Sinne liest Clemens Ruthner Artmanns Text als eine „(Ge)Denk-Schrift“ für eine klassische Phantastik, die bereits 1966 verloren gegangen sei.

Diese pessimistische Analyse kann man sich angesichts der vielen durchaus auch von Qualität gekennzeichneten Texte des Vampir-Komplexes (der sich natürlich nicht auf die Phantastik beschränken lässt) nur bedingt anschließen. Besonders Puristen aber werden sich angesichts der jüngsten Vampirgeschichten wünschen, dass endlich auch ein Gegentrend zur erzählerischen Trivialisierung und vor allem zur völligen Entgrenzung des Stoffes einsetzt. Beides gleichzeitig ist jedoch nur schwer zu haben. Selten gelingt es, „klassische" Vampire in den Mittelpunkt zu rücken und dabei eine Geschichte zu entwickeln, deren gesellschaftsanalytisches Potential nicht hinter einer aus Versatzstücken anderer Genres recycelten Kulisse á la *Highschool*-Film oder *Soap Opera* nahezu verschwindet.

Und doch muss man nicht bis auf Elfriede Jelineks Theaterstück „Krankheit oder Moderne Frau" aus dem Jahre 1987 zurückgreifen, um intelligent-provokante Bearbeitungen des Vampirstoffs zu finden. Ein rezentes Beispiel ist der Roman „Das fünfte Imperium" (2009) des russischen Erfolgsautors Viktor Pelewin. In seiner Welt sind die Vampire eine uralte Spezies, die sich die Menschen wie Milchkühe halten, um ihnen die Energie auszusaugen. Dabei geht es aber weniger um Blut, sondern vielmehr um „Bablos", das Destillat jener Energie, die Menschen absondern, wenn sie nach dem Sinn des Lebens suchen. Pelewin verzichtet dabei wenig überraschend auf „klassische" Vampirelemente. Er greift aber, ohne zu zögern, in die globale Zitatenkiste, um sein Werk wie einst H. C. Artmann zu einem ironisch-philosophischen Flickwerk populärer Motive und pseudowissenschaftlicher Theorien in bester *Fantasy*-Tradition zu machen. Im Mittelpunkt stehen selbstverständlich keine Reflexionen über den Vampir, sondern nichts Geringeres als die postkommunistische Welt und ihr Zustand.

Auch auf dem Filmsektor gelingt immer wieder ein großer Wurf, meist geographisch und traditionell weit weg von Hollywood. Zwei rezente Beispiele sind der Film *Bakjwi* („Durst“, 2009) des koreanischen Starregisseurs Park Chan-Wook und das 2008 verfilmte Buch des Schweden John Ajvide Lindqvist *Låt den rätte komma in* („So finster die Nacht“, 2004). Beiden ist es gelungen, den Vampirfilm vom neogotischen Erbe im Stile „Van Helsings“ oder „Underworld“ – Hubschrauberwrack trifft Burgruine – zu befreien und damit eine Art von „postneogotischer“ Atmosphäre zu schaffen, die sich zwischen bräunlich-verblichenen Tapeten in Wohnungen durchschnittlicher Menschen und sterilen, texturlosen Weißflächen bewegt. Bei Lindqvist ist es die schneebedeckte Landschaft in der Stockholmer Vorstadt, bei Chan-Wook eine Stadtwohnung, die von einem Vampirpärchen völlig weiß gestrichen wurde. Als würde es die Ehre des Vampirs erfordern, bei so viel Zurückhaltung, wie sie in den aktuellen Vampir-Romanzen existiert, wieder gehörig Blut fließen zu lassen, scheuen die beiden Filme nicht die explizite Darstellung von Gewaltszenen.

Bei all diesen auffälligen Gemeinsamkeiten der beiden Werke nützen ihre Schöpfer das Vampir-Motiv jedoch, um völlig verschiedene Lebenssituationen zu thematisieren. In „So finster die Nacht“ wird der Übergang vom Kind zum Jugendlichen beschrieben, die Probleme des Jungen Oskar scheinen sich durch den geschlechtslosen, aber in Mädchengestalt auftretenden Vampir Eli zu lösen. Eli aber ist eine Getriebene ihrer Blutsucht, sie muss töten, um am Leben zu bleiben. Für den verliebten Oskar ist das keine große Sache, solange seine Eli nur bei ihm ist – so intensiv, so egoistisch, so parteiisch ist die Welt eines Pubertierenden. Und eines Tages schlägt Oskar tatsächlich zurück, als ihm seine Peiniger wieder einmal zu nahetreten.

In „Durst“ wird der katholische Priester Sang-hyun durch einen Virus zum Vampir. Er muss ab nun mit seinem schlechten Gewissen kämpfen – einerseits besitzt er heilende Kräfte, kann sogar Krebs heilen, andererseits muss er selbst Blut trinken, um leben und wirken zu können. Töten möchte er niemanden, auch nicht sich selbst. Während ihm dieser Spagat gelingt, indem er seinen „Spendern" nur einen Teil ihres Blutes entnimmt, kann er sein steigendes Verlangen nach dem anderen Geschlecht letztlich nicht mehr kontrollieren und geht ein Verhältnis mit Tae-ju ein, die von einer ihm bekannten Familie adoptiert und mehr als Hausmädchen denn als Tochter behandelt wird. Aus der verschreckten jungen Frau, die obendrein auch noch den schwachsinnigen Sohn ihrer Adoptivmutter heiraten musste (der jedoch bald durch die Hand des Liebespaares stirbt), entwickelt sich jedoch bald eine *femme fatale*. Als der ehemalige Priester sie zur Vampirin macht, mutiert sie vollends zu einer egoistischen Bestie. Während er versucht, niemandem zu schaden, verspürt sie Lust am Töten von Menschen, die für sie nur eine Nahrungsquelle darstellen.

„Durst" parallelisiert verspielt-blutig das Wesen des Priesters und das des Vampirs, die ja beide „Blut trinken", um das Leben zu erlangen, und zeigt die Qualen eines Mannes, der um Gutes zu bewirken, Böses tun muss. Ähnlich wie Stephenie Meyer streitet auch der Regisseur Park Chan-Wook ab, dass er mit seinem Werk gewisse gesellschaftskritische Ziele verfolge: Meyer dementiert regelmäßig, dass Keuschheit eine zentrale Botschaft ihres Buches sei. Der Koreaner wiederum negiert, dass er eine Polemik gegen die katholische Kirche beabsichtigt habe. Vielmehr seien ihm Vertreter der Kirche für diesen Film beratend zur Seite gestanden und niemand habe sich über das Drehbuch beschwert – es handle sich ja lediglich um einen Film. Demgegenüber stehen jedoch zwei Gruppen, die sich mit Filmen aus anderer Perspektive beschäftigen: einerseits die Kritiker, die versuchen, ein Werk zu kontextualisieren, und entsprechend ihres Vorwissens und ihrer Erwartungshaltung auslegen und andererseits das

Filmpublikum, das völlig andere Maßstäbe anlegt, um einen Film für gut oder schlecht zu befinden.

„So finster die Nacht“ und „Durst“ bieten auf den ersten Blick keine der Phantasie ausgelagerten Entlastungsangebote. Beklemmung und bewusst grenzwertig inszenierte Gewalt dominieren die Bilder. Trotzdem: Oskar und Eli können mit dem Zug in eine gemeinsame Zukunft fahren, zumindest in diesem Moment fühlt sich der Junge sicher und geborgen. Sang-hyun hingegen lässt seine rabiate Geliebte und sich selbst von der aufgehenden Morgensonne vernichten. Wie unterschiedlich die beiden Filme auch enden, eines haben sie gemeinsam: „Aschenputtel“ – der gehänselte Junge in Schweden und das geknechtete Mädchen in Korea – durfte blutige Rache an den bösen Stiefmüttern der Gesellschaft nehmen. Auch ein Entlastungsangebot.

Sicher außergewöhnlich lieben – die „Gratifikationen“ des Vampirs

Der Rückfall in das dualistische Freund-Feind-Schema hat seit Werken wie „Varney the Vampire“ oder Stokers „Dracula“ die Erzählstrukturen der Vampirgeschichten dominiert. Warum dies so ist, kann uns Hans Richard Brittnacher erklären:

„Das durchaus auch handwerkliche Ethos der amerikanischen Literatur – einen Bestseller zu schreiben, war in Amerika niemals rufschädigend –, die Tendenz zur Verkörperlichung von Konflikten, die Präsenz einer gewaltigen, mitunter auch gewalttätigen Natur und schließlich der Kampf keuscher Männer gegen die Anfechtungen des Bösen bilden das Gerüst, auf dem die Literatur Amerikas, auch die phantastische, zumal in ihren trivialen Varianten, aufbaut.“[26]

Beginnend mit den Siebzigern und vor allem mit den von der Kritik verhöhnten, vom Publikum jedoch geliebten Film- und TV-Produktionen und deren Romanvorlagen in der letzten Zeit, kennen wir auch wieder *gute Vampire* und *böse Menschen*, oder – ganz im Sinne einer byronschen Ambivalenz – beides in einer Figur vereint. So kommt es zu einer fortschreitenden Ausdifferenzierung des literarisch-filmischen Stranges des Vampir-Mythos. Für den Vampir gibt es keine genrebedingten Grenzen mehr: Er kann wütend, archaisch getrieben, ansteckend sein und selbst angesteckt werden, ist aber auch moralisch, sanft und überhaupt der bessere Mensch. Comicverfilmungen erfreuen sich ebenso großer Beliebtheit wie komplexe Vampirwelt-Sagas und selbst die romantischen Teenager-Vampire lassen sich nicht vollends in ein Schema pressen: Der eine wirkt noch ziemlich infantil, der andere steckt im Körper eines Siebzehnjährigen, ein dritter ist schon richtig erwachsen. Für jede Altersgruppe findet sich ein Exemplar: Selbst Vampirgeschichten und -serien für Kinder boomen seit Angela Sommer-Bodenburgs Buchreihe „Der kleine Vampir“ (ab 1979).

Den Vampir auf ein Genre einzugrenzen, ist also ein völlig hoffnungsloses Unterfangen geworden. Vielmehr müssten die Genres rund um den Vampir angeordnet werden, um ein halbwegs stimmiges Bild seiner medialen Wirkmächtigkeit zu schaffen: Vampir mit Romantik, Vampir mit Action, Vampir mit Western etc. Durch die Vermischungen und Variationen der Motive, die vor allem von der Suche nach wirtschaftlichem Erfolg getrieben sind, droht dem Vampir zeitweise die Verbannung in die zweite Liga der Leinwandmonster. Trotz dieser Konkurrenz zu Werwölfen und anderen Nachtgesichtern wird er aufgrund seiner unerreichten Vieldeutigkeit am Ende doch wieder der unangefochtene Star von Film und Unterhaltungsliteratur sein.

Eine Mode der Filmemacher ist es, ganze Vampirarmeen auf die Welt loszulassen (z. B. „I am Legend“, „30 Days of Night“, 2007, oder „Daybreakers“, 2009). Dieser Einfluss des Zombiefilmgenres wird sich jedoch nicht gegen den besonderen Reiz durchsetzen, den gerade der Individualismus des Vampirs ausmacht. Denn es ist die Sehnsucht nach dem Außergewöhnlichen, das in unseren Alltag hereinbricht, die den Vampir so interessant erscheinen lässt: Er bräuchte uns nicht (nur unser Blut) und will uns doch lieben, trägt uns auf Händen und steht uns noch dazu in allen Lebenslagen als Berater zur Seite, hat er doch aufgrund seines Alters schon alles mindestens einmal erlebt.

Eigentlich ist es eine beunruhigende Angelegenheit, wenn die Strahlen einer magischen, unberechenbaren Welt durch die Ritzen in den Kulissen des Alltags dringen. Sie berauben uns der Sicherheit, nach der uns so sehr verlangt und die uns im Grunde beim Streben nach Außergewöhnlichkeit hemmt: finanzielle Sicherheit, emotionale Sicherheit, gesundheitliche Sicherheit. Die alte Ordnung wird nicht wiederhergestellt, wie dies noch in den Dörfern am „Rande der Zivilisation“ der Fall war – der Vampir ist nicht mehr *untot*, er ist nun *unsterblich*. Und stellt damit die „alte Ordnung“ nachhaltig auf den Kopf, der Tod ist für sie kaum mehr eine Bedrohung. (Außer die Vampire bringen sich gegenseitig um.) Dieser Fluch, bis zum Ende der Tage auf Erden harren zu müssen, wird jedoch durch die Kraft der Liebe ins Gegenteil verkehrt – Edward und Bella zeigen, wie schön die Verdammnis sein kann.

Vampire vom Format eines Edward Cullen oder eines Stefan Salvatore können all dies zugleich bieten: Sicheres und Außergewöhnliches, Fundament und freien Flug, ewige Jugend und die Weisheit der Erfahrung, lodernde Leidenschaft und edle Zurückhaltung. Diese perfekten Wesen, die im Dunkeln sehen können und in der Sonne glitzern, diese halben *Byronic Heroes*, weil ohne echte Schattenseiten, diese Vegetarier unter den Blutsaugern, haben nämlich den größten aller Feinde besiegt – ihre eigene, böse, wenn nicht von Gott, so zumindest von Stoker und Co. gegebene Natur. Gegen solch heiligmäßige Monster ist wahrlich kein Kraut gewachsen.

Globaler Code und blutige Realität – ein Mythos zwischen den Extremen

Ein ganz gewöhnlicher Saft – der Mythos vom Blut

„Blut ist ein ganz besonderer Saft“, meint Mephistopheles zu Faust, als dieser den Verführer fragt, womit er denn ihren Pakt unterzeichnen solle. Diese Feststellung darf in keiner Abhandlung über die Bedeutung der roten Flüssigkeit für den blutsaugenden Wiedergänger fehlen und sollte somit zum Mantra jeder Auseinandersetzung mit dem Blut-Mythos werden. Und tatsächlich finden wir das Wort „Blut“ allein in „Der Tragödie erster Teil“ fünfundzwanzig Mal. „Wie ein roter Faden“ (eine ebenso beliebtes Wortspiel in diesem Kontext) zieht sich der Blut-Mythos durch Goethes Faust – so wie er sich tatsächlich durch die Geschichte der Menschheit, ihre Legenden und Religionen zieht.

Es wäre für unsere Untersuchung ein jeden Rahmen sprengendes Unterfangen, den Blut-Mythos in seiner ganzen Tiefe und Breite darzulegen, zudem ist dies bereits in anderen Werken ausführlich geschehen. Hier wollen wir auf den Zusammenhang zwischen Vampir und Blut-Mythos fokussieren – ein Thema, das für sich noch immer eine unerschöpfliche Quelle an Interpretationen darstellt. Genau diese Unerschöpflichkeit macht die Faszination aus – und verleitet zu Spekulationen und überzogenen Ausdeutungen des Vampir-Blut-Komplexes.

Gerade an den Wurzeln des neuzeitlichen Vampir-Mythos, in den südöstlichen Dorfgemeinschaften des Habsburgerreiches im 18. Jahrhundert, muss vorweg noch einmal die größte aller Relativierungen erinnert werden: Der Vampir im Volksglauben war kein Blutsauger, der die Bevölkerung anfiel und ihnen die Adern aufbiss. Wenn es schon in den ersten Berichten in Richtung Westen „Vambyres oder Bluthseiger" hieß, dann handelt es sich dabei um die Zuspitzung eines Militärarztes, der das Phänomen mit den Maßstäben eines wissenschaftlich Ge- und Verbildeten beurteilte.

Bei den Exhumierungen entdeckte man Leichenflüssigkeit im Mundraum der vermeintlichen Untoten, die die „Vampirjäger" für frisches Blut hielten. Im Mittelpunkt stand die Idee, dass sich die dem Opfer entzogene Lebenskraft (moderner ausgedrückt: Energie) in Form von Blut im Untoten manifestiere. Interpretationen, die die damals tatsächlich grassierende Angst vor Seuchen mit der „Vampirseuche", die durch den Biss übertragen wird, in Verbindung bringen, entsprechen demzufolge kaum der damaligen Situation. Auch das Instrument der Blutentnahme – die Reißzähne – als archaisches und nicht als literarisches Element des Mythos zu interpretieren, scheint ausgesprochen verlockend – immer wieder finden wir diesen Fauxpas in der Vampir-Exegese. Rasch werden selbst in fundierten Arbeiten die von „Varney the Vampire" popularisierten Fangzähne zu „volkstümlichen Elementen", die in den Heftroman eingeführt und nicht erst erfunden worden seien.[27]

Wo die Volkskundler zu Recht auf den Fakten beharren, können die Literaturwissenschaftler großzügiger interpretieren. Ihnen steht mit der Vielfalt an vampirischen Figuren seit der „Erfindung" des Vampirs durch Byron und Polidori eine große Schar an Untersuchungsobjekten zur Verfügung. Bei ihrer Suche nach frühen Spuren der Blut-Thematik in der Literatur werden sie gleich beim großen Homer fündig: Odysseus bringt den Seelen der Toten in der Unterwelt die Erinnerung zurück, indem er ihnen das Blut von Opfertieren darbringt:

Und nachdem ich flehend die Schar der Toten gesühnet,
Nahm ich die Schaf' und zerschnitt die Gurgeln über der Grube;
Schwarz entströmte das Blut: und aus dem Erebos kamen
Viele Seelen herauf der abgeschiedenen Toten.[28]

Eine unerhörte Angelegenheit – ein Wiedergänger macht uns zu Blutsaugern

Das Blutopfer mit der größten Wirkung auf die Menschheit hat jedoch, zumindest aus christlicher Sicht, Gott selbst erbracht, als er seinen Sohn Jesus Christus hingab. Zum Gedächtnis an diesen Tod am Kreuz – und die damit verbundene Tilgung der Erbschuld und die Erlösung der Menschheit – vollziehen die Christen bis heute die Feier des Abendmahls, das Christus in der Nacht vor seinem gewaltsamen Tod mit seinen Anhängern dem Evangelium nach gefeiert haben soll. In diesem Rahmen hat er auch die bedeutungsschweren Worte gesprochen, auf die sich die Christenheit bis heute bezieht:

Jesus, der Herr, nahm in der Nacht, in der er ausgeliefert wurde, Brot, sprach das Dankgebet, brach das Brot und sagte: Das ist mein Leib für euch. Tut dies zu meinem Gedächtnis! Ebenso nahm er nach dem Mahl den Kelch und sprach: Dieser Kelch ist der Neue Bund in meinem Blut. Tut dies, sooft ihr daraus trinkt, zu meinem Gedächtnis! (1 Kor 11,23 f. EÜ)

Eine unerhörte Angelegenheit: Jesus wandelte nach seinem Tod immerhin 40 Tage auf der Erde. Sein Jünger Thomas durfte gar prüfen, ob er tatsächlich körperlich anwesend sei, indem er ihm die Finger in seine Wundmale legen ließ. Somit kann Jesus getrost als der berühmteste aller Wiedergänger bezeichnet werden – der noch dazu seine Anhänger dazu auffordert, sein Fleisch zu essen und sein Blut zu trinken!

Noch unerhörter wird diese Botschaft, wenn wir die Bedeutung von Blut im Alten Testament beleuchten: Blut wird – so wie in vielen Kulten – als der Sitz des Lebens bzw. der Seele betrachtet. Gott selbst soll über alles Leben verfügen, woraus sich mehrere grundsätzliche Regeln ableiten: Mord ist ebenso verboten, wie Blut zu konsumieren. Umso beliebter ist es jedoch, die symbolbeladene Flüssigkeit bei kultischen Handlungen einzusetzen – das Alte Testament ist voll von einschlägigen Schilderungen. Schon der erste Bund zwischen Menschen und Gott, den Mose mit Jahwe schließt, wird blutig vollzogen: Das Blut der Opfertiere wird zu gleichen Teilen auf dem Altar und über den Israeliten verteilt (2 Mose 24, EÜ).

Der Tod und die Auferstehung Christi und das zu diesem Zwecke vergossene Blut ließen die Rituale, bei denen es zum Einsatz kam, obsolet werden. (Das Judentum mit Blutritualen in Verbindung zu bringen und ihnen dabei Menschenopfer und gar Hostienschändungen zu unterstellen, sollte seit dem Mittelalter ein wesentliches Element des christlichen Antisemitismus werden.) Das einzige „Blutritual“, das die Christen ab nun vollziehen sollten, ist die Feier der Eucharistie (Danksagung), der Mittelpunkt der Messfeier.

Freilich sind das protestantische, das katholische und das orthodoxe Verständnis dieser „Wandlung“ von Brot und Wein in Leib und Blut Christi unterschiedlich – Letzteren ist der Glaube an eine tatsächliche Wandlung der Gaben gemeinsam, während die Kirchen lutherischer

Prägung zwar die katholische Transsubstantionslehre ablehnen, jedoch auch an die Realpräsenz Christi im Abendmahl glauben. Calvinisten und Zwinglianer interpretieren Brot und Wein lediglich als Zeichen für Leib und Blut Christi. Es mag also wenig verwundern, wenn der polemische Vorwurf des Kannibalismus (Anthropophagie) und des Bluttrinkens (Hämatophagie) vor allem an Katholiken und Orthodoxe ergeht.

In diesem Kontext ist der Vampir, wie ihn die Schauerliteratur des 19. Jahrhunderts geschaffen hat, tatsächlich eine Art von Anti-Christ. Der Vampir bedient sich am Blut der Menschen und persifliert damit einmal mehr die zentralen christlichen Lehren. Er bringt statt der endgültigen Erlösung die Verdammnis und scheint zu allem Überdruss auch noch eine starke Anziehungskraft auf die Menschen auszuüben. Der koreanische Vampirfilm „Durst" (2008) variierte dieses Thema in ganz besonderer Weise: Ein Priester wird zum Vampir und muss ab nun selbst Menschenblut trinken, um zu überleben, anstatt, wie zuvor in der Liturgie, das Blut Christi in sich aufzunehmen. Gleichzeitig wird er von einer Gruppe von Gläubigen als Wundertäter verehrt, und tatsächlich scheint er heilende Kräfte zu haben. Der Regisseur weckt diese Assoziation mit dem letzten Abendmahl spätestens, wenn er von einem Weinglas direkt auf den bluttriefenden Mund des Vampir-Priesters schneidet. Im Zentrum der Geschichte steht das persönliche Leiden dieses Menschen, der zwischen Pflichten und Trieben hin- und hergerissen wird.

Blutknödel und Energie – Kraftnahrung im doppelten Sinne

Blut zu verzehren ist jedoch keineswegs ein Monopol des christlichen Kultes (im mehr oder minder übertragenen

Sinne), und es bedarf auch keines vampirischen Wesens dazu: Noch vor wenigen Jahrzehnten wäre es keinem Bauern in den Sinn gekommen, die bei einer Schlachtung anfallenden Nebenprodukte einfach zu entsorgen – Knochen, Häute, Fett, alles wurde verarbeitet. Auch das Blut verkochte man zu nahrhaften Speisen. Unter ihnen ist die Blutwurst das letzte „massenfähige" einer großen Vielfalt an Blut-Gerichten: Blutnudeln, Blutente, Blutknödel (Klöße), Blutgröstl, Schwarzsauer, Blutmehlbeutel …

Und so seltsam und abstoßend es für die jüngeren Generationen erscheinen mag: Bis heute wird in ländlichen Gegenden Europas, so wie in vielen „traditionellen" Gesellschaften auf der ganzen Welt, das Schlachtblut nach wie vor unverarbeitet und „körperwarm" genossen. Schon seit Menschengedenken ist diese Praxis belegt: Chinesen und Ägypter glaubten, sich die Kraft ihrer getöteten Feinde aneignen zu können, wenn sie ihr Blut tränken, und auch die Germanen wollten mit dem Blut erlegter Raubtiere ihre menschlichen Fähigkeiten durch die von Bären, Wölfen und Rindern ergänzen.

Das Wissen um den Nährstoffreichtum und der Glaube an die magische Wirkung macht Blut zu einem „Kraftnahrungsmittel" im doppelten Sinne. Mit diesem Image spielt auch die Abhängigkeit des Vampirs nach Blut – es geht ihm jedoch selten um Eisen oder Proteine, sondern um die Energie, die er daraus gewinnt. Eine Feststellung, die sich sogar für beide Ausprägungen des Mythos, den Vampir im Volksglauben und die literarische Figur, treffen lässt.

In der erfolgreichen US-amerikanischen Fernsehserie „True Blood" kann sich die „Vampire-Rasse" endlich „outen", weil sie, anstatt Menschen anzufallen, zu synthetischem Blut greifen können, das auch gleich in verschiedenen Geschmacksrichtungen (entsprechend der Blutgruppe und des Rhesusfaktors zu unterscheiden) und stilgerecht körperwarm serviert wird.

Charlaine Harris, die Autorin der Sookie-Stackhouse-Buchreihe, die als Vorlage diente, beweist im Umgang mit der Blut-Thematik große Phantasie, wenn sie den sogenannten „V-Saft“ – Blut von Vampiren – zur Modedroge für die Menschen werden lässt. Die netten Ketchup-Vampire der gleichnamigen Kinderzeichentrickserie aus den frühen Neunzigerjahren haben es da leichter – sie ernähren sich von Tomatensaft und wenden sich so vom Erbe ihres Urvaters Dracula ab.

Blut und Ehre – die Metapher als Waffe

Die vampirische Blut-Metapher kennt jedoch auch recht unappetitliche Seiten. Hanns Heinz Ewers „Vampir“ sympathisiert, wie wir bereits untersucht haben, mit völkischen Ideen, die den Zusammenhang zwischen „Rasse“ und „Blut“ herstellt. Nicht zufällig spielte in der Biographie des blutsüchtigen Helden (und auch des Autors) das Ritual der Mensur, wie es in sogenannten waffenstudentischen Verbindungen (Burschenschaften, Corps etc.) praktiziert wird, eine wichtige Rolle.

Auch bei dieser Praxis, die sich aus dem Duell entwickelt hat, kommt Blut im doppelten Sinne besondere Bedeutung zu: Nicht selten herrschte und herrscht in solchen Korporationen eine völkische Gesinnung vor. Die Mensur wird somit als eine Ehrenangelegenheit betrachtet, die für die Gemeinschaft auszutragen ist. Sieger gibt es dabei im Gegensatz zum Duell – das im Übrigen auf der Idee eines Gottesurteils wurzelt – keinen, wesentlich ist es, durchzuhalten, ohne zurückzuweichen. Blut fließt dabei meist reichlich, auch wenn es in der Regel keine lebensgefährlichen Verletzungen gibt. So werden aus Waffenbrüdern – Blutsbrüder.

Gerade am Beispiel des Vampirs zeigt sich, dass dieser „besondere Saft“ Gemeinschaften zu festigen vermag –

man denke an die Redewendung „Blut ist dicker als Wasser"! – und gleichzeitig ein Ausschlusskriterium darstellt. In wessen Adern das falsche Blut fließt, der gehört nicht dazu.

Wenn der Vampir als politische Metapher missbraucht wird, zeigt auch der Blut-Mythos seine negative Wirkmächtigkeit auf besondere Weise: In einer „Satiresendung" von Abu Dhabi-TV stirbt Graf Dracula an einer „Vergiftung" durch das Blut des damaligen israelischen Präsidenten Ariel Sharon. Die „Blutfrage" im antisemitischen Diskurs reicht jedoch noch viel weiter zurück, wenn sich – wie im Kapitel „Von ‚Jud Süß' bis ‚Dra-Cola' – Der Blutsauger-Code in Politik, Gesellschaftskritik und Rassismus" näher ausgeführt – mittelalterliche Legenden wie die von jüdischen Blutritualen mit neuzeitlichen Klischees verbinden.

William Harvey gelang es 1628 erstmals, den Blutkreislauf korrekt zu beschreiben. (Bis dahin waren die Lehren Galenos [ca. 129 bis ca. 216 n. Chr.] maßgeblich für die Vorstellung vom Blut und seinen Funktionen. Er übernahm die Viersäftelehre von der Hippokratischen Schule, nach der sich Blut, Schleim, gelbe und schwarze Galle im Körper im Gleichgewicht befinden mussten. Galenos nahm an, das Blut aus der Nahrung gebildet würde.) Von Harveys Entdeckung war es nur mehr ein kleiner Schritt, den „Kreislauf des Geldes" analog zu deuten, wie es Thomas Hobbes in seiner staatstheoretischen Schrift „Leviathan" 1651 erstmals tut. Und bald schon waren es die Juden, oftmals im Geldverleih tätig, die als „Blutsauger" diesen Kreislauf stören würden.

Von Insekten und ihren Feinden – Blut als Krankheitsträger

Blut bedeutet in seiner Vielschichtigkeit nicht nur Leben, sondern kann auch Krankheit und Tod bringen, eine Tatsache, die nicht erst seit der Immunschwächekrankheit AIDS bekannt ist: Fred Saberhagen lässt seinen Dracula erzählen, dass Lucy eigentlich nicht durch sein Zutun gestorben, sondern von van Helsings Bluttransfusionen getötet worden sei. Der Science-Fiction-Autor spielt dabei mit der Tatsache, dass die Übertragung von Blut zum Zeitpunkt des Erscheinens von Stokers Buch 1897 zwar durchaus üblich war, jedoch sehr häufig zum Tod des Patienten führte, weil noch nicht bekannt war, dass auch die Blutgruppe berücksichtigt werden muss. (Tatsächlich sollte der Wiener Arzt Karl Landsteiner und sein Team erst 1901/1902 die vier Blutgruppen A, B, 0 (Null) und AB entdecken und so die moderne Transfusionsmedizin begründen.)

Bis seine Zusammensetzung genauer erforscht wurde, hielt man das Blut selber für „gut" oder „schlecht". Seit wir wissen, dass Blut die Trägersubstanz für Krankheiten ist – von der Syphilis nahm man gegen Ende des 19. Jahrhunderts an, dass sie sich über das Blut verbreite –, wurde die Seuchen-Thematik auch in die vampirischen Geschichten (re)integriert. Vampirismus als ansteckender Virus ist seither, wie in den medizinischen Debatten des 18. Jahrhunderts, regelmäßig Thema: Im Science-Fiction-Roman des US-amerikanischen Autors Richard Matheson „Ich bin Legende" *(I am Legend, 1954)* löst ein durch Moskitos übertragenes Bakterium im Blut eine Seuche aus, die fast alle Menschen auf dieser Welt zu Vampiren werden lässt. Nur die Hauptperson Robert Neville bleibt Mensch, er vermutet, dass seine Immunität mit einem Fledermausbiss in seiner Zeit beim Militär zusammenhängt. Später begegnet Neville sogenannten „lebenden Vampiren", die in der Lage sind, trotz ihrer Infektion ein menschliches Leben zu führen, wenn sie ein bestimmtes Medikament einnehmen – das Schicksal entscheidet sich im Blut. Es wird selbst zum Schlachtfeld ums Überleben. Die „lebenden Vampire" können letztlich die bösartigen

„toten Vampire“ ausrotten. Neville aber wird getötet – er ist, als legendärer Letzter seiner Art, nun selbst das Monster geworden.

In den Achtzigerjahren des vergangenen Jahrhunderts erlangte die Thematik eine neue Dynamik, als sich die vom HIV-Virus ausgelöste Immunschwächekrankheit AIDS zu verbreiten begann. Blut bzw. seine Inhalte wurden nun endgültig zur lebensgefährlichen Substanz und die „freie Liebe“ schien durch die Angst vor der Ansteckung eine Illusion vergangener Zeiten. Diese Angst spiegelt sich auch im Vampirfilm der Achtziger- und Neunzigerjahre wider, Keuschheit und Zurückhaltung ist nach den freizügigen Jahren (wieder) ein Thema.

Auch in „Bram Stokers Dracula“ 1992 wird die infektiöse Symbolik von Blut verarbeitet, wenn Regisseur Coppola mikroskopische Aufnahmen von Blutplasma zeigt. Diese Szene ist eine Referenz an Murnaus „Nosferatu“, wo Makroaufnahmen einer Venusfliegenfalle, die gerade eine Fliege verzehrt, zu sehen sind. Später im Film ruft der verrückte Renfield, während er Insekten fängt, „Blut ist Leben! Blut ist Leben!“ – womit sich der Kreis zwischen den „geheimnisvollen Wesen der Natur“ (so Prof. Bulwer im Film), dem Vampir und der fleischfressenden Pflanze, schließt. Bei Murnau sind es noch Ratten, die den *Nosforos*, den „Pestbringer“ Orlok, begleiten, bei Coppola ist es das Blut selbst, das für die „neue Pest der Menschheit“ AIDS steht.

Die Assoziation des Vampirs mit einer ansteckenden Krankheit treibt so manche Blüte und zeugt gleichzeitig vom Nutzen des Blutsaugers als Blickfang: „Vampir beißt Grippevirus“ (2009), heißt es dann in einer Kolumne im Tagesspiegel, wenn im Wissenschaftsressort von einem neuen Antikörper gegen den Influenzavirus berichtet wird, der sich „wie ein Vampir“ an den „Hals“ eines lutscherförmigen Viruseiweißes heften würde.[29] Angesichts dieser breiten Palette an Vampir-Virus-Vergleichen (inklusive Anti-Virus-Vampiren) verwundert es nicht, dass der Begriff des Vampir-Virus auch zum Synonym für die jüngste durch „Twilight“ und Co. ausgelöste Blutsauger-Welle wurde.

Betrachten wir die ersten vampirischen Geschichten der Schauerromantik, so bemerken wir, dass das Blutsaugen nur eine untergeordnete Rolle spielt. Im Mittelpunkt steht vielmehr die subtile Auseinandersetzung mit Themen wie Liebe und Tod, blutrünstige Szenen scheinen in diesem Zusammenhang zu trivial. Auch bei Polidoris Urvampir erfahren wir vom Blutsaugen nur in Andeutungen. Erst mit der Popularisierung des Stoffs durch Werke wie „Varney the Vampire“ und „Dracula“ beginnt das Blut großzügiger zu fließen und ein zentrales Element des Vampir-Mythos zu werden. Bald schon verlagert sich der Schwerpunkt der Geschichten auf diesen Aspekt: Wie Hanns Heinz Ewers „Vampir“ aus dem Ersten Weltkrieg muss man nun nicht einmal mehr untot sein, um als Blutsauger zu gelten.

Spätestens seit der „Stoker-Wende“ ist Blut neben dem Untot-Sein ein zentrales Element des Vampir-Mythos geworden. Trotz dieser Trivialisierung ist der Blut-Mythos, der tatsächlich in den Untiefen der Vergangenheit wurzelt, mit seiner noch größeren Bedeutungsvielfalt eindeutig der mächtigere der beiden Mythen. Möglicherweise ist der Vampir nicht ganz unschuldig, dass Blut heute trotzdem nicht mehr so geheimnisvoll auf uns wirkt, wie das wohl einst der Fall war.

Dass auch der massenhafte Einsatz von Blut durchaus ein provokanter, aber wirkungsvoller Anstoß zur Debatte sein kann, lässt sich nachvollziehen, wenn sich Picasso-Tochter Paloma in Walerie Borowczyks Film „Unmoralische Geschichten“ (1973) im Blut suhlt oder der österreichische Aktionskünstler Hermann Nitsch mit seinem Orgien-Mysterien-Theater Aufsehen erregt. Wenn jedoch im ersten Teil der Action-Vampir-Trilogie „Blade“ bei einer Art neogotischem Oktoberfest für Blutsauger die Sprinkleranlage Unmengen von Blut über den geifernden Mob verteilt, ist von dem „ganz besonderen Saft“ am Ende nicht mehr viel übrig.

Fragil, fatal, komplex – der Vampir zwischen den Geschlechtern

Sieben Staffeln lang, von 1997 bis 2003, hat Buffy Summers gegen Vampire gekämpft. Hinter der recht angepasst wirkenden Fassade der von Sarah Michelle Gellar verkörperten attraktiven jungen Blondine versteckte sich eine große Bedrohung für die Welt der Dämonen. Denn in jeder Generation wird ein Mädchen erwählt, um die Welt vor den dunklen Wesen zu beschützen. Die Fernsehserie „Buffy – Im Bann der Dämonen“ besteht somit nicht nur aus Horror und Action, sondern thematisiert auch völlig diesseitige Probleme von Teenagern. Buffy verkörpert das Selbstbewusstsein einer neuen Generation von jungen Frauen. Jene, die nicht schreiend davonlaufen, wenn sie von einem „Monster“ (oder von den Plagen des Lebens) bedroht werden, sondern sich selbst zu helfen wissen. Und dann – Stephenie Meyers Welterfolg, die „Twilight“-Saga: Im Mittelpunkt die Highschool-Schülerin Bella Swan, die sich nach ihrem Vampir-Freund Edward verzehrt, ihr Leben ganz auf ihn hin ausrichten will und selbst ihr Menschsein dafür opfert, ewig mit ihm zusammen sein zu können.

Für dieses offenbar völlig unemanzipierte Mädchen haben Generationen von (literarischen) Frauen ihr Blut geopfert? Oder sich wenigstens in einer Geste der völligen Wehrlosigkeit und Unterwerfung in die Arme ihres starken Geliebten geworfen, damit sich dieser als richtiger Mann fühlen kann? Mit Selene, der aufmüpfigen Vampirin der Film-Trilogie „Underworld“, schien diese erzwungene Passivität endgültig überwunden zu sein. Nicht nur die Opferrolle war aufgebrochen worden, auch auf der Täterseite mischte die Frau wieder tatkräftig mit: Die Vampirin hatte sich mittlerweile einen ebenso ambivalenten Ruf erarbeitet wie ihre männlichen Pendants. Und Menschenfrauen sind gegen den hypnotischen Charme des Vampirs mittlerweile immun geworden. Bella Swan, das Mädchen mit dem allegorischen Namen, scheint das nicht begreifen zu wollen.

Christabel und Carmilla – von der liebenden Vampirin zur femme fatale

Als erster großer emanzipatorischer Meilenstein im Vampir-Mythos gilt Joseph Sheridan Le Fanus Novelle „Carmilla", von der in diesem Buch schon viel die Rede war. Zwischen dem Mädchen Laura und der Vampirin Carmilla entwickelt sich eine Form der Zuneigung, die – auch ohne ein explizites Wort des Autors – unschwer als lesbische Beziehung gedeutet werden kann. Literaturwissenschaftler vermuten, dass Le Fanu mit seiner Geschichte auf Samuel Taylor Coleridges unvollendete Ballade „Christabel" (1797/1800) Bezug nimmt. Auch dort begegnen sich ein „gewöhnliches" und ein „besonderes" Mädchen, Christabel und Geraldine. Und tatsächlich teilen die beiden Wiedergängerinnen so manche Wesenseigenschaft. Beide fühlen sich zu ihren Geschlechtsgenossinnen hingezogen, entfalten aber gleichzeitig auf die Väter ihrer Opfer eine anziehende Wirkung. Die Nacht scheint Carmilla und Geraldine stärker zu machen, während ihre Anwesenheit ihre Freundinnen/Liebschaften/Opfer Laura und Christabel schwächt. Es scheint also mehr als wahrscheinlich, dass Le Fanu sich mit dem rund sieben Jahrzehnte älteren Text auseinandergesetzt und viele Elemente bewusst oder unbewusst in seine Erzählung integriert hat.

Wenn man die Frauenbilder in den Vampirgeschichten, die zwischen diesen beiden maßgeblichen Werken entstanden sind, näher betrachtet, wird deutlich, welch revolutionärer Charakter Le Fanus Geschichte auszeichnet. Die Rolle der Frau beschränkte sich bis dato meist auf die des Opfers *(femme fragile)*. Erst später entfaltet sie ihr Image als weiblicher Racheengel an der patriarchalischen Gesellschaft. Théophile Gautiers (1811–1872) Erzählung „Die liebende Tote" (1836) präsentiert uns die vampirische Kurtisane Clarimonde noch nicht als *femme fatale*, die den Priester Romuald aus Gier und Boshaftigkeit aussaugt. Nie nimmt sie mehr von ihm, als es sein Körper ertragen kann – denn sie liebt ihn aufrichtig. Das geliebte Opfer muss zusehen, wie seine Liebe endgültig aus dieser Welt geht, als Romualds Abt Serapion die Vampirin vernichtet. Hierin liegt die subtile Botschaft Gautiers: Der rasende Mönch wütet schrecklicher, als es die liebende Vampirin jemals vermag.

Immer wieder werden es Männerallianzen sein, die die Vampirin letztlich doch vernichten können: Man denke an Stokers Dracula, als Lucy von van Helsing und seiner Vampir-Vernichtungs-Truppe „erlöst" wird. Selbst Carmilla, die Frau, die sich nimmt, was sie will – inklusive einer lesbischen Liebschaft –, endet durch das Engagement von Carmillas Vater Dr. Hesselius und General Spielsdorf. Trotzdem kann Carmilla als Prototyp der „neuen Vampirin" betrachtet werden, die verkörpert, was Mina Harker selbst eineinhalb Jahrzehnte später nicht sein darf: Vordergründig liebevoll und zärtlich erweist sie sich letztlich als egoistisch und bösartig, getrieben von ihrem Instinkt. Die blutrünstige *femme fatale*, die später auch als *Vamp* bezeichnet werden wird, war geboren.

Auch wenn Carmillas Charakter zu Recht als eine literarische Urmutter der Emanzipationsbewegung herangezogen wird, haftet ihr doch ein Makel an: Ihre Geschichte hat ein Mann geschrieben. Und selbst wenn man gewillt ist, Le Fanu nur die besten (emanzipatorischen) Absichten zu unterstellen, bleibt Carmilla im zeitgenössischen Gesellschaftsbild eine Randerscheinung: Mina Harker, die milde, ehrenhafte, sich aufopfernde Frau, entspricht dem Ideal des viktorianischen England (und nicht nur dem). Carmilla, das sexuell aktive, begehrende Weib aber kann in dieser Logik nur böse sein. Auch Lucy, Minnas weniger bigotte Freundin, die sich gleich von drei Männern umwerben lässt, trifft die „Vampirkrankheit" und die damit verbundene Verstümmelung (Erlösung) mit einem Pfahl geradezu zwangsläufig. Sie erhält für ihre ausgelebte Freizügigkeit – in Stokers konservativ angelegter Geschichte ohnehin nur angedeutet – am Ende die gerechte Strafe, und die Gesellschaft ist sie los.

Die Lucy-Mina-Eva-Maria-Gleichung

Vor allem in traditionell geprägten gesellschaftlichen Sphären scheint sich diese zwanghafte Perspektive nur wenig verändert zu haben. Schon in der Bibel finden wir, wie uns Elke Klemens in ihrer Studie „Dracula und ‚seine Töchter'. Die Vampirin als Symbol im Wandel der Zeit" ausführlich darlegt, die entsprechenden Antagonistinnen für diese gespaltene Welt: Eva, die Frau, die Adam verführt hat und somit für die Vertreibung des Menschen aus dem Paradies steht, verkörpert den sündhaften Teil der Welt. Die Jungfrau Maria hingegen, die den Sohn Gottes geboren hat, steht für alles Gute und Reine, das eine Frau in sich vereinen sollte. Und sie sollte diese Tugenden möglichst körperlos verkörpern. Diese beiden weiblichen Urbilder haben bis heute die Rolle(n) der Frau in der Gesellschaft geprägt, in der scheinbar kein Platz für mehrdeutige Auslegungen ist. So scheint sich der gesellschaftliche Blick auf die Frau, der sich in den vampirisch-femininen Monstern der Literatur widerspiegelt, auf zwei Gegenpole zu reduzieren: auf Mina und Carmilla, die willigen Opfer und die aggressiven Täterinnen, auf Gehorsam und Widerstand, auf Moral und Promiskuität. Maria war die „neue Eva", jene, die die widerspenstige Gestalt der Schöpfungsgeschichte zähmen, eine Alternative zu ihr bieten sollte – Maria, das Werkzeug Gottes für die Erlösung der Menschheit, die milde Fürsprecherin beim Schöpfer.

Diese Umlegung des weiblichen Rollenbildes auf die biblischen Gestalten Eva und Maria und damit auf die religiöse Prägung der christlichen Welt erweist sich jedoch als nicht völlig stringent. Zum einen stellt Maria keine gewöhnliche Schwangere dar, denn sie benötigte keinen Mann, um ihr Kind zu bekommen. Will man die Exegese der weiblichen Vampirgestalt auf die Spitze treiben, könnte man in Maria gar ein Vorbild der mannlosen Reproduktion sehen: Auch die Vampirin widersetzt sich ihrer Abhängigkeit und vermehrt sich – wenn überhaupt – in den meisten Erzählungen durch ihren Biss statt einer geschlechtlichen Vereinigung mit dem Mann. (Zudem stellen wir fest, dass im Gegenzug auch der männliche Vampir die Möglichkeit bekommt, sich ohne Zutun eines weiblichen Partners fortpflanzen zu können.)

Die zweite Asymmetrie in der Eva-Maria-Gleichung finden wir in der Gestalt der Eva. Nimmt man die Schöpfungsgeschichte beim Wort, scheint sie tatsächlich (auch) für den weiblichen Ungehorsam und die daraus resultierende Abhängigkeit vom Mann zu stehen: „Zur Frau sprach er: Viel Mühsal bereite ich dir, sooft du schwanger wirst. Unter Schmerzen gebierst du Kinder. Du hast Verlangen nach deinem Mann; er aber wird über dich herrschen" (1 Mose 3,16 EÜ). Doch Eva – ihr Name bedeutet „Leben", nicht „Tod" oder „Unterwürfigkeit" – wird in diesen wenigen Worten der Genesis als komplexere Figur beschrieben, deren Aufgaben weit über die beschränkten Rollenbilder hinausgehen: Sie steht nicht für eine ungehorsame, wenig standhafte Hälfte der Menschheit. Vielmehr scheint Eva diese ihr zugewiesenen Eigenschaften zu widerlegen, denn sie wurde als eine Gegenspielerin des Bösen eingesetzt, seit Gott der Schlange entgegengeschleudert hat: „Feindschaft setze ich zwischen dich und die Frau, zwischen deinen Nachwuchs und ihren Nachwuchs. Er trifft dich am Kopf, und du triffst ihn an der Ferse“ (1 Mose 3,15 EÜ). Und paradoxerweise ist es Eva selbst, der wir als „Verursacherin des Sündenfalls“ die Fähigkeit zu jener Unterscheidung verdanken, die sie selbst in die Kategorie „Böse“ zu drängen scheint, wenn es kurz vor der Entlassung aus dem Paradies in die Realität heißt: „Dann sprach Gott, der Herr: Seht, der Mensch ist geworden wie wir; er erkennt Gut und Böse“ (1 Mose 3,22 EÜ).

Die männliche Autorenschaft der im späten 19. Jahrhundert maßgeblichen Vampirtexte versucht genau diese Furcht vor der Vielschichtigkeit der Frau zu thematisieren und aus maskuliner Sicht zu einer Metapher zu formen.

Lilith – nachträgliches Vorbild des Vampirinnen-Mythos

Eva als gleichzeitige Quelle des Lebens und der Sünde scheint also nur bedingt geeignet, als eine Art Urmutter der (vampirischen) *femme fatale* interpretiert zu werden. So fanden die Exegeten des femininen Vampirmythos eine andere Figur, die als Urbild jenseits der Geschichte herangezogen wurde: Lilith. In der Bibel nur einmal erwähnt und in Luthers Übersetzung zum Nachtgespenst degradiert (Jes 34,14 LUT), gilt sie schon in der sumerischen Mythologie als dämonische Beherrscherin des Sturms, die sinnliche Begierden verkörpert, aber auch Krankheit und Unheil bringt.

In den jüdischen Legenden hat Gott Lilith aus demselben Lehm wie Adam erschaffen. Gott trug auch ihr – so wie später Adams zweiter Frau Eva – auf, sich ihrem Mann unterzuordnen. (Aus feministischer Perspektive wird diese Unterwerfung oft mit dem Untenliegen der Frau beim Geschlechtsakt gleichgesetzt.) Lilith aber lehnte sich gegen ihre Unterjochung auf – war sie doch aus demselben Material wie ihr Mann gemacht! – und musste das Paradies verlassen. Lilith aber, so will es die Legende, habe in der Wüste eine unbändige sexuelle Aktivität mit den Mischwesen, die sich dort herumtrieben, entfaltet und eine Unzahl an Kindern geboren, die als Strafe für ihren Ungehorsam gegenüber Gott getötet wurden. Aus Rache würde sie den Menschen die Kinder entführen und sie ebenso umbringen. Die Legende erinnert uns nicht zufällig an die der griechischen Göttin Lamia. (Vgl. hierzu auch die im Kapitel über den Vampir im Volksglauben erwähnten dämonischen Gestalten der *Lamien*.) In der Vulgata finden wir statt Liliths Namen die Identifikation mit eben dieser Lamia (Jes 34,14 VUL).

In der Kabbala, der mystischen Tradition des Judentums, tritt Lilith als Gegenstück zur *Schechina* auf, der (weiblich konnotierten) Gottesherrlichkeit, die der Welt einwohnt. Auch in die westliche Literatur fand Lilith ihren Weg, in Goethes Faust reitet sie in der Walpurgisnacht mit anderen Hexen um den Blocksberg. Und schließlich hat Lilith ihre Wirkung auch in der christlichen Kunst entfaltet. Bei John Collier (1850–1934) finden wir sie als verführerisches Mischwesen aus Mensch und Schlange, das Eva den Apfel reicht und somit als die eigentliche Verursacherin des Sündenfalls dargestellt wird.

Lamia-Lilith muss bis in alle Ewigkeit wüten: Da sie niemals vom Baum der Erkenntnis gegessen hat, blieb ihr die Sterblichkeit der Menschen erspart. Adam aber erhielt mit Eva, die aus seiner Rippe geschaffen wurde, eine weniger aufmüpfige Frau.

Der Mythos schlägt zu – eine ungarische Gräfin als weibliche Vlad Ţepeş

Die Schöpfer des Vampir(innen)-Mythos sehen aber nicht nur in Lilith eine „Urvampirin". Die Legenden, die sich um die ungarische „Blutgräfin" Elisabeth Báthory (ung. Báthory Erzsébet, 1560–1614) ranken, haben sie zu einem festen Bestandteil des Vampir-Komplexes werden lassen. Nach dem Tod ihres Mannes Franz Nádasdy von Fogarasföld (ung. Nádasdy Ferenc, 1555–1604) und ihres Bruders Stephan (1555–1605) konnte Bathóry Besitztümer in ansehnlichem Ausmaß anhäufen. Dieser Reichtum machte sie zu einer unabhängigen Frau, die – ungewöhnlich für diese Zeit – ihre Familie anführte. Ihr Stammsitz in Čachtice (deutsch Schächtitz, ungarisch Csejte) sollte sich jedoch zu einem Zentrum des (legendären) Grauens entwickeln.

Angeblich waren ihre blutigen Umtriebe schon seit Jahren bekannt, als der ungarische Palatin Graf Georg Thurzo von Bethlenfalva (1567–1616) im Auftrag von König Matthias II. (1557–1619; zugleich röm.-dt. Kaiser) im Jahr 1610 die Burg stürmte und Bathóry gefangen nahm. Aus den Prozessakten, deren Herausgabe wir dem Münchner Schriftsteller Michael Farin verdanken (Heroine des Grauens. Wirken und Leben der Elisabeth Báthory in Briefen, Zeugenaussagen und Phantasiespielen. München 1989), erfahren wir mehr über ihre grausamen Vorlieben. Scheinbar hat der Palatin die Gräfin *in flagranti* ertappt und musste gleich beim Betreten der Burg mehrere sterbende und tote Mädchen vorfinden. Im Laufe der Jahre soll Bathóry Hunderte von Mädchen auf ihre Burgen gelockt haben, um sie zu Tode zu quälen. Bei ihren Foltermethoden entwickelte sie eine unfassbar grausame Kreativität: Sie ließ ihre Opfer zu Tode peitschen oder prügeln, stach sie mit Nadeln und schnitt sie mit einer Schere, fügte ihnen Verbrennungen zu oder ließ sie bei eiskalten Temperaturen mit Wasser übergießen, sodass die Mädchen erfrieren mussten.

Vier vermeintliche Mittäter und Mittäterinnen, Bedienstete Bathórys, die ihr bei der Suche nach neuen Opfern und deren Folterungen behilflich gewesen sein sollen, wurden in den nach der Festnahme veranstalteten Prozessen zum Tode verurteilt. Bathóry rettete ihre noble Herkunft vor der Hinrichtung. Sie wurde in einem Zimmer ihrer Burg eingemauert, wo sie die letzten Jahre bis zu ihrem Tode nur durch eine kleine Fensteröffnung mit der Außenwelt kommunizieren konnte.

Die in den Prozessakten dokumentierten Taten Bathórys sollten jedoch rund ein Jahrhundert nach diesen Ereignissen von ihrem Mythos übertroffen werden: 1721 befasste sich der Jesuit Turóczi Lászlo mit dem „Fall Bathóry". Er schmückte die Geschichte um die ungarische Gräfin aus, nicht zuletzt um zu beweisen, dass ihr Übertritt zum Luthertum eine Ursache ihrer Blutrünstigkeit gewesen sei. Zudem fügte er eine Episode bei, die vermutlich den entscheidenden Anstoß für Bathórys spätere Karriere als Vampirin geben sollte: Sie habe im Zuge ihrer Foltertiraden bemerkt, dass ihre Haut dort, wo sie mit dem Blut der Mädchen benetzt worden war, besonders jung und rein erschien. Seit dieser Entdeckung habe sie regelmäßig im Blut von jungen Mädchen gebadet, um die Jugendlichkeit ihrer Haut zu erhalten.

Bald wurde die Abhandlung des Jesuiten zur wichtigsten Quelle der Bathóry-Legenden, die von späteren Autoren noch erweitert wurden. Trotz der Veröffentlichung der Prozessakten im Jahr 1817 führte man immer wieder neue Erzählelemente ein. Die „echte" Gräfin fand sich bald unter diesen (Ge)schichten begraben. Auch Leopold von Sacher-Masoch (1836–1895) stützte sich auf die „Biographie" Bathórys, als er seine Novelle „Ewige Jugend" (1886) verfasste. Der unvermeidliche Schritt von der Blutgräfin zur Vampirin war dann nur mehr ein kleiner: In den frühen Siebzigerjahren wurden die ersten Filme produziert, die die Bathóry-Legende in den Vampir-Mythos integrierten: *La noche de Walpurgis* (Spanien/BRD 1971), der Hammer-Film *Countess Dracula* (Großbritannien 1973) und *Ceremonia sangrienta* (Spanien/Italien 1973). Heute ist die Bathóry-Story – mit oder ohne ihren Namen explizit zu nennen – ein gängiges Motiv in den Vampirgeschichten.

Raymond McNally, einer der „Erfinder" von Vlad Ţepeş bzw. seiner Vorbildwirkung für Stokers Dracula, versuchte, Elisabeth Bathóry auch in diese Tradition einzureihen. Und einmal mehr war es die umtriebige Literaturprofessorin Elizabeth Miller, die einen herbeigeschriebenen Zusammenhang, diesmal zwischen der historischen Persönlichkeit der Elisabeth Bathóry und Bram Stokers Dracula, widerlegt hat: Es gäbe keine Beweise dafür, dass Stoker sich an der „Blutgräfin" einen Teil seiner Ideen geholt habe, gleichgültig, ob er eventuell in Büchern geblättert hat, in denen sie erwähnt wird. Im Vampir-Mythos ist Bathóry aber schon längst zum weiblichen Pendent Vlads III. Dracula geworden. Das Komplott ihrer Neider, das moderne Autoren als wahre Ursache hinter der Verurteilung Bathórys vermuten, konnte bis heute nicht bewiesen werden. Als zusätzlicher Aspekt im Mythos scheint dieser Verdacht jedoch äußerst nützlich.

Lilith-Lamia und Elisabeth Báthory als erste aller Vampirinnen zu bezeichnen, ist also mehr als gewagt. Wie wir in den vorhergehenden Kapiteln erfahren haben, kennen wir im Westen, wo der Mythos entstanden ist, den konkreten Begriff des Vampirs lediglich seit dem 18. Jahrhundert. Erst als sich die Wissenschaft im 20. Jahrhundert mit der „Frau Vampir" als Projektionsfläche für gesellschaftliche Entwicklungen zu beschäftigen begann, entdeckte sie historische (Bathóry) und mythische (Lamia-Lilith) Frauenfiguren für sich und integrierte sie in den Vampir(innen)-Mythos. Aus dieser Perspektive kann man getrost behaupten, dass Carmilla als Vorbild für Lilith und Elisabeth gedient hat und nicht umgekehrt.

Fin de siècle – die Angst vor der Weiberherrschaft

Stokers Dracula sollte mit seiner männlichen Dominanz bis heute jenes Image des Vampirs – des Vampirmannes – prägen, das in den filmischen Klassikern des Genres weitertradiert wird. Es handelt sich stets um einen Patriarchen, der mithilfe seiner hypnotischen Kräfte Frauen in seinen Bann zieht. Dass sein Äußeres dabei nach Stokers Beschreibung (und auch noch in Murnaus „Nosferatu" von 1922) weder heutigen noch damaligen Schönheitsidealen entspricht, scheint der Logik der zeitgenössischen Literatur durchaus zu entsprechen. Draculas abstoßend-attraktiver Reiz entsteht im Spannungsfeld von exotischer Grausamkeit und sexuellem Zwang. Die Geschichte basiert auf maskulinen Allmachtsphantasien, Dracula darf ausleben, was den „echten" Männern verwehrt bleibt.

Die Jahrhundertwende vom 19. ins 20. Jahrhundert bringt in diesem Kontext eine völlige Umkehrung: Der Mann inszeniert sich nun als Opfer. Er verleiht seinen Ängsten Ausdruck, den aufkommenden Geschlechterkampf zu verlieren und in einer von Frauen dominierten Welt zur Drohne zu verkommen. Besonders im deutschen Sprachraum finden wir eine Reihe von vampirischen Texten, die vom „Herbst des Patriarchen" (Hans Richard Brittnacher) erzählen. Die Autorenschaft und damit die Perspektive bleibt maskulin: Stanislaw Przybszewski (De profundis, 1895), Hermann Löns (Der Vampir, um 1900), Carl Felix von Schlichtegroll (Die Hexe von Klewan, 1901), Hanns Heinz Ewers (Die Spinne, 1908) und Karl Hans Strobl (Das Grabmal auf dem Père Lachaise, 1917). Mit Toni Schwabe können wir lediglich eine Frau nennen, die sich mit ihrer Erzählung „Der

Vampir" (1920) dem Thema annähert. Auch wenn die genannten Namen heute nur mehr einem kleinen Kreis von Interessierten bekannt sind, erfreute sich der Großteil dieser Autoren zu Lebzeiten einer gewissen Prominenz. Allen voran Ewers und Strobl, die mit Gustav Mayrink zu den erfolgreichsten Vertretern der deutschen Phantastik im frühen 20. Jahrhundert gehörten. Ihre Werke verkauften sich zu hunderttausenden.

Während in den meisten Texten des 19. Jahrhunderts Männer nur ungern gebissen werden, mutieren in diesen Geschichten der Jahrhundertwende Männer zu Opfern und Frauen zu Täterinnen. Der Literaturwissenschaftler Hans Richard Brittnacher fasste die mentalitäts- und geschlechtsgeschichtlichen Voraussetzungen für diese „geschlechtliche Umcodierung der Vampirmetapher" in drei Punkten zusammen: 1. Die Angst vor der Frau als einem Wesen von panerotischer Unersättlichkeit. 2. Den Geschlechterkampf als anthropologischen Grundkonflikt einer Krisenzeit. 3. Den Wechsel des erotischen Trägerkonzepts.[30]

Die *Angst* vor und die gleichzeitige Lust an dieser fordernden und dominanten Erotik der Frau zeigt sich am Beispiel von Karl Hans Strobls Protagonisten Ernst, der sich gegen eine hohe Summe Geld verpflichtet, ein Jahr in einer Gruft zu verbringen. Der (un)toten russischen Gräfin Anna Feodorowna Wassilska scheint ihr zukünftiges Opfer – denn nichts anderes steckt hinter der „Einladung" in ihr Grab – noch etwas zu dürr. Der Physiker Ernst bemerkt bald, dass er gemästet wird und seine schaurige Wohnstatt gar nicht mehr verlassen kann. Das Essen, von Ivan, einem „borstigen Tatar", geliefert, hatte ihm zu gut geschmeckt. Ernst muss feststellen, dass seine Mästung nicht nur dazu gedient hatte, ein möglichst großes Reservoir für Blut anzulegen, sondern mit den „verbrecherisch gewürzten Speisen" auch seine Libido anzuregen. Das ist es, was die Vampirin will – sich am Blut und an der sexuellen Kraft des Mannes delektieren, bis dieser „verbraucht“ den Tod erleidet. Der Mann wird zur Ressource, die Frau holt sich, was sie will. Toni Schwabe, einzige weibliche Vertreterin einer deutschsprachigen Autorenschaft, die den Vampir zur Metapher macht, treibt in ihrer Erzählung diese Umkehrung der Machtverhältnisse auf die Spitze. Für sie ist es der namenlose Mann, dem es nach Unterwerfung dürstet, der sich wünscht, ausgesaugt zu werden: „Dank, dass du kamst [...] Ich bin so durstig nach dir.“ Es ist seine Glückseligkeit, der Untoten, der *femme falate*, dem *Vamp* dienen zu dürfen. „So fand endlich mein Blut seinen Weg“, resümiert er, bevor er völlig ausgesaugt sein Leben lässt.[31]

In den vampirischen Erzählungen ist der Geschlechterkampf also bereits entschieden. Frau Vampir wird, wie es Brittnacher ausdrückt, zu einem „Todesengel aus eigenem Recht“, der für die Pfählungen und Verstümmelungen der vergangenen Jahrzehnte Rache nehmen will. Pflock und Hammer – aus einer psychologischen Perspektive unschwer als phallische Symbole zu deuten – benötigt sie dazu nicht.

Auch die Kulissen scheinen zu wechseln. Strobls Friedhofs-Szenerie stellt eine Ausnahme dar, der transzendent-gruselige, „gotische“ Aspekt tritt bei den meisten Texten in den Hintergrund. Die Vampirin bezieht ihre Monstrosität vielmehr aus ihrer Drohung, die *Herr*schaft an sich zu reißen. Diese männliche Angst vor der Weiberherrschaft (Gynaikokratie) verdichtet sich bei Schlichtegrolls „Hexe von Klewan“ in der flammenden Rede eines fanatischen Predigers, der die galizischen Frauen auffordert, sich den Mann untertan zu machen: „Kämpfen sollst Du mit dem Feinde, der Dich unterjocht und zu Dir getreten ist in Seines Gatten Gestalt, und sollst nicht ablassen, bis Deine Faust auf seiner Stirne liegt und er den Nacken beugt unter deinem Fuß.“[32] So groß scheinen die männlichen Ängste, so realistisch die Vision der drohenden Weiberherrschaft, dass dieser Text ebenso gut aus der Feder einer Feministin stammen könnte. Der Mann scheint sich seinem Schicksal bereits zu fügen.

Einen Aspekt teilen die Vampirinnen der deutschsprachigen *Fin de siècle*-Texte mit Stokers Dracula: Die Blutsaugerin bringt ihre bedrohlich-erotische Aura meist aus dem Osten mit. Strobls russische Gräfin ist nur ein Beispiel für viele. Sie wird als Eindringling betrachtet, ihre Präsenz in Paris steht exemplarisch für die „barbarischen Horden" aus dem Osten, vor denen sich der zivilisierte Europäer immer mehr zu fürchten scheint. Gräfin Wassilska hat schon zu Lebzeiten ihre Blutrünstigkeit nicht verborgen: Einen Bäckerlehrling soll sie in den Hals gebissen haben und ihren Dienstmädchen mit Vorliebe lange Nadeln ins Fleisch stechen und sie mit glühendem Eisen versengen lassen. Und so fällt auch Elisabeth Bathórys langer Schatten auf Strobls Geschichte: „Ich sehe die Augen der Madame Wassilska, die derbe Nase, den vollen Mund, dessen blutrote Lippen langsam von den starken, weißen, spitzen Zähnen zurückweichen."

Schmerz zu erdulden scheint dem Mann der Jahrhundertwende (zumindest jenem, der Vampirromane verfasste) mehr Lust zu bereiten, als ihn anderen zuzufügen. Aus dem Sadisten vom Typ „Dracula" ist ein *Masochist* geworden, der wie bei Schlichtegroll die Vampirin anfleht, ihr unter süßem Schmerz Nahrung sein zu dürfen: „... schlag deine Zähne in mein warmes, blühendes Fleisch und trinke mein Blut."[33] Und auch der namenlose Protagonist Stanisław Przybyszewskis lächelt still, als seine von der Vampirin verursachten Qualen ein Ende nehmen, indem er stirbt.

Derselbe Autor war es auch, der Edvard Munchs namenloses viertes Bild des Zyklus „Liebe" (1894) den Namen „Vampir" gab. Das Gemälde zeigt eine Frau, die den Nacken eines Mannes küsst. Offensichtliche „vampirische Elemente" sind keine zu finden. Viele Betrachter mögen in der Szenerie eher eine zärtliche Frau sehen, die einem Mann Trost und Schutz gewährt, und weniger die aggressive Blutsaugerin, die ihrem Opfer die Zähne in den Hals schlägt. Der Mythos hat sich also einmal mehr eines Werkes bemächtigt, das keinen direkten Zusammenhang mit Vampirismus aufweist. Denn für den polnischen Literaten, der seine ersten Texte auf Deutsch verfasst hat und somit selber ein Wandler zwischen Germania und Slawia war, scheint in Munchs Gemälde all das zu gerinnen, was die Vampirin des *Fin de siècle* für die Männerwelt verkörperte: drohende Überlegenheit der Frau und die lustvolle Angst des Mannes davor. Sexualität spielt in diesem Zusammenhang eine wichtige Rolle, die Dimensionen der gesellschaftlichen Umbrüche, die sich in der Figur der Vampirin widerspiegeln, greifen jedoch viel tiefer.

Ein Rückfall – der Vampirfilm nach Stoker

Die Zäsur des Ersten Weltkriegs, der Aufstieg des Mediums Film, sollte der Emanzipation der Vampirin ein vorläufiges Ende bereiten, dem Vampir jedoch endgültig zum Durchbruch verhelfen. Diesen Aufstieg wird er vornehmlich als Epigone des Stoker-Modells bestreiten. So finden wir die Frau in Murnaus „Nosferatu“ wieder dort, wo sie aus der Perspektive des Macho(vampir)mannes hingehört: in die Arme des Monsters, halb ohnmächtig, erschrocken und doch willig für den Biss.

Nach Murnaus Film wird der Vampir-Mythos vor allem in Übersee weitergetragen werden. Nur kurz scheint das Licht der Vampirin aufzuflackern, als die Universal Studios 1936 den Film „Draculas Tochter“ in die Kinos bringen, der auf Le Fanus „Carmilla“ und Stokers Kurzgeschichte „Draculas Gast“ basiert. Tatsächlich darf hier noch einmal ein weiblicher Vampir die Hauptrolle spielen: Professor van Helsing sitzt wegen Mordes an Dracula im Gefängnis, weswegen er für geisteskrank gehalten wird. In Londons besserer Gesellschaft taucht, während ein Psychologe van Helsings vermeintliche Verrücktheit untersucht, die ungarische Gräfin Marya Zaleska auf. Sie ist die Tochter des Grafen Dracula, die den Psychologen bittet, sie von ihrer Obsession für Blut zu kurieren. Als dieses Vorhaben scheitert und der Arzt auch noch ihre Zuneigung zurückweist, rastet die Vampirin aus und entführt dessen Geliebte Janet nach Transsilvanien. Um Janet zu retten, muss er sich mit der Vampirin selbst zum Untoten machen lassen. Bevor dies geschehen kann, tötet der Diener Sandor seine Herrin – rasende Eifersucht haben ihn dazu getrieben, seine untote Liebe endgültig ins Jenseits zu schicken.

Männer töten also wieder Vampirinnen. Die untote *femme fatale* scheint ihre Macht über das andere Geschlecht verloren zu haben, Vampirinnen brauchen wie ihre männlichen Antagonisten nun die gotische Kulisse, um im Vampir-Komplex bestehen zu können. „Draculas Tochter" hält sich an die Regeln der herkömmlichen Vampirgeschichten des Stokerschen Vorbildes. Sie übernimmt somit männliche Rollenbilder und hebt die Geschlechtertrennung im Vampir-Mythos Schritt für Schritt auf. Die blutsaugende Gräfin Zaleska kann somit als Vorläuferin der zeitgenössischen Vampirin gewertet werden. Bis dahin sollten aber noch einige Jahrzehnte vergehen.

Die feminine Sicht – Autorinnen kapern den Vampir-Komplex

Erst in den Siebzigerjahren sollte erstmals eine Frau über Vampire schreiben und damit weltweite Erfolge erzielen. Als Anne Rice (geb. 1941), die Tochter irischer Einwanderer, 1976 ihr Erstlingswerk „Gespräch mit einem Vampir" veröffentlichte, war das der Beginn einer neuen Ära für den femininen Vampir-Mythos. Im Mittelpunkt der Geschichte steht das Vampirmädchen Claudia, das nicht erwachsen werden kann. Zweifellos versuchte die Autorin in diesem Buch den Leukämietod ihrer eigenen Tochter zu verarbeiten. Der Erfolg sollte Rice dazu veranlassen, weitere Vampirbücher zu verfassen, sodass der Zyklus „Chronik der Vampire“ (Originaltitel: *The Vampire Chronicles*) heute zehn Bände umfasst. Mehr werden es jedoch nicht werden, denn die Autorin ließ verlauten, sich nur mehr christlichen Themen zu widmen, nachdem sie nach Jahrzehnten der Ferne zu ihrem katholischen Glauben zurückgefunden hatte. Seit mehreren Jahren befasst sie sich nun mit der fiktiven Autobiographie eines Wiedergängers, der eindeutig zur Seite des Lichts zu zählen ist: Jesus Christus.

Nicht nur am Kind-Vampir Claudia lässt sich ein grundlegender Wechsel in der Interpretation des weiblichen Vampirs bemerken. Ihr Körper ist nun nicht mehr allein „Projektionsfläche für männliche Zuschreibungen“ (Elke Klemens). Gleichzeitig ist es für sie gar nicht mehr so leicht, in den Männern Ängste hervorzurufen, da viele Grenzen, die die Vampirin stellvertretend für Autoren und Leser überschritten hatte, kaum noch zu existieren scheinen. Wenn Kate Beckinsale als Selene in den *Underworld*-Filmen Männer, Werwölfe und letztlich auch Vampire mordend durch die (neo)gotische Landschaft schreitet, hat sie von der Erotik ihrer literarischen Vorläuferinnen nichts eingebüßt. Verstörend und bedrohlich wird ihr Verhalten jedoch von den wenigsten Zusehern empfunden werden.

Die Frage, die zu dieser Entwicklung zu stellen ist, lautet, ob es sich dabei um eine „Egalisierung der Identitäten“ oder um eine „Gleichberechtigung unter Berücksichtigung der geschlechtsspezifischen Bedürfnisse“ handelt. Für mögliche Antworten ist eine Unterscheidung zwischen dem „sozialen, psychologischen Geschlecht“

(gender) und dem biologischen Geschlecht *(sex)* einer Person hilfreich. Die Verwandlung eines Menschen in einen Vampir scheint das biologische Geschlecht niemals zu ändern: Ein Mann wird zum Vampir, eine Frau zur Vampirin. Was den *gender*-Aspekt betrifft, können wir quer durch den Vampir-Komplex beobachten, dass die streng zweigeteilte Rollenzuteilung längst nicht mehr gültig ist. Da übernehmen männliche Vampire Mutterfunktionen, wie dies bei „Interview mit einem Vampir" (so der Titel der Verfilmung) der Fall ist, wenn Brad Pitt als Vampir Louis versucht, sich um Claudia zu kümmern. Und wenn Buffy und Selene als furchtlose Bezwingerinnen von diversen Monstern actionreich über die Bildschirme wandern, legen sie bei aller Weiblichkeit auch männliche Eigenschaften an den Tag.

Aus dieser Perspektive scheint die geschlechtliche Differenzierung des Vampirs für manche Exegeten des Vampirinnen-Mythos bereits völlig sinnlos. Die Tatsache, dass der Vampir bislang zu keinem androgynen Wesen mutiert ist, wird dabei gerne mit der mangelnden Bereitschaft des Konsumenten erklärt. Es ist jedoch gewiss nicht nur das Publikum allein, das geschlechtslose Vampire (scheinbar) verweigert, sondern auch Autoren, Produzenten und Investoren. Oder trivialer ausgedrückt: Man zeigt, womit sich Geld verdienen lässt. Genau aus diesem Grund lassen sich am „Medienstar" Vampir vor allem Massenphänomene nachvollziehen und in viel geringerem Maße gesellschaftspolitische „Minderheitenthemen". Die US-amerikanische Fernsehserie „True Blood" scheint in diesem Zusammenhang eine Trendwende darzustellen, wenn die Autoren verschlüsselt, aber deutlich erkennbar das Thema Homosexualität thematisieren.

Immer seltener werden die Charaktere des modernen Vampir-Komplexes auf ihre geschlechtsspezifischen Klischees reduziert, sondern scheinen ihre Identitäten ständig zu hinterfragen. (Hiervon ausnehmen können wir getrost all jene Actionfilme, in denen sich Vampir und Vampirjäger in der Tradition des Westerns gegenseitig und dem Zuseher die Männlichkeit bestätigen.) Auf die weibliche Perspektive gemünzt: Statt der wechselnden Frauentypen (und -rollen) des Vampir-Komplexes *(femme fragile, femme fatale)* hat sich in den letzten Jahrzehnten die *femme complexe* etabliert. Sie reflektiert die aktuellen Fragen der Gesellschaft nach Identitäten, Rollenbildern und Lebensentwürfen. Außenseitertum scheint jetzt keine Strafe des Schicksals mehr zu sein, sondern ein durchaus erstrebenswerter Zustand.

Ein schöner Schwan lehnt sich auf – die neue femme fragile?

Auch Bella Swan, Stephenie Meyers Heldin in der „Twilight"-Saga, fühlt sich zu Außenseitern hingezogen, sei es zum Indianer-Werwolf aus dem Reservat oder zum vornehmen Vampir aus der abgelegenen Villa. Gestandene Feministinnen halten den Film vor allem wegen seiner Frauenbilder für gruselig und Stephenie Meyer für die „neue Rosamunde Pilcher für junge Frauen". Es gehe um eine völlig stereotype heterosexuelle Romanze, nur dass statt des Chefarztes ein „Vampir mit übermäßigem Beschützer-Instinkt" den romantischen Helden geben würde, kommentiert die Kulturkritikerin und „Missy Magazine"-Redakteurin Chris Köver den „Twilight"-Hype.[34] Interessant dabei ist, dass an Vampirgeschichten scheinbar höhere Ansprüche gestellt werden als an andere populäre Geschichten, denn die Suche nach dem großen Glück in der perfekten Beziehung zu erzählen, ist nicht gerade eine Innovation in der Unterhaltungsbranche. Den Vampiren scheint man es hingegen besonders übel zu nehmen, wenn sie solch traditionelle Rollenbilder propagieren. Genretypische Themen wie Gewaltverherrlichung oder verdeckte Rassentheorien, die eine kritische Auseinandersetzung ebenso verdient hätten, erregen hingegen kaum derartiges Aufsehen.

Wie ist also das Verhältnis zwischen dem korrekten Vampir Edward und seiner menschlichen Bella zu beurteilen? An ihrer Liebe zueinander besteht kein Zweifel, die Frage, wie man mit körperlichen Intimitäten umgeht, führt jedoch zu Konflikten zwischen den Hauptdarstellern. Sex und Vampirbiss gibt es für Bella, die sich nichts sehnlicher von Edward wünscht, erst im vierten Buch – nach der Hochzeit. Die Rezensenten und Kolumnisten auf der ganzen Welt verwenden, um die Geschichten Meyers zu beschreiben, in ihren Metatexten meist Begriffe aus dem Wortfeld „Prüderie“: „Einen lust- und zahnloseren Film über Vampire, eigentlich die potentesten Sexsymbole des Horrorgenres, sah man selten“, fasst David Kleingers im Online-Spiegel die Kritik zusammen.[35] Den „Twilight“-Fans – und das sind nicht wenige – ist jedoch ziemlich egal, was sich das Feuilleton von einem Vampirfilm wünscht. Sie lesen Meyers Bücher und stürmen die Kinos, wenn ein neuer Teil der „Twilight“-Saga herauskommt.

Die Fangemeinde setzt sich vor allem (aber nicht nur!) aus weiblichen Mitgliedern im Teenageralter zusammen. Dass diese nach der Lektüre der Meyer-Bücher geschlossen auf den Zug der Enthaltsamkeitsbewegung aufspringen, scheint nicht besonders wahrscheinlich. Aber: Nach wie vor wünschen sich die Jugendlichen in der eigenen Beziehung Treue und Stabilität, wie Studien belegen. Zudem scheint die sexuelle Reizüberflutung – man denke an die barrierefreie Verfügbarkeit von Pornographie im Internet! – Jugendliche für andere Zugänge, wie man mit Sexualität umgehen kann, aufgeschlossener zu machen. Die „Generation Porno“[36] – zumindest die weibliche Hälfte – scheint fasziniert von der erotischen Spannung, die gerade durch das Hinauszögern dieses besonderen Moments aufgebaut wird.

So überdeckt die Empörung über die moralisierenden Aspekte der Geschichte das Offensichtliche: Die Filme sind voll von gegenseitigem Begehren, dem Wunsch nach körperlicher Liebe. Bellas und Edwards Beziehung gerät fast in die Krise, weil sie so bald als möglich mit ihm schlafen bzw. durch seinen Biss zur Vampirin werden will. Seine Enthaltsamkeit begründet er mit der Angst, er könne sie durch seine instinktive Blutgier verletzen. Den Eindruck, sie nicht zu begehren, vermittelt er aber keineswegs.

Tatsächlich lässt sich in Meyers Geschichte eine ganze Reihe von Elementen ausmachen, die auf die mormonische Prägung der Autorin hinzudeuten sind. Unterm Strich aber muss es doch heißen: mehr Hormon als Mormon. Mit einem Unterschied zu vielen anderen Produktionen, die für ein erwachsenes Publikum gewiss einen höheren ästhetischen, erzählerischen oder unterhaltenden Wert haben: Edward Cullen versucht, dem weiblichen Körper ebenso viel Respekt entgegenzubringen, wie er dessen Vorzüge liebt. Sein attraktives Äußeres verbindet er mit der Gabe, ehrlich lieben zu können, und scheint sich in diesem Zusammenhang jeden Zynismus zu verbitten. Vielleicht ist es dieser phantastische Idealismus, der hinter dem Erfolg der Geschichte steckt. Und manche wütend macht.

Von „Jud Süß“ bis „Dra-Cola“ – der Blutsauger-Code in Politik, Gesellschaftskritik und Rassismus

Wenige Jahrzehnte nach seiner Entdeckung an den Grenzen des Habsburgerreiches wird sich der Vampir aus den gelehrten Diskursen fast gänzlich zurückziehen. Seine Eigenschaften und sein Wesen werden sich jedoch zu diesem Zeitpunkt bereits im Gedächtnis der Menschen verfestigt haben. Diese dauerhafte Präsenz scheint er aber nur zum Teil in seiner Eigenschaft als unterhaltsames, die Gazetten durchwanderndes Monster aus Serbien erworben zu haben. Bald nach seiner „Entdeckung“ erwies er sich als ein hervorragend geeignetes Vehikel für politische Polemik und gesellschaftliche Kritik.

Schon der große Aufklärer Voltaire reflektierte auf den Vampirdiskurs und übte heftige Kritik an seinen Zeitgenossen, die sich voll Sensationsgier am Aberglauben anderer delektierten. „Was! In unserem 18. Jahrhundert hat es Vampire gegeben!“[37], kommentiert er voll Sarkasmus die um 1770 bereits verebbte Vampirwelle und wendet die Metapher gekonnt auf den aus seiner Sicht größten Feind der Aufklärung an: Die wirklichen Vampire seien die Mönche, die auf Kosten der Könige und des Volkes lebten.

Er beschränkte seine Polemik über Gier und Schmarotzertum nicht nur auf die Kirche, sondern nutzte die Gelegenheit für einen Seitenhieb auf die Auswüchse jener aufkommenden Wirtschaftsordnung, die bald als Kapitalismus bezeichnet werden wird:

„Man hörte in London und Paris nicht von Vampyren sprechen. Ich gestehe, dass es in diesen zwei Städten Wucherer, Steuerpächter und Geschäftsleute gab, die am hellichten Tag das Blut des Volkes aussaugten, diese waren aber überhaupt nicht tot, dafür aber verdorben. Diese wahren Blutsauger wohnten nicht in Friedhöfen, sondern in sehr wohl angenehmen Palästen.“[38]

Voltaires Zeitgenosse Immanuel Kant wiederum widmete sich unter anderem der Frage, wie man die Juden für die Gesellschaft „nützlicher“ machen könne, und kam bei einer Tischrede 1798 zu dem Schluss, dass die Juden, so wie sie sich im Moment verhielten, „Vampire der Gesellschaft“ und „eine Nation von Betrügern“ seien. Eine

Emanzipation der Juden hat sich Kant durchaus vorstellen können – wenn sie zum Christentum konvertierten. Seine Äußerungen sind umso überraschender, wenn man die Urteile vieler deutsch-jüdischer Gelehrter kennt, die der Überzeugung waren, dass es eine tiefe Verbindung zwischen der Kantschen Philosophie und der Emanzipation des deutschen Judentums gibt.

„Jud Süß" – Urbild eines vampirischen Klischees

Nur wenige Juden vermochten es, in der Gesellschaft aufzusteigen, ohne zu einer christlichen Konfession zu konvertieren. Eine der wenigen Familien, denen dies gelungen ist, war die Bankiersdynastie der Oppenheimer, die nicht nur eine Reihe von Persönlichkeiten der Finanzwelt, unter ihnen Samuel Oppenheimer (1630–1703), der mächtige Finanzier der Habsburger, sondern auch bedeutende Rabbiner hervorgebracht hat. In dieser Tradition begann auch Joseph Süß Oppenheimer (um 1698–1738) ein Wechselgeschäft und einen Warenhandel in Frankfurt und Mannheim aufzubauen.

Bald verfügte er über gute Geschäftsbeziehungen bis hin zum Hause Thurn und Taxis und zum Mannheimer Hof. 1732 lernte er über einen Geschäftsfreund den Prinzen Karl Alexander von Württemberg kennen, der einer Nebenlinie des Herrscherhauses entstammte. Dieser war 1719 zum kaiserlichen Statthalter der Festung Belgrad und des Königreichs Serbien bestellt worden und begünstigte so *nolens volens* die Verbreitung der Geschichten über den Vampirglauben in Südosteuropa – stammten doch die einschlägigen Berichte aus dem Gebiet seiner Statthalterschaft!

Als im Oktober 1733 Herzog Eberhard Ludwig von Württemberg starb und keine direkten Nachkommen hinterließ, trat Carl Alexander seine Nachfolge an. Inzwischen war Joseph Oppenheimer, der dem neuen Herzog schon länger in finanziellen Fragen beratend zur Seite gestanden war, für ihn so wichtig geworden, dass er ihm nun einen weiten Entscheidungsspielraum in Wirtschafts- und Finanzfragen des Landes einräumte und ihn schließlich zu seinem geheimen Finanzrat und politischen Ratgeber machte. Nach preußischem Vorbild sollten merkantile Ideen im rückständigen Württemberg umgesetzt werden, um so das Land zu modernisieren und den Staatshaushalt zu konsolidieren. Die protestantischen Stände äußerten eine tiefe Skepsis gegenüber diesen Maßnahmen und werteten sie als einen Angriff auf die „Verfassung". Die Kritik richtete sich weniger gegen den Landesherrn, sie traf vor allem Oppenheimer, dem vorgeworfen wurde, sich mithilfe der neuen Geld- und Monopolpolitik persönlich zu bereichern.

Als nun Herzog Carl Alexander am 12. März 1737 plötzlich verstarb, wurde Oppenheimer noch am selben Tag verhaftet und unter Hausarrest gestellt. Bald schon formulierten seine Gegner eine Anklage und bezichtigten ihn des Hochverrats, der Majestätsbeleidigung, der Beraubung der staatlichen Kassen, der Korruption sowie der *„Aussaugung* des Landes durch tolle Machinationen" (Machenschaften). Nach wenigen Monaten waren die Untersuchungen beendet und Oppenheimer wurde zum Tode durch Erhängen verurteilt. Das Urteil wurde am 4. Februar 1738 vor den Augen der Öffentlichkeit vollstreckt.

Noch zu Lebzeiten löste Joseph Süß Oppenheimer eine Welle von Publikationen um seine Person aus. Anne von der Heiden beschreibt uns in ihrer detaillierten Studie „Der Jude als Medium. ‚Jud Süß'" die Vielfalt dieser medialen Auseinandersetzung: Flugschriften, Gedichte, Lieder, Bilder, Zeitungsartikel, Schauspiele, Diskurse und Dialoge, Predigten, religiöse Traktate und Streitschriften gelangten in Umlauf – „populäre Lesestoffe", die gerne auf öffentlichen Plätzen verkauft wurden. Von der Heiden weist darauf hin, dass uns die Vielfalt der Oppenheimer-Publizistik nicht nur einen Überblick über die gängigen Textgattungen des frühen 18. Jahrhunderts biete, sondern uns vielmehr auch zeige, wie Motive, Klischees und letztlich Vorurteile erzeugt und weitergetragen werden. Und mitten drin – der Vampir, der Blutsauger.

„Nosferatu des Vorkapitalismus“ – antisemitische Vampirdichtung

Nur wenige Jahre, nachdem die Vampirismusfälle im Südosten Europas und damit der Begriff „Vampir“ überhaupt erst bekannt geworden war, findet er in einem einschlägigen Oppenheimer-Gedicht mit dem Titel „Wahrhafte und gruendliche Relation“ (1737) bereits Verwendung. In einer Kaskade unflätigster Beschimpfungen wird Oppenheimer unter anderem als Vampir dargestellt, der das Herzogtum aussauge, um seine „Koffer“ mit Reichtümern zu füllen.

Der Hass, der „Jud Süß“, wie Oppenheimer in der Literatur bald heißen sollte, in geballter Form traf, wurzelt tief in den zeitgenössischen Klischees über die jüdische Tradition im Geldgeschäft: Da es Christen verboten war, für den Verleih von Geld Zinsen zu verrechnen, und Juden auf der anderen Seite kaum die Möglichkeit hatten, Land zu erwerben, spezialisierten sich viele Juden auf das Bankgeschäft.

Schon 1628 hatte der Arzt und Anatom William Harvey die Funktionen des Blutkreislaufes erstmals korrekt beschrieben. Der naheliegende Vergleich des Geldkreislaufes mit dem Blutkreislauf wurde zwar erst 1747, zehn Jahre nach der Entstehung des Gedichts, vom Leibarzt der Madame de Pompadour und Ludwigs XV., niedergeschrieben. Es liegt jedoch die Vermutung nahe, dass sowohl der anonyme Verfasser als auch der potentielle Leser dieser „Oppenheimer-Lyrik“ mit dem Motiv des Aussaugens eines wirtschaftlichen Organismus vertraut waren. So lautete der Vorwurf, die Juden würden den organischen Kreislauf des Geldes stören, indem sie den ökonomischen Lebenssaft aus dem Staatskörper saugten.

„Verdammter Jud, verfluchter Süß!“ und „Vampire, Bluthund, giftigs Aas!“ wurde der ehemalige Hoffnungsträger Württembergs nun genannt. Der bekannte französische Historiker Jacques Le Goff bezeichnet die Wahrnehmung Oppenheimers in seiner Studie „Zwischen Geld und Hölle. Wucher und Wucherer“ (1986) in diesem Zusammenhang treffend als „Nosferatu des Vorkapitalismus“. (Und verwendet mit „Nosferatu“ einen Begriff, der erst mit Bram Stokers Dracula in den Vampir-Mythos integriert wurde.)

Als ein weiteres Motiv finden wir in vielen Texten die Behauptung, „der Jude“ sei mit dem Teufel im Bunde und er könne, so die gängige Meinung, von der Lehre des Judentums geblendet, das Heil, das der Messias bringt, nicht erkennen. Naheliegend, dass der Leser der Verse auch an die aus dem Mittelalter tradierten Legenden, in denen den Juden vorgeworfen wird, Kinder aus rituellen Gründen zu ermorden und Hostien zu schänden, denkt. So finden wir im oppenheimerschen Vampir in nahezu vollendeter Form traditionelle antijüdische und moderne antisemitische Motive vereint: Oppenheimer, der Schacherer, der Wucherer, der Kapitalist, lässt das Volk zur Ader, „Jud Süß“, der Jesus-Verleugner, der Antichrist, bringt den Leib Christi zum Bluten.

Oppenheimers Biographie, aber vor allem sein „Image“, wird auch lange nach seinem gewaltsamen Tod dafür herhalten müssen, das Bild vom blutsaugenden Juden zu „dokumentieren“: So veröffentlichte Wilhelm Hauff 1827 im „Morgenblatt für gebildete Stände“ in der Cotta'schen Verlagsbuchhandlung die Novelle „Jud Süß“, in der er das ganze Repertoire antijüdischer und antisemitischer Motive gegen Oppenheimer aufgriff und literarisch weiterentwickelte. Der populäre jüdische Schriftsteller Lion Feuchtwanger zeichnet in seinem 1925 erschienenen Roman „Jud Süß“ hingegen erstmals ein differenziertes Bild seines Titelhelden, indem er Oppenheimers Geschichte exemplarisch für die Situation der Juden in den Zwanzigerjahren neu interpretiert. Feuchtwangers Werk zählt somit zu den wichtigsten, die sich in jener Zeit mit dem Thema Antisemitismus in Deutschland auseinandersetzten. Ihm ist mit dem Text „Gespräche mit dem ewigen Juden“ die erste Satire gegen den Nationalsozialismus zu verdanken (1919).

Die bekannteste und berüchtigtste Verarbeitung des „Jud Süß“-Motives ist der 1940 entstandene Propagandafilm Veit Harlans, der gemeinsam mit dem Pseudo-Dokumentarfilm „Der ewige Jude“ zu den prägenden antisemitischen Filmen des nationalsozialistischen Regimes zählt. (Als Vorlage für das Drehbuch diente jedoch nicht, wie manchmal zynischerweise behauptet, der Roman Feuchtwangers, sondern die Novelle Hauffs.) Vampirische Motive spielen in Harlans Film, der zu einem Kassenschlager wurde, jedoch so wie schon bei Hauff und Feuchtwanger nur mehr eine implizite Rolle – der Vampir ist in den Hintergrund getreten, die Bilder, die er im Bezug auf die Verunglimpfung Oppenheimers und des jüdischen Volkes transportieren musste, blieben jedoch erhalten und fanden im Propagandafilm der Nazis erneut eine Bühne.

Schmarotzer und Kinderschänder – völkische Ideen und vampirische Verkörperungen

Der völkisch motivierte Antisemitismus wird die Blutsauger-Metapher zu einer ihrer liebsten Motive erklären. Schon Georg Heinrich Ritter von Schönerer (1842–

1921), der Führer der „Alldeutschen Bewegung“ in Österreich und einer der radikalsten Vertreter eines deutschnationalen, rassisch motivierten Antisemitismus, griff auf dieses Repertoire zurück, als er die Juden als Vampire, die ihre Lebensfähigkeit aus der Kraft der arischen Völker saugen würden, bezeichnete.

Der junge Adolf Hitler ist in den Jahren, die er in Wien verbracht hat (1907–1913), nachhaltig von der Schönerer-Bewegung geprägt worden. So liegt es nicht fern, dass Hitler die Juden in „Mein Kampf“ nicht nur als „Parasiten im Körper anderer Völker“ und „Schmarotzer, die das Wirtsvolk zum Absterben brächten“, sondern auch konkret als blutrünstige Vampire bezeichnete.

Auf der Suche nach der Antwort auf die Frage, wie gängig diese Metapher in der nationalsozialistischen Rhetorik war, werden wir auch bei Josef Goebbels fündig. Über Maximilian Harden (1861–1927), einen protestantischen Publizisten jüdischer Abstammung, notierte er 1924 in sein Tagebuch: „Was ist dieser verdammte Jude für ein heuchlerischer Schweinehund. Lumpen, Schufte, Verräter. Die saugen uns das Blut aus den Adern. Vampire!“ – Zu diesem Zeitpunkt war Goebbels mit Else Janke, Tochter einer jüdischen Mutter, liiert.

Julius Streicher (1885–1946), der Gründer der nationalsozialistischen Wochenzeitung „Der Stürmer“, war einer der radikalsten Antisemiten der Nazizeit. Obwohl sein selbst ernanntes „Wochenblatt zum Kampf um die Wahrheit“ niemals Teil der offiziellen nationalsozialistischen Presse war, entwickelte sich „Der Stürmer“ nach der Machtübernahme Adolf Hitlers 1933 rasch vom Nürnberger Regionalblatt zur landesweit gelesenen Publikation. In öffentlichen Schaukästen, sogenannten „Stürmerkästen“, konnte man die in eine Mischung aus sexuellen Obsessionen und Panikmache verpackten Warnungen vor einer jüdisch-bolschewistischen Weltverschwörung konsumieren. Im seichtesten Stile eines Boulevardblatts, mit simpler Sprache und „Sex and Crime" richtete sich die Zeitung bewusst an Menschen mit niedrigem Bildungsgrad.

Auf der Titelseite waren seit 1925 die Werke des Karikaturisten Philipp Rupprecht zu finden, der unter dem Pseudonym Fips das visuelle Klischee des „Stürmer-Juden" prägte. Der Jude wurde als Menschenfresser, Kinderschänder und Verführer dargestellt. Und nicht selten griff Rupprecht auch auf das vampirische Bildprogramm zurück, bot sich die Formel Jude = Blutsauger doch für das „Stürmer"-Publikum als leicht zu entschlüsselnder Code an.

Im August 1926 erschien im „Stürmer" eine Karikatur mit dem Titel „Das geschächtete Polenmädchen". Die Darstellung zeigt drei Männer, die sich an einer wehrlos am Boden liegenden, unbekleideten jungen Frau vergehen. In der Physiognomie der Vergewaltiger vereinigen sich vampirische und jüdische Stereotypen, und unter dem Bild wird erzählt, was ohnehin offensichtlich ist: „Sie" hätten das Mädchen in den Wald gelockt, gefesselt und geknebelt und aus den geöffneten Adern sein Blut getrunken. Einmal mehr zeigt sich, dass das populäre Vampir-Motiv bestens dazu geeignet ist, die Ritualmord-Legende in den Gedanken der Leser wieder abzurufen. 1934 druckte der Stürmer die Karikatur „Der Vampir": eine Fledermaus, die sich durch „typische" Gesichtszüge und – für jene, die es weniger subtil mögen – mit einem Davidstern auf dem Brustfell als jüdisch ausweist und auf die flüchtende Menge spuckt.

Die hier in zwei Beispielen verdeutlichten, plumpen und eindimensionalen Karikaturen Rupprechts sollten auf „volksbildnerische" Weise den Antisemitismus in der Bevölkerung nähren. Der Zeichner konnte dabei auf einen bereits über Jahrhunderte überlieferten „Code" zurückgreifen, der sofort die erwünschten Assoziationen im Gedächtnis des Lesers hervorruft. Der Vampir, seine düsteren Merkmale und seine vermeintliche Hauptaktivität als Blutsauger liefern dafür die geeigneten Bilder und Begriffe.

Mit dem Ende des Nationalsozialismus 1945 ist die Verwendung von vampirischen Metaphern für antisemitische Propaganda in Europa nicht vorbei. Nur als Beispiel sei die englische Band „No Remorse" („keine Reue") erwähnt, die den zweifelhaften Ruf der radikalsten rechten Band Europas genießt. Sie ist für den Satz „Eines Tages werdet ihr erkennen, dass Adolf Hitler doch recht hatte" verantwortlich, der der europäischen rechtsradikalen Szene als politisches Mantra gilt. Die Zeilen sind dem Lied „Bloodsucker" (Blutsauger) entnommen, das sich mit dem „Judenproblem" auseinandersetzt.

Die Formel Jude = Blutsauger bzw. Vampir wurde jedoch nicht nur in der völkischen Propaganda, sondern auch in der Rhetorik des christlichen Antisemitismus angewendet. So finden wir beispielsweise im vom katholischen Priester und Publizisten Georg Friedrich Dasbach (1846–1907) in Trier gegründeten Sanct-Paulinus-Blatt, die heutige Trierer Bistumszeitung „Paulinus", 1896 einen Beitrag zur „heutigen Herrschaft des Judentums". Die Juden würden „als Vampire das Mark und Blut des Volkes aussaugen und als feiste Herrn in der Geldwelt, in der Presse sich groß tun und über Krieg und Frieden verfügen". Die Ironie, dass nämlich Dasbach mit seinen Zeitungen, die eine Gesamtauflage von 75.000 Stück erreichten, selbst recht gut verdiente, wird erst auf den zweiten Blick deutlich.

Wie schon Voltaires Beispiel demonstriert, finden wir die Kirche aber nicht nur auf der „Täterseite", sondern auch als Zielobjekt des vampirischen Metaphern-Repertoires. Friedrich Nietzsche hatten es solche Vampir-Bilder besonders angetan. In „Der Antichrist" (1894), seiner späten Abrechnung mit dem Christentum, bezeichnet er das frühe Christentum als „Vampyr des Imperium Romanum“. Er schildert damit aus seiner Sicht die Praxis der Urkirche, dem im Reich praktizierten Kaiserkult ein neues Wertesystem, das auch Gottes- und Nächstenliebe einschließt, entgegenzusetzen. Das Römische Reich sei von listigen, heimlichen, unsichtbaren, blutarmen Vampyren zuschanden gemacht worden, schreibt er weiter, um anschließend zu betonen: Nicht besiegt – nur *ausgesogen*!

Von der Ritualmordlegende zu „Dra-Cola“

Wie universell verständlich die Vampir-Metapher heute ist, zeigt das Beispiel des modernen Antizionismus, in dem sich einmal mehr historische und aktuelle Judenfeindlichkeit zu einer einfach decodierbaren Chiffre vereinen. Auch in der islamischen (Medien)welt finden wir Karikaturen und sprachliche Bilder, die sich gegen Israel als Staat, aber auch gegen das Judentum selbst wenden und Juden einmal mehr als Spinnen, Kraken und Vampire verunglimpfen. „Der Gott der Juden unterscheidet sich vom Gott der Muslime und Christen darin, dass er völlig versessen auf Blut ist“, schreibt die jordanische Zeitung „Al-Dustour“ im Mai 2001. Dem Leser wird das Bild des „teuflischen Juden“ vermittelt, der als ein „guter Schüler der Nazis“ Kinder tötet und ihr Blut vertilgt. Dass die für ihre Anti-Israel-Politik neu interpretierte Ritualmordlegende im Christentum entstanden ist, scheint die treibenden islamischen Kräfte dabei nicht zu stören.

Teile der muslimischen (Medien)Welt konzentrierten ihre Kritik in besonderer Weise auf den ehemaligen israelischen Ministerpräsidenten Ariel Sharon. Auf der Website des Pressedienstes der Palästinensischen Autonomiebehörde war lange eine Karikatur zu finden, auf der er mit einer blutigen Axt ein Kind schlachtet. Im Hintergrund waren Fleischerhaken zu sehen, auf denen Kinder hängen, dazu die Aufschrift „palästinensisches Blut“. In dieselbe Kerbe schlug die in Katar erscheinende Zeitung „Al-Watan", die eine Zeichnung mit Sharon brachte, der aus einer Tasse mit der Aufschrift „Blut palästinensischer Kinder" trinkt. Auf dem Boden der Tasse ist „Made in the U. S. A." zu lesen, um die Verbindung zwischen dem Staat Israel und der „jüdischen Hochfinanz" in den Vereinigten Staaten anzudeuten. So finden politische, rassische und wirtschaftliche Kritik an Israel sogar auf der Unterseite eines Trinkgefäßes Platz …

Einen medialen Höhepunkt findet der Diskurs um Sharon und seine „Blutgier" in einer 2001 ausgestrahlten „Satireserie" mit dem Titel „Terroraktionen" des populären Fernsehsenders „Abu Dhabi-TV", das via Satellit auf der ganzen Welt empfangen werden kann. In der zweiten Folge („Sharon trifft sich mit Dracula") ließ man ihn ein Getränk aus Araberblut erfinden. Der Produktname: „Dra-Cola". Mehrere Sequenzen sollten die Blutgier des „Helden" unterstreichen: Unter anderem erinnert sich Sharon in einer Rückblende an seinen zwanzigsten Geburtstag, zu dem er sich zwanzig arabische Kinder wünscht. Nachdem er die Leichen der Kinder ins Feuer geworfen hat, erscheint die Information, dass es sich hierbei um ein authentisches Ereignis des Jahres 1944 handle – eine Perversion des Holocausts, wie sie im radikal antisemitischen Diskurs durchaus gängig ist!

In der nächsten Szene meldet sich der „echte" Dracula bei Sharon und teilt ihm wütend mit, dass er mit der Vermarktung seines Namens nicht einverstanden sei. Daraufhin trifft Sharon Dracula persönlich, um ihn auf seine Seite zu ziehen. Dabei betont er, dass sie beide als Blutsauger eigentlich viel gemeinsam hätten. Dracula verschmäht jedoch das Blut, das ihm Sharon mitgebracht hat. Er trinke kein Blut, das kalt sei und dessen Herkunft er noch dazu gar nicht kenne, und schlägt im Gegenzug Sharon seine Zähne in den Nacken. Die Sendung endet mit einem Nachrichtenspot. Der Sprecher teilt dem Zuschauer mit, dass Dracula am schmutzigen, infizierten, kalten Blut des „Terroristen Sharon“ gestorben sei.

In dieser Logik, in der sich Antisemitismus, Antiamerikanismus und Antikapitalismus zu einem Geflecht von Feindbildern fügen, ist es zwar erschreckend, aber wenig überraschend, dass auch außerhalb der islamischen Welt die Blutsaugermetapher zum Einsatz kommt. Der Kampf gegen den „Weltkapitalismus“, die Symbiose aus Wall Street und Zionismus, scheint für viele in Jerusalem zu beginnen. Die Methode, jüdische Stereotypen als Universalerklärung für alle Probleme einzusetzen, funktioniert auch außerhalb der islamischen Welt: 1996 bezeichnet die im christlich geprägten Georgien erscheinende Tageszeitung „Noah“ die Juden als „Vampire, die Geld, Gold, Nerven und Ideen aus Georgien pumpen würden“.

Aber auch die sogenannte westliche Welt ist nicht vor dem oftmals bösen Zauber der Vampirmetapher gefeit. So veröffentlichte die britische Tageszeitung „Independent“ 2003 eine Karikatur des Cartoonisten Dave Brown, die einmal mehr Ariel Sharon dabei zeigt, wie er ein palästinensisches Kind verspeist. (Brown wehrte sich gegen die Vorwürfe des Antisemitismus und erklärte, sein Bild sei einem Gemälde des spanischen Malers Francisco José de Goya nachempfunden.) Die „Political Cartoon Society“ zeichnete die Karikatur mit einem Preis aus.

Tot oder lebendig – Politiker und ihre vampirischen Qualitäten

Die Blutsauger-Metapher ist jedoch keine „Einbahnstraße“ – auch den Präsidenten der Islamischen Republik Iran kann die Vampir-Keule treffen: Als Mohammed Chatami im Juli 2000 Berlin besuchte, wurden Plakate von oppositionellen Exiliranern gesichtet, die Chatami als Mörder und Vampir zeigten. Drei Jahre später, bei der großen Friedensdemonstration vom 15. Februar 2003, fand man am selben Ort wieder Vampire auf Plakaten. Diesmal richteten sich die Proteste allerdings gegen den US-Präsidenten George W. Bush und die wie eine „Krake“ agierenden Vereinigten Staaten.

Etwas heiterer mutet die Geschichte von „Jonathan, dem Pfähler“ an, der sich, wenn auch wenig erfolgreich, in den US-Präsidentschaftswahlkampf um die Nachfolge George Bushs jun. einmischte. Jonathan Sharkley berief sich im Vorwahlkampf auf eine „Vampir-, Hexen- und Heidenpartei“, die ihm seine Unterstützung zugesagt habe. Sharkley wurde bekanntlich nicht zum 44. Präsidenten der Vereinigten Staaten gewählt, sondern Barack Obama, der seinerseits im zwölfminütigen Musikvideo „Barackula – The Musical“ als Vampire jagender Havard-Student dargestellt wird.

Die späte Rückkehr in seine „Urheimat“, den Südosten Europas, gelang dem Vampir nicht nur als Medienstar im Buch und auf der Leinwand, sondern auch als Metapher für das personifizierte Böse für gar nicht so ferne dunkle Perioden der Geschichte: So setzte der rechtsextreme Publizist und Politiker Joachim Siegerist dem rumänischen Kommunistenführer und Staatspräsidenten Nicolae Ceauşescu (1918–1989) mit seinem Buch „Der rote Vampir“ (1990) ein ebenso fragwürdiges wie skurriles literarisches Denkmal. Im miesesten Boulevardstil zeichnet der Autor ein schlecht recherchiertes und mythenverbrämtes Bild des zweifellos schrecklichen Diktators. Ohne Skrupel gibt Siegerist die Legenden um die Verjüngungskuren Ceauşescus wider, der sich angeblich mit Baby-Blut seine Jugend und Gesundheit erhalten wollte.

Slobodan Milošević (1941–2006) gelangte im Gegensatz zum rumänischen Diktator erst nach dem Fall des Eisernen Vorhangs auf den Höhepunkt seiner Macht: Von 1989 bis 2000 war er Präsident „Restjugoslawiens“, das sich aus den ehemaligen jugoslawischen Teilstaaten Serbien und Montenegro zusammensetzte. Noch während seiner Amtsausübung wurde er vom Den Haager Kriegsverbrechertribunal angeklagt.

Der bekannte serbische Architekt und Essayist Bogdan Bogdanović schrieb Milošević in seinem Aufsatz „Der Satansbraten. Eine Physiognomie des Phänomens Milošević – zwischen Kind und Vampir“, der wenige Tage nach seiner Abwahl im Oktober 2000 im „Tagesspiegel“ erschien, vampirische Eigenschaften zu. Kritisch schließt er sein Essay mit den Worten: „Und was ist, wenn wir das Ende noch nicht erreicht haben? In der Welt der Vampire sind vampirische Wenden und Umstürze immer möglich, solange dem Vampir nicht definitiv der Pflock ins Herz gestoßen wurde.“

Milošević verstarb am 11. März 2006 im UN-Gefängnis in Scheveningen, während noch sein Kriegsverbrecher-Verfahren im Gange war. Man begrub ihn in seiner Geburtsstadt Požarevac (Passarowitz) südöstlich von Belgrad. Ein Jahr nach seinem Tod erregte die „Performance“ seines Namensvetters Miroslav Milošević internationales Aufsehen. Der Täter, selbst durch seine Dracula-Verfilmungen bekannt, rammte einen hölzernen Pflock von einem Meter Länge in das Grab des Toten. Er wolle die Wiederkehr des bösen Geistes verhindern, gab der Künstler an und bezeichnete das von ihm durchgeführte Ritual als gezielte Provokation. Als diese wurde es auch verstanden: Die Sozialistische Partei ließ verlauten, dass das Grab eines „großen Präsidenten und Staatsmanns“ geschändet worden sei.

„Die Blutsauger der Nation“ – globalisierte Monster als Globalisierungsgegner

Nicht immer aber ist der Antisemitismus die Hauptmotivation für vampirische Kapitalismuskritik, auch wenn dieser durch die starke Verflechtung der verschiedenen Motive im kollektiven Bewusstsein niemals ganz wegzudenken ist. Schon Karl Marx beschreibt in seinem dreibändigen Hauptwerk „Das Kapital“ dieses als „verstorbene Arbeit, die sich nur vampirmäßig belebt durch Einsaugung lebendiger Arbeit und umso mehr lebt, je mehr sie davon einsaugt“. Diesen Vergleich greift auch Lenin in seinen theoretischen Schriften auf und so ist es kein Wunder, dass sich die kommunistische Propaganda dieser etablierten Bilder zur Illustration der feindlichen, kapitalistischen Welt bediente. Immer wieder finden wir auf Karikaturen und Plakaten Gestalten, die Merkmale des „Vampircodes“ aufweisen: Düstere Figuren und wohlgenährte Schweine mit spitzen Zähnen, Dagobert-Duck-Zylinder, Umhang und langen Fingernägeln verkörpern die Gier des Westens nach Geld, Energie und Lebensraum.

Im Gegenzug müssen sich auch die kommunistischen Funktionäre von den Historikern regelmäßig als Untote, Wiedergänger und Vampire bezeichnen lassen. Aber auch die „Basis des Klassenkampfes“ entgeht der Polemik nicht. So wettert der antibolschewistische Publizist Eli Rubin in einer seiner zahlreichen Broschüren, die er im Wien der Zwischenkriegszeit unter dem Pseudonym „Sozius“ veröffentlichte, gegen den „Vampir rote Gewerkschaft“ (1929). Diese vertrete keineswegs die Arbeiterschaft, sondern verfolge lediglich ihre eigenen Interessen. Darum fänden sich die Unternehmer einem kalten, gierigen, saugenden, die Atmosphäre vergiftenden Vampir gegenüber, der Werktätige und Industrie aus Eigennutz voneinander zu trennen trachte.

Der Vampir muss sich jedoch auch der aktuellen Kapitalismuskritik zur Verfügung stellen: „Kirchhof – Symphonie des Grauens“, titelte „die tageszeitung“ 2005 und nahm damit auf Friedrich Wilhelm Murnaus berühmte Verarbeitung des Dracula-Stoffes „Nosferatu – Symphonie des Grauens“ Bezug. Mit dieser Anspielung brachte das linksorientierte Blatt die Debatte um den umstrittenen CDU-Finanzexperten Paul Kirchhof mit dem vampirischen antikapitalistischen Repertoire in Zusammenhang.

Die Mitgliederzeitung der IG-Metall erklärte im Mai 2005 gleich die gesamten Vereinigten Staaten zu Blutsaugern, als die Redaktion die Machenschaften obskurer Finanzinvestoren thematisierte. Auf der berühmt-berüchtigten Titelseite posierte zwar kein Vampir, jedoch eine Stechmücke mit Stars-and-Stripes-Zylinder, die dem Leser vom Cover entgegengrinst. Titel: „US-Firmen in Deutschland – Die Aussauger“. Konservative und Liberale schäumten, und viele Journalisten stellten fest, dass es sich hierbei um eine recht unverblümte Visualisierung althergebrachter antiamerikanistischer und antisemitischer Motive handle, die, wenn auch möglicherweise nicht beabsichtigt, zumindest fahrlässig bedient würden. IG Metall und solidarische Gruppierungen fühlten sich in die Ecke gedrängt und postulierten, dass Kritik an der Politik des globalen Kapitals nicht mit der Strategie des Antisemitismus-Vorwurfs vernebelt werden dürfe. Die Blutsauger-Metaphern wurden jedoch auch in Deutschland keineswegs zum Monopol einer politischen Richtung erklärt: Zu Zeiten des Kanzlers Schröder bezeichnete man auch die Schöpfer und Unterstützer der rot-grünen Fiskalpolitik gerne als „Steuer-Vampire“.

Wie sich zeigt, gelingt es der kritischen Öffentlichkeit nicht immer, die ökonomisch-ideologischen Debatten um „Heuschrecken, Vampire, Finanzhaie, Pleitegeier“ (Frankfurter Allgemeine Zeitung) subtil und kontrovers, doch mit der gebotenen Vorsicht hinsichtlich eines „ererbten“ antisemitischen Bildvorrats zu führen. Wenn Bob Marley 1979 in seinem Lied „Babylon System“ innerhalb weniger Zeilen den biblischen „Löwen von Juda“ beschwört, der „alle Ketten sprengen und uns wieder und wieder den Sieg bringen“ möge, und vom „Vampir, der den Leidenden das Blut aussaugt", singt, wird man ihm nur mit böser Absicht eine bewusste Vermischung von antisemitischen Motiven und der afrikanischen Befreiungsbewegung unterstellen wollen. Vampirischer Antisemitismus dringt eben auch auf Ebenen und in Ideologien vor, wo er eigentlich gar nicht gewollt wird. Aber: Beabsichtigt oder fahrlässig – Publikationen, die wie Michael Opoczynskis Sachbuch mit Titeln wie „Die Blutsauger der Nation. Wie ein entfesselter Kapitalismus uns ruiniert" (2005) locken, stellen sich in eine gefährliche Tradition antisemitischer Rhetorik.

Vampirgebiss im Glas – ein Monster wird zum Medium

Eine neue Facette im Spektrum der Vampir-Metaphern führte eine Debatte um die Erhöhung der Renten in Österreich ein. Das Wochenmagazin „profil" berichtete in seiner Titelgeschichte vom 24. August 2009 über „Die graue Gefahr". Gemeint waren damit Frühpensionisten und Langzeitrentner, die voller Gier auf dem Höhepunkt der Wirtschaftskrise der Jugend die Zukunft stehlen würden, indem sie höhere Pensionen verlangten. Auf dem Cover der Zeitschrift: ein Vampirgebiss im Glas. War der Vampir bis zu diesem Zeitpunkt Symbol für den Rassen- und den Klassenkampf, scheint er ab nun auch den Generationenkonflikt abzudecken.

Die Geschichte der vampirischen Metapher zeigt uns einmal mehr, dass die Erscheinung und Eigenschaften des Vampirs bestens dazu geeignet sind, politische Botschaften zu verbreiten und in den Köpfen der Menschen zu verfestigen. Meistens sind es negative Emotionen, die uns der Vampir vermitteln soll. Religionsfeindliche und klassenkämpferische, antisemitische und antikapitalistische Motive dominieren diese Bilderwelt. Als perfekte Galionsfigur darf er aber auch als Blickfang für die Steigerung von Auflagen oder Einschaltquoten herhalten.

Der Blutkonsum, also die Schädigung einer Gruppe durch „Aussaugen“, steht im Mittelpunkt der Metaphern, die zu einem „Code“ geworden sind, der auf der ganzen Welt verstanden wird. Oft finden wir den Blutsauger auf Titelblättern und in Slogans – also auf der „Verpackung“ –, ohne dass im Inhalt noch einmal konkret auf ihn eingegangen werden muss. So lebt der Vampir nicht nur als gefeierter Medienstar fort, sondern muss als politischer Wiedergänger sein Spiegelbild als Projektionsfläche für schlechte Vergleiche und Vergleiche mit Schlechtem hergeben. Er ist selbst zum Medium geworden.

Serienmörder und Subkulturen – „echte“ Vampire und ihre Konstruktion

Vampire gibt es nicht, glaubt unsere aufgeklärte Welt zu wissen. Ihre „Existenz“ verdanken diese Wesen lediglich der Phantasie einer irritierten und von Seuchen bedrohten Dorfgesellschaft an den europäischen Peripherien und ihrer Tauglichkeit als literarisches und cineastisches Erzmonster der Moderne. Und trotzdem wird in populären Texten, aber auch in wissenschaftlichen Untersuchungen gerne damit kokettiert, die Nicht-Existenz von Vampiren anzuzweifeln, und sei es nur, um den Inhalt eines Textes etwas spannender werden zu lassen.

Was so einen „echten“ Vampir ausmachen könnte, wird traditionell an zwei Kriterien festgemacht werden: Er muss ein Wiedergänger *und* ein Blutsauger sein. So exklusiv diese Definition auch ist, nicht immer hilft sie dabei, das Vampir-Phänomen in seiner mythischen Weitläufigkeit zu erfassen. Schon bei den Vampirismusfällen im 18. Jahrhundert bemerken wir, dass das Blutsaugen keineswegs eine zentrale Rolle spielt, sondern lediglich einen Aspekt eines komplexen, monströsen Phänomens darstellt, das für Menschen, die nicht in diesem Milieu leben, nur schwer verständlich ist. Eben weil es uns an dieser lebensweltlichen Kompatibilität, der Fähigkeit, sich in die Wahrnehmungen einer vergangenen Zeit einzufühlen, fehlt, ist für unsere aufgeklärte Welt letztlich das übrig geblieben, was an der Oberfläche sichtbar wurde: das Blutsaugen und die Wiederkehr aus dem Grab.

So werden von Puristen bis heute gerne diese zwei Kriterien abgefragt, wenn die „echten" von den „unechten" Vampiren unterschieden werden sollen. In diesem Kapitel wird der „echte" Vampir jedoch aus einer anderen Perspektive betrachtet – hier werden Menschen beschrieben, die durch die eigene Definition oder die eines anderen zu Vampiren (gemacht) wurden.

In diesem Zusammenhang soll zuerst der „Vampirologe" Montague Summers vorgestellt werden, dessen Antrieb die Überzeugung war, dass die blutsaugenden Monster tatsächlich existieren. Anschließend werden wir von Menschen berichten, denen eindeutig das Wiedergänger-Kriterium fehlt, die aber von den Medien und vom Vampir-Mythos selbst zu realen Vampiren gemacht wurden: Das blutrünstige Verhalten von Massenmördern und Psychopathen provoziert zu vampirischen Vergleichen. Weit entfernt davon, Verbrechen zu begehen, und meist recht friedlich ist die Welt jener Menschen, die sich selbst zu Vampiren erklären – sie stellen die dritte Variante zu den „echten" Vampiren dar. Diese wachsende, aber sehr heterogene Szene kann – zumindest aus ihrer eigenen Sicht – die Frage „Gibt es Vampire?" eindeutig mit „Ja" beantworten. Dass sie dabei zu Freaks gestempelt werden, scheint ihnen herzlich egal zu sein.

Doyen der „Vampirologie" – Montague Summers

Ein „Freak" der besonderen Art war Montague Summers (1880–1948) – in populären Nachschlagewerken als „Literaturwissenschaftler, Dämonologe und okkultistischer Schriftsteller" beschrieben, der zu den maßgeblichen Schöpfern des modernen Vampir-Mythos gezählt werden kann. Seine Verehrer, die ihn biographisch verewigt haben, aber auch Summers selbst, sorgten dafür, dass sich die Geschichten über sein Leben zwischen Legenden, Gerüchten und seriösen Informationen bewegen.

Schon während seiner Studienzeit am Trinity College in Oxford und am College in Lichfield soll sich der Sohn wohlhabender Eltern für übersinnliche Phänomene und finstere Wesen interessiert haben. Hexen, Vampire und Werwölfe waren für ihn jedoch nicht nur faszinierende Dämonen einer dunklen Phantasiewelt, sondern real existierende Bedrohungen. So scheint es durchaus glaubwürdig, dass der angehende Priester der *Church of England* vor allem daran gedacht hat, diesen Wesen eine „angemessene", exorzistische Behandlung zukommen zu lassen. Wie kritische Biographen anmerken, ist eine andere Vorliebe Summers jedoch zuverlässiger dokumentiert: sein Interesse an jungen Männern. Als seine Homophilie bekannt wurde, war in der anglikanischen Kirche kein Platz mehr für den Diakon.

Wie Summers seinen Sturz von der Karriereleiter bewältigt hat, ist schwer zu sagen, da sich spätestens ab jenem Moment die Gerüchte und Legenden um seine Person noch mehr zu verdichten scheinen. Aus Rache soll er zur *katholischen* Kirche übergetreten sein, gleichzeitig kamen jedoch die Behauptungen in Umlauf, dass er sich eigentlich zum Geistlichen einer *altkatholischen* Gruppierung habe weihen lassen. Es war wohl er selbst, der die Gerüchte von einer schnellen Karriere in Umlauf brachte, und schon bald hieß es, er sei Bischof von Glastonbury.

Freilich hat es niemals eine „Diözese Glastonbury“ gegeben. Der Name und der Ort in der Grafschaft Somerset (England) wird aber mit den Legenden, die sich um *Glastonbury Abbey* und das *Glastonbury Tor*, einem auffällig alleinstehenden Hügel, ranken, verbunden: In der ehemaligen Benediktinerabtei vermuteten die Mönche das Grab des legendären Königs Artus, während der Hügel mit *Avalon*, einem weiteren wichtigen Schauplatz der Legende, in Zusammenhang gebracht wird. Ganz bewusst hat sich Summers auf jenen legendenumrankten Ort berufen und so den Mythos um Glastonbury in seinen eigenen integriert.

Gesichert ist, dass Summers ab nun im Ornat eines katholischen Priesters auftrat, sich als „Reverend“ anreden ließ und seinen Lebensunterhalt als Lehrer an Privatschulen verdiente. Nebenher begann er, sich als Literat zu betätigen, setzte sich aber auch wissenschaftlich mit dem englischen Theater des 17. Jahrhunderts auseinander. Im Laufe seines weiteren Lebens wird er einige Untersuchungen verfassen, die später als Standardwerke der englischen Literaturwissenschaft gelten sollten. Nicht zuletzt wegen seiner zweifelhaften, aber weitreichenden Bekanntheit konnte er bald von seiner literarischen Arbeit leben und seinen Lebenswandel unabhängig von den Zwängen eines Lehrerdaseins gestalten.

Er widmete sich fortan verstärkt okkulten Themen. Die dunkle Welt war für ihn eine ernste Angelegenheit, er war überzeugt, dass der Teufel ein reales Wesen sei und mit seinen ebenso real existierenden Helfern – Dämonen, Hexen, Werwölfen und Vampiren – die Welt ins Verderben stürzen wolle. Nicht umsonst übersetzte er den „Hexenhammer“ (*Malleus Malleficarum*, 1486), das maßgebliche Traktat des Dominikaners Heinrich Kramer zur Rechtfertigung der Hexenverfolgung, als Erster ins Englische. Für Summers war klar: Hexen müssen vernichtet werden, um dem Teufel keinen Raum auf Erden zu lassen. Und so wusste sein Umfeld bald zu berichten, dass Summers keineswegs ein verkrachter Freikirchler sei, sondern von Rom selbst den Auftrag bekommen habe, sich der Ausmerzung des Hexenunwesens zu widmen. So abstrus dieses Gerücht auch scheint, es darf in keiner Abhandlung über Summers fehlen.

Die „Vampirologie“ verdankt dem umtriebigen Autor die erste umfangreiche Sammlung an „Vampirlegenden“ auf der ganzen Welt: 1928 entstand *The Vampire. His Kith and Kin* und ein Jahr später *The Vampire in Europe*. In seinem (schein)heiligen Eifer liegen aber auch die Nachteile von Summers Oeuvre: Er las seine volkskundlichen Quellen nur aus der Perspektive des Dämonenjägers und klassifizierte nahezu jedes Phänomen, das auch nur im Ansatz auf das Profil passte, als Vampir. Summers hinterließ uns somit nicht nur ein unterhaltsames Panoptikum von Monstern, sondern leistete auch einen großen Beitrag zur Aufblähung des Vampir-Mythos. Ein Gutteil der „Vampirologen“ schreibt bis heute vom okkulten „Reverend“ ab und vervielfältigt unreflektiert seine Phantasmen. Das *World Wide (Vampire) Web* hat diese Tendenz noch einmal gehörig verstärkt.

Zu seinem eigenen Mythos gehörten auch Summers Mitgliedschaften in diversen Geheimgesellschaften. Als junger Mann soll er Teil der *Uranian Poets* gewesen sein, einer Gruppe von Literaten, die (zumindest) schriftstellerisch ihre Vorliebe für Päderastie ausleben wollte. Relativ sicher ist seine Mitgliedschaft beim *Hermetic Order of the Golden Dawn*, wo – ungesicherten Behauptungen zufolge – auch Bram Stoker verkehrt haben soll. Um die Geschichten über seine Geschichte zu vervollständigen, muss auch erwähnt werden, dass man Summers mit der esoterischen Gesellschaft des „Ordens des östlichen Tempels“ *(Ordo Templi Orientis)* in Verbindung gebracht hat. Diese 1903 vom Wiener Industriellen Carl Kellner (1851–1905) und dem deutschen Theosophen und Esoteriker Franz Hartmann (1838–1912) gegründete Vereinigung war aus dem Nährboden des Freimaurertums erwachsen, widmete sich aber, indem sie verschiedene „okkulte“ Strömungen in ihre Lehren integrierte, vor allem der Ritualmagie. Auch diese Gesellschaft scheint „irgendwie“ zu Summers zu passen – was jedoch noch lange nicht bedeutet, dass er tatsächlich Mitglied war.

Teil des Summers-Mythos ist auch seine von Respekt und gegenseitiger Achtung geprägte Freundschaft mit Aleister Crowley (1875–1947), den er über diese okkulten Kreise kennengelernt hatte. Der vom religiösen Wahn getriebene Summers und der größte aller Okkultisten und Mystiker Crowley vereint in einer Geheimgesellschaft – aus solch mythischem Nährboden wuchs eine Subkultur, die später als „Schwarze Szene“ oder „*Gothic*-Kultur“ bezeichnet werden sollte.

1933 schrieb Summers eine Abhandlung über Werwölfe, um sich anschließend vor allem als Autor von *Gothic Novels* zu betätigen. Gleichsam als Draufgabe verfasste er auch noch eine für die Forschung maßgebliche wissenschaftliche Untersuchung über diese Literaturgattung (*The Gothic Quest: A History of the Gothic Novel*, 1938). 1948 schied der „Reverend“ als relativ wohlhabender Mensch aus dem Leben. Das Geschäft mit seinem Erbe sollte aber gerade erst beginnen.

Naiv oder flachgeistig scheint Summers keineswegs gewesen zu sein. Die Arbeiten, die sein Engagement im Bereich der „Bekämpfung des Bösen“ hervorgebracht hat, halten jedoch keinen wissenschaftlichen Maßstäben stand, viel zu sehr war Summers von seinen seltsamen Überzeugungen getrieben. In den Nachrufen ließ man seine okkulten Interessen deswegen beiseite und lobte seine Verdienste um die Literaturwissenschaft. Sein Beitrag zur Erforschung des Vampirphänomens muss somit als äußerst zwiespältig beurteilt werden – sein Ehrenplatz im Mythos aber ist unbestritten!

Von Vlad und Gilles zu Fritz und Rod – der Kanon der „echten" Vampire

Selbst der Fanatiker Summers betonte in seinen Abhandlungen, dass die Gruppe von „Vampiren", denen wir uns nun widmen wollen, nicht zu den „echten" zu zählen ist, sondern lediglich im „erweiterten Sinne des Wortes". Es handelt sich um jene blutrünstigen Serienmörder, die aufgrund ihres pathologischen Verhaltens von den Medien als Vampire tituliert wurden und über diesen Weg Eingang in den Pantheon der „echten" Vampire gefunden haben. Unbestritten gibt es an diesem von der „Vampirologie" geschaffenen Ort eine ziemlich unverrückbare Rangordnung. Ganz oben rangieren Vlad der Pfähler, Elisabeth Bathóry und der in diesem Buch noch nicht vorgestellte Graf Gilles de Montmorency-Laval, Baron de Rais (1404–1440).

In seinem Lebenswandel steht er seinen beiden Adelsgenossen aus dem „Osten" um nichts nach. Wie auch Vlad dem Pfähler die militärischen Erfolge gegen die Osmanen hoch angerechnet werden, sind auch de Rais' Verdienste um Frankreich im Hundertjährigen Krieg als Marschall und Kombattant der legendären Jeanne d'Arc unbestritten. Nach ihrem Tod – sie war nach einem kirchlichen Prozess auf Befehl des englischen Königs bei lebendigem Leibe verbrannt worden – zog sich de Rais 1431 auf seine Güter um Nantes zurück. Im Schutz und in der Isolation der Provinz kam seine psychopathische Veranlagung, die sich während seiner Karriere als Kriegsherr nur andeutungsweise gezeigt hatte, endgültig zum Vorschein. Wann immer er auf einer seiner Burgen auftauchte, verschwanden im Umland Kinder, sodass seine Untertanen schon bald den Verdacht schöpften, de Rais könnte etwas damit zu tun haben. Sie sollten Recht behalten.

Als er 1440 gefangen genommen und angeklagt wurde, kam durch seine eigenen Schilderungen das Ausmaß seiner Verbrechen zutage. Ohne gefoltert zu werden, erzählte er freimütig von seinen Taten: Seine Helfer hätten regelmäßig Kinder entführt, die er vergewaltigt und getötet habe. Gerne habe er in ihren Eingeweiden gewühlt, sie verstümmelt und ihre aufgespießten Köpfe schminken lassen.

Gilles de Rais schien ohne Reue, aber sehr stolz auf seine für einen normalen Geist unfassbare Grausamkeit zu sein. Er legte sein umfassendes Geständnis auf eigenen Wunsch auf Französisch ab, und nicht, wie man es von einem Mann seines Standes erwarten würde, auf Latein. Denn auch die einfachen Leute sollten das Ausmaß seines Handelns begreifen. 140 Morde konnten ihm nachgewiesen werden, das Gericht nahm aber an, dass es sich in Summe um über 400 Opfer gehandelt habe. Der Zynismus des Baron schien keine Grenzen zu kennen: 1435 hatte er eine Kirche gestiftet ... zum „Gedenken an die unschuldigen Kinder von Bethlehem".

So schlimm die Taten des Gilles de Rais sind, bleibt doch die Frage, was sein Handeln mit Vampirismus zu tun hat. Nun, gemessen an der „konservativen" Definition eines Vampirs als blutsaugender Wiedergänger, eigentlich nichts. Der Baron war eine lebende Person, krankhaft, psychopathisch und zynisch, aber über einen „Untoten" finden wir in der Überlieferung keine Informationen. Als Päderast und blutrünstiger Mörder kann er getrost als ein Monster bezeichnet werden – als Blutsauger geht er dennoch nicht durch.

Wie kommt es also, dass dieser Psychopath zum Vampir mutiert ist? Vermutlich war es der Romancier Joris Karl Huysman (1848–1907), der ihn in seinem Roman *La-bas* („Tief unten", 1891) zum ersten Mal als Vampir bezeichnet hat. Ein paar Jahrzehnte später widmete ihm Montague Summers einige Absätze in seinem zweiten Vampirbuch (und hat ihn gleich auch als Fallbeispiel für Kinderopfer in seinem Buch über Hexerei verarbeitet).

Und so fand sich de Rais im literarischen Pantheon der Vampire wieder, an dem kein Sachbuch (auch nicht dieses) vorbei kann. Und das, obwohl Montague Summers betont hatte, dass Gilles de Rais zwar ein Leichenschänder und Leichenverstümmler gewesen sei, den die Gier nach Blut gequält habe, jedoch keinesfalls ein Vampir.[39] Seither dient er als Beispiel für einen Menschen, der „eigentlich" kein Vampir ist, aber „irgendwie doch" dazugehört. Und zugegeben: Seine Geschichte sorgt trefflich für schaurige Unterhaltung – Vampir oder nicht.

Bei der Beurteilung eines anderen „echten Vampirs" ist Summers nicht so streng: Der Fall des Fritz Haarmann (1879–1925) scheint ihn ausgesprochen beeindruckt zu haben. Es handle sich dabei vielleicht um den „außergewöhnlichsten Fall von Vampirismus", schreibt Summers schon in seinem ersten Vampirbuch. Haarmann, tatsächlich einer der berühmtesten Serienmörder des 20. Jahrhunderts, hat bis zu seiner Verhaftung gemeinsam mit einem Komplizen mindestens 24 Jungen und Männer mit einem Biss in die Kehle getötet und sie anschließend zerstückelt. Die Unterstellung, er habe das Fleisch seiner „Puppenjungs", mit denen er vor dem Mord oft wochenlang sexuelle Kontakte unterhielt, zu Wurst verarbeitet und weiterverkauft, konnte ihm jedoch nie bewiesen werden. Wenig überraschend bescherten ihm seine Tötungspraktiken und die Gerüchte über die Weiterverarbeitung der Toten eine Reihe von Beinamen: Die Zeitungen nannten ihn „Schlächter" und „Metzger", aber auch „Werwolf" und „Vampir von Hannover".

Für Summers schien nur ein Attribut übrig zu bleiben: das des Vampirs. (Interessanterweise verwendet er Haarmann nicht für sein Werwolf-Buch.) Bewundernd nennt er die gewaltsame Erotik und den tödlichen Biss in die Kehle seiner Opfer als „typisch für den Vampir". Für ihn war es „mehr als ein Zufall", dass Haarmann durch das Fallbeil hingerichtet wurde, immerhin sei das ja eine althergebrachte Methode, um einen Vampir zu vernichten. (Und eine gängige Hinrichtungspraxis im Deutschland der Zwischenkriegszeit ...) Ganz gewiss, so meint der umtriebige „Reverend", handle es sich hier um einen Fall von Vampirismus im „erweiterten Sinne des Wortes".[40]

Haarmanns Leben inspirierte auch die Kunst: So basiert Fritz Langs bekannter Film „M – Eine Stadt sucht einen Mörder" (1931) zum Teil auf seinem Vorbild. 1973 drehte Regisseur Uli Lommel den Spielfilm „Die Zärtlichkeit der Wölfe", der die Geschichte des Jungenmörders Haarmanns bereits „vampirisch" interpretiert. Und so thront Fritz Haarmann im vampirischen Pantheon der Psychopathen nur wenige Stufen unter Elisabeth, Vlad und Gilles.

Haarmann ist jedoch bei Weitem nicht der einzige Massenmörder der Moderne, der eine „Kanonisierung" erfahren hat. Im Gegenteil – die blutrünstige Gesellschaft erhält nahezu mit jedem Vampirbuch Zuwachs. Mittlerweile ist die Liste lang, und unter den Namen finden sich Menschen mit unterschiedlichen Praktiken, die sie zum Vampir zu qualifizieren scheinen: Nekrophilie, Vergewaltigung, Kannibalismus, Verstümmelung und Hämatomanie, das suchtartige Verlangen nach Blut vermischen sich zu einem äußerst breit interpretierten Vampirbegriff.

Die Liste ist lang, und meist waren es die Medien, die einen Serienmörder zum Vampir erhoben, sei es nun der ebenso wie Haarmann berühmte Peter Kürten, der „Vampir von Düsseldorf" (1883–1931, noch ein Vorbild für Fritz Langs Film), John George Haigh, der „Vampir von London" (1909–1949), oder Victor Ardisson (1872–?, 1901 vor Gericht), der im südfranzösischen Muy gewütet hat. Sie verdanken ihre vampirische Identität hauptsächlich der Presse, auch wenn ihre Praktiken nicht unbedingt sonderlich vampirisch erscheinen: Ardisson beispielsweise war „lediglich" ein Leichenschänder, der schließlich im Irrenhaus landete. Für Blutgier kaum ein Indiz.

Haigh wiederum scheint sich nach seiner Festnahme bewusst der vampirischen Tradition zu bedienen, um sich für unzurechnungsfähig erklären zu lassen. Er behauptete bei den Vernehmungen, von jeder Leiche ein Glas Blut getrunken zu haben, und bezeichnete sich selbst als einen, „der zur Familie der Vampire gehört". Die Gutachter erklärten Haigh zwar tatsächlich für geisteskrank, der Richter sah ihn jedoch in der Lage, sich der Tragweite seines Handelns bewusst zu sein, und verurteilte ihn zum Tode. In seinen Memoiren, die Haigh schrieb, während er auf die Vollstreckung wartete, baute er seinen selbst erstellten „pathologischen Befund" noch aus und schilderte unter anderem seine Zeit als Aushilfsorganist, in der er, ständig mit Darstellungen des blutüberströmten Christus konfrontiert, seinen Blutwahn entwickelt habe. Haigh, der auch mit diesem Anlauf, dem Tod durch den Strang zu entkommen, scheiterte, hat sein „Gutachten" für die „Kanonisierung" also letztlich selbst verfasst.

Diese Beispiele – weitere sind auf jeder halbwegs bemühten Website über Vampire zu finden – zeigen sehr deutlich, wie divers der Vampir-Mythos, nicht zuletzt durch das Engagement Montague Summers und seiner Nachfolger, geworden ist. Serienmörder mit abartigen Praktiken – darunter häufig, aber nicht zwingend das Trinken von Blut – werden zu „echten" Vampiren erklärt oder erledigen das, wie der Fall von John George Haigh zeigt, gleich selbst.

Ein Verdienst von Tony Thorne, Professor am King's College in London und Autor des Buches „Kinder der Nacht. Die Vampire sind unter uns" (deutsche Ausgabe erstmals 2002), ist die „Kanonisierung" von Roderick Ferrell (geb. 1980), der in den Neunzigerjahren des vergangenen Jahrhunderts mit seinem vampirisch motivierten Doppelmord in den USA Aufsehen erregt hat. Ferrell war Anführer einer Teenager-Gang in Murray/Kentucky, die sich als „Vampir-Clan" bezeichnete. Die rund dreißig

Jugendlichen hätten Blut getrunken und sich in einer verlassenen Hütte getroffen, die sie „Vampirhotel“ nannten. (Die Presse sollte später daraus die „Hütte der Blutkobolde“ machen.) Ferrell selbst bezeichnete sich als der 500 Jahre alte Vampir Vesago.

Throne schildert uns zwei wichtige Faktoren für die okkulten Ambitionen des Clan-Führers. Persönlich sei er von seiner Mutter geprägt worden, die selber vampirische Riten praktiziert habe. Andererseits sei die ganze Gruppe vom Rollenspiel *Vampire: The Masquerade* begeistert gewesen, das aber, um die Brutalität zu erhöhen, mit erweitertem Regelwerk gespielt worden sei.

1996 erschlug „Vesago“ in Beisein eines weiteren Clan-Mitglieds das Ehepaar Naoma Ruth und Richard Wendorf, was ihn schließlich als knapp Achtzehnjährigen in die Todeszelle brachte. (Das Urteil wurde nach einiger Zeit in eine lebenslange Haftstrafe umgewandelt.) Auf dem Körper des erschlagenen Mannes hatte er ein eingekreistes „V“ eingebrannt.

Heather Wendorf, die Tochter des ermordeten Paares und seit Längerem in Kontakt mit dem Clan, wollte die Gegend gemeinsam mit der Gruppe verlassen. Heather soll es auch gewesen sein, die Ferrell gebeten habe, zu ihr nachhause zu kommen, um ihre Eltern umzubringen. Mit zwei Clan-Freundinnen habe sie im Auto gewartet, während Ferrell gemeinsam mit Scott Anderson den Mord an ihren Eltern vollzog. Nach kurzer Flucht wurden die fünf in einem Motel gefunden. Gleich nach der Festnahme meinte der Clan-Chef, er habe sich wie Gott gefühlt, als er die Leute ermordete. Später sollte er angeben, dass er durch die allgemeine Stimmung und den Konsum von harten Drogen die Kontrolle verloren habe.[41]

Mit Ferrells Fall scheint bestätigt, dass die Grenze zwischen (Vampir)spiel und Realität sehr leicht überschritten werden kann. Diese Erklärung greift jedoch zu kurz, der Vampir-Mythos diente in diesem Fall nur als (austauschbare) Kulisse für ein blutiges Drama aus Gewalt, Wut und Ausweglosigkeit. So wie viele Phänomene aus anderen „Sektionen" des Mythos können also weder Ferrell noch einer seiner Vorgänger letztlich einer Prüfung nach den Parametern des enger gefassten Vampirbegriffs standhalten: Mögen sie auch noch so blutrünstig gewesen sein, aus dem Grab zurückgekehrt ist noch niemand dieser „menschlichen Monster".

Die Norm als größter Feind – Vampyre und ihre Clans

Der jugendliche Mörder Rod Ferrell hat seine Rolle im Vampirspiel zum blutigen Ernst gemacht. Er bleibt damit jedoch die unerfreuliche Ausnahme in einer im Grunde friedlichen Szene an „echten Vampiren", die sich als facettenreiche Subkultur im *Web*, aber auch in Clubs auf der ganzen Welt organisiert. Seit einigen Jahren – nicht zufällig seit der cineastischen Vampir-Welle der Neunziger – beschäftigen sich zunehmend Journalisten, Publizisten und Kulturwissenschaftler mit diesem Phänomen und machen es zu einem Teil des medialen Vampir-Mythos.

Fast scheint es verfehlt, die heterogene Szenerie, die sich einem in der Auseinandersetzung mit den „echten Vampiren" bietet, als *eine* Subkultur zu bezeichnen, denn die Grenzen zwischen Spiel und Ernst, Hobby und Fetisch, Unterhaltung und Philosophie erweisen sich als fließend. Die gängigste Unterscheidung betrifft die zwischen jenen, die sich lediglich gerne als Vampir verkleiden, einschlägigen Rollenspielen frönen und so in ihrer Freizeit vor der Eintönigkeit des Alltags fliehen, und jenen Menschen, die sich tatsächlich als Vampire fühlen.

Immer mehr scheint sich diese Differenzierung auch bei der Schreibweise des Wortes durchzusetzen: „Vampir“ ist der allgemeine Begriff, bei „Vampyren“ handelt es sich um jene, die es ernst meinen mit dem Vampirismus. An diese Terminologie wollen wir uns gerne halten, dient sie doch einer grundsätzlichen Unterscheidung und zeigt zudem die Dynamik innerhalb der Subkultur.

Auch in Europa sind solche „Clans“, „Zirkel“, „Häuser“, „Höfe“ oder „Familien“ zu finden, den stärksten Zulauf scheint die Szene aber in den USA zu haben. Dokumentarfilmer und Autoren, die sich dem Thema zuwenden, beginnen ihre Suche deswegen gerne in New York. Diese Stadt, in der 24 Stunden am Tag Leben herrscht, scheint wie geschaffen für die „Kinder der Nacht“, und tatsächlich existieren dort Dutzende von Clans, die sich als vampyrisch bezeichnen. In der ohnehin recht heterogenen „Schwarzen Szene“ stellen sie lediglich eine Strömung dar, sie sind eine Gruppe „am Rande des Randes“, die sich seit den Siebzigerjahren entwickelt hat.

Eine der Ersten, die versuchten, die Szene tiefergehend zu erforschen, ist die forensische Psychologin Katherine Ramsland. In ihrem „Undercoverbericht“ „Vampire unter uns“ (*Piercing the Darkness*, 1998), schildert sie ihren Streifzug durch die virtuelle und reale *Gothic*-Szene und gewährt damit dem Leser einen umfassenden Einblick. Allein, auch ihr gelingt es nicht, die verschiedenen Strömungen eindeutig abzugrenzen: Sadomasochisten, Nekrophile, Sadisten etc. lässt sie aus ihrem Leben erzählen und zeigt damit – gewollt oder ungewollt – auf, wo das eigentliche Problem in der Beschreibung der Vampyrszene liegt: Wenn der aufgeklärte, in dem Fall „konventionelle“, „normale“ Mensch sich für die Szene ernsthaft interessiert, verspürt er den Drang, das Wahrgenommene in Kategorien und Systeme einzuordnen. Der Vampyr der Subkultur entzieht sich wie auch der historische Vampir diesem Ansinnen, indem er sich als vielfältig und widersprüchlich präsentiert.

Die Verwirrung beginnt schon beim Umgang mit den Medien. Gerne inszenieren sich Vampyre als zurückhaltend und kamerascheu. Sie würden sich gerne bedeckt halten und nicht allzu viel vom „Innersten" ihres Lebensstils preisgeben. Und letztlich geben viele – inklusive ihrer Anführer – doch bereitwillig Auskunft über sich und ihre Philosophie, wie es in Laurent Couraus spannender Dokumentation „Vampires in the Twilight" (*Vampyres*, 2007) passiert. (Und auch auf *youtube* findet man eine Unzahl von „Interviews mit einem Vampir" ...)

Nach anfänglichem Zögern gibt sich auch einer der „ganz großen" Vampire der New Yorker Szene die Ehre: Father Sebastian, der sich selbst als einer der „Gründerväter" *(elders)* sieht. Er steht dem Orden der *Strigoi vii* vor, der sich ganz bewusst diesen „transsilvanischen" Namen gegeben hat, um sich vom medial breitgetretenen Begriff des Vampirs abzugrenzen. Bereitwillig sinniert er öffentlich über den philosophischen Überbau seiner Sicht auf die Welt: Es gäbe keinen Gott, die Menschen seien allein der Entwurf eines „höheren Selbst". Trotzdem scheint es nach seinen Schilderungen, wenn schon nicht „höhere", so doch „tiefere" Wesen zu geben, immerhin sei das Zeitalter des „fünften Äons" – das des Satans – bereits angebrochen. Hexenglaube, Satanisten und ähnliche Phänomene seien überall in Mode und der Vampirismus damit sehr populär geworden.[42]

Es ist beruhigend und aufschlussreich zugleich, dass auch Father Sebastian in seinen wenig stringenten Ausführungen die verschiedenen okkulten Erscheinungen vermischt – der Versuch einer exakten Differenzierung wird selbst von ihm als Insider gar nicht erst versucht. (Ob ihm Anhänger anderer „schwarzer" Strömungen die subtile Botschaft, der Vampirismus würde alle anderen okkulten Phänomene umfassen, nicht doch übel nehmen könnten, entzieht sich jedoch unserer Kenntnis.)

Tatsächlich scheinen die Interessensschwerpunkte innerhalb dieser Subkultur äußerst unterschiedlich gelagert zu sein. Es gibt „Modevampire" (wohl bevorzugt mit „i" zu schreiben), die es genießen, einer relativ neuen und aufregenden Strömung anzugehören, spirituell motivierte Vampyre auf der Suche nach Erfüllung und solche, bei denen sexuelle Motive im Vordergrund stehen. Der subjektive Zugang scheint der einzig mögliche, um tatsächlich etwas über Vampyre zu erfahren. Darum fragen die „Vampyrologen" mit gutem Grunde meist nach den *persönlichen* Motiven und auch die Antworten beginnen in der Regel mit „*Für mich* ist der Vampyrismus ..." und enden mit der Feststellung, dass jeder einen individuellen Zugang für sich gefunden habe.

Über eine Sache scheint zumindest bei jenen, die das alles äußerst ernst nehmen, Einigkeit zu herrschen: Die dunkle Seite in ihnen sei keine bewusst antrainierte Eigenschaft, vielmehr existiere sie schon seit der Geburt. Entscheiden kann man sich nach seinem „Erwachen" nur darüber, ob man sie ausleben oder unterdrücken will. Für einen, der sich seiner „wahren Natur" bewusst geworden ist, steht jedoch eines fest: Er wird sich immer von anderen Menschen unterscheiden.

Für die Hardliner ist spätestens nach einer Entscheidung für ein Leben als Vampir klar, dass diese auch öffentlich präsentiert werden muss. So machen sich erwachte Vampyre meist nicht nur einen adäquaten Kleidungsstil zu eigen, sondern treten mit individuell angefertigten, aufsteckbaren Vampirzähnen und speziellen Kontaktlinsen auf, die ihren Augen einen besonderen „Glanz" verleihen.

Das Bekenntnis zur eigenen Gruppe, die Zugehörigkeit zu einem bestimmten Clan wird unter anderem durch äußere Erkennungsmerkmale abgelegt. Nicht nur an der Kleidung sollen sich Eingeweihte erkennen und voneinander unterscheiden können, sondern auch durch sogenannte *sigils*. Diese Abzeichen werden von Außenstehenden lediglich als Schmuckstück wahrgenommen und können Vampyre auch dann erkenntlich machen, wenn sie gerade auf das typische Outfit verzichten müssen.

Immer wieder steht der „Energiebedarf" im Mittelpunkt der Selbstbeschreibung. Doch nicht alle Vampyre wollen diese Energie über das Blut anderer Menschen, Spender *(donor)* oder Quelle *(source)* genannt, aufnehmen. Der größere Teil der Subkultur scheint sich den „psychischen Vampyren" zuzuordnen. Diese entziehen dem *donor* die Lebensenergie, ohne das „Zwischenmedium" Blut zu nützen. Man saugt, wenn man es so ausdrücken will, am energetischen Feld des Menschen.

Der Kriminalbiologe und Vampyr-Subkultur-Experte Mark Benecke fasst die Definition der Energie-Vampyre noch viel weiter: Diese wüssten oft nicht um sich selbst und könnten deswegen ihre Bedürfnisse nicht kontrolliert befriedigen. Solche Menschen könne man oft an ihrem Verhalten bemerken: „jedes Maß verlierende Schriftsteller, der ewige Fan, Spione, gierige Händler und geizige Chefs, Menschen, die sich am Elend weiden, Unterdrücker, Punks, Kleinkarierte und Schreibtisch-Täter".[43] Im Grunde also Menschen, die mehr nehmen, als sie geben. – Wir alle kennen solche Menschen, ob sie aber um jeden Preis in den Vampir-Komplex integriert werden müssen, bleibt wohl eine Sache der Herangehensweise.

Benecke sieht es als problematisch an, seinen Drang nicht auszuleben, also ihn in geregelten Bahnen zu praktizieren und so sein Gleichgewicht zu finden. Das sei der große Vorteil von „schwarzen Gestalten", sie wüssten im Gegensatz zu vielen „normalen" Menschen um ihre Andersartigkeit. So sei der „stinknormale Mensch" der größte Feind des Vampyrs. Vielleicht mögen einige – darunter auch so mancher Vampyr – diese Feststellung für zu kategorisch halten, sie weist jedoch auf einen zentralen Faktor des Vampyrtums hin: die bewusst ausgelebte Abgrenzung vom Durchschnitt, der Ausbruch aus der Normalität und die damit verbundene Suche nach dem Außergewöhnlichen. Die „Schwarze Szene“ im Allgemeinen und der Vampyrismus im Besonderen können für manche Menschen diese Bedürfnisse befriedigen.

Es scheint sich jedoch nicht nur um den Ausbruch *aus* der Gesellschaft zu handeln, sondern auch um die Flucht *in* eine Gemeinschaft. Die Clans sind hierarchisch organisiert, verlangen vom einzelnen Mitglied, sich unterzuordnen und die „Spielregeln“ zu akzeptieren. Sie bieten dafür Zusammenhalt und Orientierung, das Verständnis Gleichgesinnter und vermitteln das Gefühl, einer Gruppe von Auserwählten anzugehören. Die pseudoreligiöse Verbrämung lassen Vampyrpartys zu ganz besonderen Ereignissen werden, Rituale und Zeremonien im „neogotischen“ Ambiente liefern dazu den transzendenten Nimbus.

Auch wenn sich die Mehrheit der Vampyre auf das „Energie-Saugen“ beschränkt, finden sich manche unter ihnen, die tatsächlich das Bedürfnis verspüren, Menschenblut zu trinken. Diese sogenannten *Sanguinarier* überfallen keineswegs Menschen, um sie gleichsam ausbluten zu lassen. Ihnen reichen oft nur kleine Mengen des roten Lebenssaftes. Dabei gilt wie bei anderen von der Norm abweichenden (sexuellen) Praktiken die Devise: *safe, sane and consensual*, also den Blutaustausch „sicher, mit gesundem Menschenverstand und einvernehmlich“ zu praktizieren. Da Menschenbisse nicht nur schmerzhaft sind, sondern auch eine ungesunde Menge an Keimen mit sich bringen, erfolgt der Blutaustausch über Kanülen – maßloser Blutgenuss ist dabei verpönt. Um ein großes Maß an gesundheitlicher Sicherheit zu gewährleisten, wird der Blutaustausch meist in sogenannten *feeding circles* durchgeführt, also geschlossenen Kreisen von Spendern und *Sanguinariern*.

Gerne beziehen sich die Anführer und Vordenker der Subkultur auf alte, „europäische“ Traditionen wie auf den *Order of the Golden Dawn* und maßgebliche Okkultisten wie Aleister Crowley. Okkulte Denkmuster dienen oft als Grundlage für meist recht konstruiert klingende religiös-philosophische Lehren. Aber nicht alle Vampyre erweisen sich als umfassend gebildete Okkultisten. Wenn Mark Bennecke von Jugendlichen in den USA berichtet, die die Verfilmung von „Interview mit einem Vampir" als ursprüngliche Vampirgeschichte annehmen, kann man getrost davon ausgehen, dass in der Vampyr-Subkultur nicht immer so heiß gegessen wie gekocht wird. Und wenn man erfährt, dass so mancher Clan-Chef auch Vampirzähne anfertigt und verkauft oder gleich einen ganzen Laden für okkulte Gegenstände und Bücher betreibt, wird deutlich, dass auch diese Szene nicht allein durch die Suche nach Transzendenz und Selbstverwirklichung geprägt ist. Selbstverständlich ganz unabhängig davon, dass es nach Father Sebastians Definition die spirituelle Dimension sei, die den „normalen" Hämatophilen vom sanguinischen Vampyr unterscheidet …

Vampyr ist, wer sich dafür entscheidet, einer zu sein. Nicht zufällig fühlen wir uns an die zwei dominierenden Modelle von modernen Nationen erinnert. In vielen Ländern ist die Idee einer „organisch gewachsenen" Gemeinschaft vorherrschend: Nur wer vom selben Blut ist, gehört dazu – und das im Grunde, ob er will oder nicht. Alternativ dazu kennen wir die „politische Nation", wie sie in Frankreich oder den USA praktiziert wird. Die ethnische Herkunft spielt dabei keine Rolle – wichtig ist die „vertragliche" Vereinbarung zwischen Individuum und Nation. Oder einfacher gesagt: Wenn du dich zur Nation bekennst und sie dich akzeptiert, bist du dabei. Dieses Spannungsfeld reflektieren auch die Gemeinschaften der Vampyre: Teil der Subkultur kann einerseits jeder werden, der sich dazu bekennt. Dazu muss er weder Wiedergänger noch Bluttrinker sein. Andererseits fühlt man sich durchaus als Teil einer „ethnischen Gruppe", nämlich jener, die die Dunkelheit, das Wilde seit der Geburt in sich trägt.

Echt oder unecht?

Die Frage, ob überall, wo „Vampir" draufsteht, auch „Vampir" drinnen ist, erübrigt sich, wenn man versteht, dass die Antwort einzig von der Definition abhängt. Schon Montague Summers hat dies erfasst und auf seiner Suche nach echten Vampiren die Grenze ganz subjektiv zwischen Fritz Haarmann und Gilles de Rais gezogen. Mit der Entstehung der Vampyr-Subkultur seit den Siebzigerjahren erhält der Vampir-Komplex wieder menschlichere Züge und fast scheint es so, als würde sich der Vampir in diesem Teilbereich auf sein „altes" Talent zurückbesinnen: Er hat die Macht, den Zusammenhalt einer Gemeinschaft zu stärken. Allerdings nimmt er diese Aufgabe nun unter umgekehrten Vorzeichen war. Er ist nicht mehr das Monster, das der Dorfgemeinschaft das Gefühl verleiht, nur gemeinsam und einig gegen ihn siegen zu können – er dient nun einer (kleinen) Gemeinschaft als Norm, die eine Abgrenzung ermöglicht. Das „Andere" ist jetzt der große Rest der Welt.

In den Esoterikabteilungen der Buchhandlungen hingegen sind die Regale voll mit Handbüchern, die Titel tragen wie „Energie-Vampire: erkennen – meiden – abwehren" oder „Energievampire mit Liebe besiegen: Neue Methoden gegen psychischen Energieraub" und den Vampir erst recht wieder zum Monster stempeln. Mit den Vampyren einer weltweiten Rand- und Subkultur hat dies in der Tat nichts mehr zu tun, mit der generellen Suche nach Orientierung und Lebenshilfe aber durchaus. Ob man nun nach Dämonen sucht wie Montague Summers, ob man, wie so viele Serienmörder der Geschichte, von den Medien zu einem Vampir gemacht wird oder ob man sich selbst zum Vampyr stilisiert – im Vampir-Komplex findet (fast) jeder seinen Platz – und mancher Hilfe. Die Frage „Echt oder unecht?" wird dabei zu einem Teil des Mythos.

Resümee: vom Monster zum Medienstar – Stationen eines Mythos

Wie ein schwarzes Loch zieht der Vampir alles um sich in seinen mythischen Bann. Film und Fernsehen sind voll mit vampirischen Variationen, deren Charakter vom blutrünstigen Dracula-Verschnitt bis zum sanftmütigen Peter-Pan-Double reicht. Seine hervorstechende Eigenschaft, das Blutsaugen, animiert zu Vergleichen, die dem Untoten nicht immer zur Ehre gereichen: Oft genug muss er als Metapher für menschenverachtendes Verhalten, Neid und Gier herhalten.

Dabei legt der Begriff „Mythos" den Verdacht nahe, dass der Vampir ein jahrtausendealtes Wesen sei, das schon immer durch die Legenden und Träume der Menschheit gegeistert ist. Tatsächlich ist der Vampir, wie wir ihn heute kennen, das Produkt einer Entwicklung, die erst vor rund dreihundert Jahren ihren Ausgang genommen hat. Sorgfältig müssen wir zwischen jenem Monster unterscheiden, das als Vampir des Volksglaubens in den Gazetten des Okzidents groß wurde und sich schon durch diesen medialen Aufstieg verändert hat, und dem durch den Einfluss von Literatur und Kino noch einmal mutierte Wesen, an das wir heute denken, wenn wir das Wort „Vampir" hören.

Der Volksvampir

Das Monster, das den Menschen in der dörflichen Welt Südost- und Ostmitteleuropas das Leben schwer machte, hat nur wenig mit den Blutsaugern zu tun, die wir aus Büchern, Film und Fernsehen kennen. Aufgedunsen ist er in seinem Grab gelegen, die Wangen rot vom vermeintlich frischen Blut seiner Opfer, die er mit Vorliebe drückte und würgte, dass ihnen die Luft wegblieb. Das Blut, das man im Körper der exhumierten „Untoten" fand, wurde von der verschreckten Dorfgemeinde als die manifestierte Kraft, die der Vampir seinen Opfern entzog, interpretiert – von Beißen und Saugen war da jedoch keine Rede und konsequenterweise ebenso wenig von spitzen Eckzähnen oder einer besonderen erotischen Ausstrahlung. Das Monster brachte Krankheit und Tod in die Gemeinschaft. Nicht zufällig tauchten Geschichten über Vampirismus meist dann in gehäuftem Maße auf, wenn Pest oder Cholera das Land heimsuchten.

Jeder Mensch war gefährdet, nach dem Tode zu einem Vampirdasein verdammt zu sein: Räuber, Ehebrecher, Exkommunizierte und praktisch alle anderen, die von der Norm abwichen, konnte es ebenso treffen wie Kinder, die schon bei der Geburt verwunschen worden waren oder gar auffällige Zeichen am Körper trugen, wie es „Glückshäubchen" oder ein kleiner Fortsatz am Steißbein waren. Und manchmal war man schon längst auf dem Weg ins Jenseits, wenn einem das Schicksal der untoten Wiederkehr ereilte: Da reichten schon die in zu großer Menge vergossenen Tränen der Verwandten oder eine Katze, die über den Leichnam sprang, um den Toten auf der Erde zu halten.

Er war ein Monster aus der Mitte der Gemeinschaft, niemals ein Fremder, denn er terrorisierte immer das Umfeld, dem er schon zu Lebzeiten angehört hatte. Für die Bevölkerung jener „vampirverseuchten" Gebiete, die heute Griechenland, Bulgarien, Serbien, Rumänien, Ukraine, Polen oder Mähren heißen, war der Vampir allerdings bei Weitem nicht das einzige Wesen, dass die Dorfgemeinschaft bedrohte: Der Glaube an Hexen, Zauberer, Nachtmahre, Werwölfe oder ähnlichen Wesen ist zum Teil bis heute ein Bestandteil ihrer Welt. Weder die christliche Mission noch die Aufklärung, noch der Realsozialismus konnten die Vorstellungen einer magischen Parallelwelt, die sich mit der unseren überschneidet, völlig verdrängen.

Der Vampir – ein global player?

Der Vampir im Volksglauben war nicht, wie die späteren Text- und Leinwandmonster, zur Unterhaltung da, er erfüllte im sozialen Gefüge der dörflichen Welt wichtige Aufgaben: Er bot Erklärungen, wo die christliche Lehre Fragen offen ließ – die Orthodoxie erzählt nicht viel über das Jenseits –, half die Trauer über einen Verlust zu kompensieren, diente als Erklärung für seuchenartige Krankheiten und stärkte die Gemeinschaft, wenn sie gegen ihn als gemeinsamen Feind vorgehen musste. So vielfältig wie die Ausprägungen des „Vampirphänomens“ selbst sind auch die Möglichkeiten, den Untoten abzuwehren und ihn endgültig ins Jenseits zu befördern. Am Ende läuft es meistens darauf hinaus, dem vermeintlichen Untoten das Herz zu durchbohren oder es zu entnehmen, den Kopf abzutrennen und den Leichnam zu verbrennen.

Der Begriff Vampir ist nur einer von vielen Bezeichnungen für das Phänomen des untoten Wiedergängers, der Menschen und Tiere heimsucht, ihnen die Lebenskraft in Form von Blut entzieht und Krankheiten verbreitet. Erst als die Geschichten aus dem osmanisch-christlichen Grenzraum des 18. Jahrhunderts in den Westen drangen und sich wie ein Lauffeuer in den Gazetten und wissenschaftlichen Abhandlungen der „aufgeklärten" Welt verbreiteten, begann man, dieses regional sehr unterschiedliche Phänomen generell als Vampir zu bezeichnen. Dass dieses Wesen je nach Region auch Namen wie *vukodlak, upir, strigoi* oder *kosac* trug, konnten die Multiplikatoren im Westen nicht wissen. So wurde die Bezeichnung, die in Kisolova und Medvegya, von wo die Kunde vom *Vampir* zum ersten Mal im Westen ruchbar wurde, die allgemein übliche.

„Vampirologen" wie der verhinderte Priester Montague Summers waren später so versessen darauf, die Existenz des Vampirs nachzuweisen, dass sie auf der ganzen Welt nach „Verwandten" des Vampirs suchten – und sie auch zu finden glaubten: Von Südamerika bis Indien existieren Wesen im Volksglauben, die entweder Blutsauger waren oder als Wiedergänger galten. Diese Wesen trotz ihrer individuellen Entstehungsgeschichten in den Legenden verschiedenster Völker mit dem Vampir gleichzusetzen, ist angesichts seiner speziellen Geschichte mehr als vermessen. Freilich beweist uns die Existenz dieser Gestalten, dass der Glaube an die körperliche Rückkehr von den Toten ebenso tief im Menschen verankert ist wie die besondere Wirkung, die dem Konsum von Blut beigemessen wird.

Der Aufstieg des Vampirs zum Medienstar

Die Karriere des Vampirs als Medienstar begann ziemlich bald nach seiner „Entdeckung" durch ein paar Militärärzte Anfang der 1730er-Jahre, die vom Wiener Hof beauftragt worden waren, das Phänomen der „lebenden Toten" genauer zu untersuchen. Ihre Berichte nach Wien waren der Ausgangspunkt für eine wohl einzigartige Karriere, die bis heute in regelmäßigen Wellen über uns hereinbricht. Innerhalb weniger Monate sprach man in den

Salons von Wien bis Paris und London von den „Vampyren", die aller Vernunft zum Trotze nach ihrem Tode nicht verwesen wollten. Auch die gelehrte Welt konnte sich der Faszination des Vampirs nicht entziehen: Theologen und Mediziner wetteiferten um die Deutungshoheit über das Phänomen. Erstere kritisierten, dass die in jenen Regionen dominante orthodoxe Kirche nichts gegen den Aberglauben unternehme, letztere sahen im Vampir eine Erscheinung, die der Macht der Einbildung zuzuschreiben ist. Es hieß, schlechte Ernährungsgewohnheiten – das rituelle Fasten der orthodoxen Gläubigen! – würden diese Halluzinationen zusätzlich fördern.

Eine Kampagne Maria Theresias und ihres Leibarztes Gerard von Swieten konnten dem für die Verfechter der Aufklärung leidigen Thema ein Ende bereiten, da das Interesse der Gelehrten ohnehin schon wieder ganz anderen Dingen galt. Die Berichte über das Vampirphänomen versiegten in der Mitte des 18. Jahrhunderts.

Die polemische Vampir-Metapher – ein weltweit verständlicher Code

Während es ein paar Jahrzehnte dauern sollte, bis nun die Literatur den Vampir für sich entdeckt, überlebt er nicht nur in den Enzyklopädien der Aufklärung – Voltaire selbst hat einen solchen Eintrag verfasst –, sondern bleibt im kollektiven Gedächtnis als Metapher präsent. Denn schon wenige Jahre, nachdem der Begriff des Vampirs im Westen überhaupt bekannt wurde, wandelte er sich bereits vom „Thema" zum „Motiv": Den Juden Joseph Süß Oppenheimer, Finanzberater des Herzogs von Württemberg, ereilte als Erster das Schicksal vampirischer Diffamierungen. Neid und Misstrauen der ständischen Gesellschaft brachten ihn 1738 an den Galgen. Schmähgedichte kamen in Umlauf, in denen er als Vampir bezeichnet wird, der sich auf Kosten der Bevölkerung bereichert habe.

Im antisemitischen Vampirmotiv sollten sich althergebrachte, christliche Legenden wie die des Juden, der Kinder rituell ermordet und Hostien schändet, mit modernen Vorwürfen vermischen: Der Jude, oft im Geldverleih tätig, brächte den Geldkreislauf analog zum menschlichen Blutkreislauf ins Ungleichgewicht. In Veit Harlans nationalsozialistischem Propagandafilm „Jud Süß“ (1940) sollte diese Motivtradition, die seit Joseph Oppenheimer vampirisch verbrämt wird, einen Höhepunkt finden. Heute finden wir den Vampir nicht nur in islamischen Medien, um ihn mit dem Staat Israel und seinen politischen Vertretern gleichzusetzen (z.B. Ariel Sharon als Araberblut trinkender Erfinder von „Dra-Cola“), sondern auch als Vehikel der Kapitalismuskritik. So werden – bewusst und unbewusst – immer wieder antisemitische Motivtraditionen für globalisierungskritische und antikapitalistische Polemik eingesetzt.

Vampir-Metaphern beschränken sich aber nicht auf den antisemitischen Diskurs: Voltaire und auch Nietzsche bedachten die Kirche mit blutsaugerischen Attributen, und kaum ein Staatsmann in Ost oder West blieb davor verschont: George W. Bush, Nicolae Ceauşescu, Slobodan Milošević … Der Vampir ist zu einem Motiv, zu einem universellen „Code“ geworden, der auf der ganzen Welt verstanden wird.

Der literarische Vampir, ein Dr. House des 19. Jahrhunderts

1819 erscheint „The Vampyre“, die erste Vampirgeschichte der Welt. Der Autor John Polidori war der Leibarzt des berühmten Schriftstellers und Abenteurers Lord Byron. Er hatte sich nicht nur auf ein Textfragment seines prominenten Patienten und Freundes gestützt, sondern gleich auch das „Image" Byrons in seine Geschichte einfließen lassen. So war dieser erste literarische Vampir einer vom Typ des *Byronic Heroe*, kein blutrünstiges, spitzzähniges Monstrum, sondern eine vielschichtige, draufgängerische, selbstverliebte Persönlichkeit, in der Licht und Schatten im Wechselspiel widersprüchliche Emotionen hervorrufen. Vorbild, einsamer Held und Spinner – ein „Dr. House" des 19. Jahrhunderts, nur viel berühmter: Polidoris Text, zuerst irrtümlich und dann aus Gründen der Auflagensteigerung bewusst Lord Byron zugeschrieben, löste rund ein Jahrhundert nach der ersten die zweite große Vampirwelle aus. Kein Theater, kein Buchladen war nun ohne seinen Vampir. Selbst die ganz großen Schriftsteller bemächtigten sich des Stoffes: Charles Baudelaire, Alexandre Dumas, Nikolai Gogol, E. T. A. Hoffmann, Alexander Tolstoi etc. Nur Byron selbst und auch dem großen Goethe schien ihre Auseinandersetzung mit dem Stoff später ein wenig peinlich zu sein.

Mit Joseph Sheridan Le Fanus „Carmilla" (1872) wird ein weiteres Thema, das vom Vampir katalysiert wird, popularisiert: der lesbische Vampir, die *femme fatale*, der *Vamp*, der sich, ohne zu fragen, holt, was er braucht. Mit ihren durch den Vampirmythos „erfundenen" Vorbildern der Sagengestalt Lilith und der biblischen Eva wird die Vampirin von der Männerwelt gefürchtet und angebetet zugleich.

Die Stoker-Wende: das „zahngesteuerte" Monster

Bram Stokers „Dracula" stellt eine Wende in der vampirischen Tradition dar: Der irische Autor erschuf mit dem transsilvanischen Grafen nicht nur eine der populärsten Gestalten des 20. Jahrhunderts, sondern füllte die vampirische Requisitenkiste wie kein anderer mit Klischees auf, die bis heute immer dann hervorgeholt werden, wenn vom Blutsauger die Rede ist: Durch seinen Dracula ließ er den *Byronic Vampire* endgültig zu einem getriebenen, „zahngesteuerten" Monster mutieren, das obendrein noch alles das verkörpert, was uns am Osten Europas fremd, falsch und gefährlich erscheint.

Dieser Stokersche Erzvampir, verengt auf die Figur des Dracula, scheint bis heute eine niemals versiegende Quelle für die Wissenschaft zu sein: Ganz ähnlich wie im 18. Jahrhundert haben sich Generationen von Psychologen bzw. Psychoanalytikern, Historikern, Volkskundlern, Literaturwissenschaftlern und „Vampirologen" am Dracula-Stoff abgearbeitet und versucht, ihn mit den Instrumentarien ihrer jeweiligen Disziplin auszulegen.

Problematisch wird es jedoch, wenn Autoren versuchen, über den Vampir im Volksglauben zu schreiben, der omnipräsente Dracula aber die Motive ständig zu überlagern droht und selbst sehr sorgfältige Wissenschaftler sich auf vermeintlich folkloristische Elemente beziehen, die aber lediglich bei Stoker zu finden sind (z.B. die spitzen Eckzähne oder die Fledermaus als Alternativgestalt des Vampirs).

Enorm überbewertet ist der Einfluss des walachischen Fürsten Vlad III. Dracula auf Stokers Roman. Auch wenn hartnäckig behauptet wird, der Woiwode des 15. Jahrhunderts sei das große Vorbild für den transsilvanischen Grafen gewesen, hat Stoker tatsächlich nicht viel mehr als seinen Namen übernommen. Und auch sonst hat sich der Romanautor nicht mehr als notwendig über Transsilvanien informiert – er wollte eine spannende Geschichte schreiben, keine volkskundliche Abhandlung.

Dementsprechend verständnislos gaben sich rumänischen Touristenführer, als in den Fünfzigerjahren Touristen aus dem Westen erstmals nach den „Originalschauplätzen" des Romans fragten: Niemand kannte den transsilvanischen Grafen und sein Schloss – wie auch, es existierte nur in der Populärkultur des Westens. Seit damals versuchen die rumänischen Tourismusbehörden regelmäßig, den Grafen Dracula zur „Rückkehr“ in seine vermeintliche Heimat zu bewegen: Jüngster Versuch war die Errichtung eines Dracula-Themenparks im Süden Transsilvaniens, der jedoch an der Finanzierung und am Interesse der Einheimischen scheiterte. Auch die (wirtschaftliche) Sogwirkung des literarisch groß gewordenen Vampirs hat ihre Grenzen – besonders in seiner vorgeblichen Urheimat. Der dort tatsächlich im Volksglauben verankerte, vampirartige *strigoi* aber hat nur wenig mit dem blassen Grafen gemeinsam.

Der Vampir wird Mensch: Rückkehr ins 19. Jahrhundert?

Mit den Gesichtern Max Schrecks („Nosferatu – Symphonie des Grauens“, 1922), Bela Lugosis („Dracula“, 1932) und Christopher Lees („Dracula“, 1958) wurde Bram Stokers Schöpfung auch auf der Leinwand unsterblich. Was heute wie selbstverständlich zum Wesen des Vampirs gehört, wurde erst damals sukzessive hinzugefügt: 1922 zerfiel Dracula, wenn auch unter dem Decknamen Orlok, erstmals in der Sonne zu Staub, 1931 trug er erstmals auf der Leinwand sein Cape und mit Christopher Lees Filmen in Technicolor durfte Blut endlich in Strömen leuchtenden Rots fließen.

Der oftmals kopierte und adaptierte Dracula sollte das allgemeine Vampirbild lange dominieren, bis in den Siebzigerjahren ein Perspektivenwechsel vorgenommen wurde: Dank Fred Saberhagens „Geständnissen des Grafen Dracula“ (1975) und Anne Rice' „Gespräch mit einem Vampir“ (1976) durften die Vampire ihre Geschichte aus ihrer eigenen Perspektive erzählen – so wurden die

Monster menschlicher. Der Leser konnte nun verstehen, wie sie dachten, und war in der Lage, die Motive ihres Handelns nachzuvollziehen. Neben dem Action-Vampir (Underworld) und den Action-Vampirjägern (Blade) ist im ersten Jahrzehnt des neuen Jahrtausends diese Gattung des „menschlichen Vampirs" so stark wie noch nie vertreten. Mit der „Twilight"-Saga, Serien wie den „Vampire Diaries" oder „True Blood" und einer Reihe von Büchern im Windschatten dieser Geschichten wurde eine Vampir-Welle ausgelöst, die ihresgleichen sucht. Und doch ist dieser Typ Vampir nicht völlig neu: Er erinnert mit seiner Vielschichtigkeit an den einst so populären *Byronic Vampire*, auch wenn sich dessen positive und negative Seiten nun nicht mehr in einer Person vereinen, sondern in antagonistische Charaktere zerfallen: Der guten Vampirfamilie Cullen steht ein Rudel böser Vampire gegenüber („Twilight"), dem guten Stefan aus den „Vampire Diaries" sein böser Bruder Damon.

Die „guten" Vampire wie Edward Cullen und Stefan Salvatore *(nomen est omen)* schaffen das Kunststück, alle Grundbedürfnisse des Menschen zu verkörpern. Materielle und gesundheitliche Probleme sind ihnen fremd, lieben können sie, als gäbe es kein Morgen, und gleichzeitig bedeutet ein Leben mit ihnen mehr Spannung und Aufregung, als die beste Unterhaltungsshow bieten kann. Mehr noch: Wenn Edward seine menschliche Geliebte Bella auf ihren Wunsch hin zu einer Vampirin macht, bedeutet die Verwandlung ein „Upgrade" ihrer Menschlichkeit. Die Liebe der beiden zueinander wandelt den „Fluch des Untot-Seins" zu einem diesseitigen Paradies für diese (nahezu) unsterblichen, neuen, „besseren" Menschen. Und wenn der hübsche Vampir mit seinem zwischen Peter Pan und Messias angesiedelten Wesen auch in einer weiblichen Ausgabe zu haben wäre, würde sich nächstens auch die männliche Hälfte der (jüngeren) Menschheit für diese heiße, kühle Spezies interessieren.

Die Rückkehr des Vampirs

Der Vampir, dieses Geschöpf der Moderne, ist berühmt geworden, weil er dem Westen sein von der Aufklärung um die metaphysischen Dimensionen beraubtes Weltbild mit neuen übersinnlichen Facetten versehen konnte. Er ist mehr als eine einfache Legende oder ein Märchen. Die verschiedenen Entwicklungsstränge – vom serbischen Volksvampir bis zum Produktnamen für Haushaltsgeräte – verbinden sich zu einem der mächtigsten Mythen der Moderne. Die Gestalt des Vampirs, zu Beginn noch Thema, hat sich zu einem Motiv entwickelt, zu einem auf wenige Elemente verkürzten *Code*, der auf der ganzen Welt verstanden wird.

Sein Leben als Untoter und seine Gier nach Blut bilden dabei zwei Konstanten, auch wenn sie nicht immer gleichzeitig vorhanden sein müssen: So manches Wesen, das durch eifrige „Vampirologen" in den Mythos integriert wurde, besitzt nur eine der beiden Eigenschaften. Und auch der literarische Vampir hat diese Entwicklung durchmachen müssen: Anfang des 19. Jahrhunderts, als die Friedhöfe als Kulisse noch eine größere Rolle spielten, war das Blutsaugen oft nur eine Nebensache, heute aber ist ein Vampir, der nicht auf Blut versessen ist, kaum vorstellbar. Gleichzeitig scheint der positiv belegte Begriff des „Unsterblichen" den des „Untoten" langsam zu ersetzen.

Der große Freiraum, den die geringe Zahl an konstanten, leicht erkennbaren Merkmalen eröffnet, lässt sich sehr flexibel mit Bedeutung füllen. Je weiter sich der Vampir davon entfernt, selbst Thema des Diskurses zu sein, desto mehr kann er „Gefäß" für andere Inhalte werden und uns über uns selbst erzählen. Es ist kein Wunder, dass er (meist) kein Spiegelbild besitzt – wir selbst sind es, die sich in den motivischen Variationen seiner Gestalt reflektieren.

Manchmal werden besonders archaisch wirkende Erzählstränge des Mythos erst viel später in den Vampir-Komplex integriert: „Vampirologen“ begannen, nachdem der Vampir populär geworden ist, in der Vergangenheit nach Vorbildern für den Vampir zu suchen: So wurden blutrünstige Menschen wie die „Blutgräfin“ Elisabeth Báthory oder uralte Sagengestalten wie Lilith *posthum* (im doppelten Sinne) zu Vorfahren der Vampire erklärt, weil ihre Biographien so gut in den Mythos passten.

Der Mythos erhält aber erst durch solche Anachronismen und freien Assoziationen seine Dynamik. Er macht keinen Unterschied zwischen trivialen und wesentlichen Elementen, fragt nicht nach wahr oder falsch, ästhetisch oder primitiv, betreibt keine Selektion, fällt keine Urteile über die Kompetenz von „Vampirologen“ und bewertet nicht, ob eine Aussage über ihn eigentlich zutreffend ist: Denn der Mythos selbst ist die Aussage. Darum ist es auch nicht weiter überraschend, dass der Vampir nicht als Protagonist eines Themenparks, sondern als Staubsauger („Modell Vampyr“) nach Transsilvanien zurückgekehrt ist.

Epilog

„Ein Sachbuch über Vampire? Kann man nicht schreiben, Vampire gibt es ja gar nicht", meinte mein ehemaliger Mathematikprofessor aus der Schule, als ich ihm vom Buchprojekt „Vampire" erzählte.

Natürlich gibt es keine Vampire, so wie es Zahnärzte, Priester oder Mathematiklehrer gibt. Der Vampir verdankt seine Existenz weder einem göttlichen noch – wie oft genug vermutet – einem teuflischen Schöpfer, sondern ist der Phantasie des Menschen entsprungen. Dieses phantastische Talent der Menschen hat sein „Image" von Epoche zu Epoche verändert und erweitert. Und auch wenn man nicht jeden Popstar, der ein extravagantes Leben führt oder gar auf nicht ganz geklärte Weise um selbiges gekommen ist, gleich als einen Mythos bezeichnen sollte – die Figur des Vampirs ist zweifellos einer der mächtigsten Mythen der Moderne. Neben diesen Aspekten der „langen Dauer" gibt es jedoch durchaus eine Reihe von aktuellen Gründen, die dieses Buch notwendig machen. Die Gründe heißen Twilight, Vampire Diaries, True Blood …

Der Vampir bricht, auch wenn er sich niemals gänzlich aus der Öffentlichkeit zurückzieht, seit seiner „Entdeckung" im 18. Jahrhundert wellenartig über uns herein. Dieser letzte große Hype, ausgelöst durch die genannten Buchreihen und Film- und TV-Produktionen, scheint gar nicht mehr verklingen zu wollen: Tageszeitungen, Wochenmagazine, TV-Dokumentationen – durch alle Medien geistert der Vampir. Mit den Rezensionen zu den Produkten der Unterhaltungsindustrie werden gerne Hintergrundinformationen zum Vampir mitgeliefert, die sich meist auf Einzelaspekte beziehen oder seine Gestalt, wie sie im Volksglauben (nicht) existiert, mit dem Text- und Leinwandmonster vermischen.

Besonders in den USA, aber auch im deutschsprachigen Raum erscheinen in gewisser Regelmäßigkeit Abhandlungen über den „Vampirmythos“: Da werden falsche Annahmen berichtigt, verschiedene Aspekte der „Vampir-Exegese“ kritisiert, andere wieder forciert. Diese Bücher sind wichtig für die Entwicklung eines rationellen Umgangs mit dem Phänomen. So oft man aber den Begriff „Mythos“ auch verwendet, erklärt wird er selten. Soll er die angeblich archaische Herkunft des Vampirs andeuten? Oder will er mit der Frage nach seiner Existenz an und für sich kokettieren?

Der „Mythos Vampir“ existiert tatsächlich, er ist ein Produkt der Massenmedien. „Vampire“ deutet die Geschichte und die Gegenwart des Vampirs aus dieser Perspektive. Dieses Buch beleuchtet einerseits auf kritische Weise die Komponenten des „Vampir-Komplexes“ und zeigt damit andererseits, wie ein moderner Mythos entsteht. Diese – wenn man es so ausdrücken möchte – gleichzeitig dekonstruktivistisch und konstruktivistisch angelegte Untersuchung füllt somit nicht nur Lücken in der „Vampir-Exegese“, indem es die aktuellsten Forschungsergebnisse berücksichtigt, sondern begreift diese konsequenterweise auch selbst als Teil des Mythos.

Ein solches Vorhaben muss zwangsläufig zwischen verschiedensten Erfordernissen manövrieren: Aktualität, historische Fundierung, genaue Recherche, verständliche Formulierungen etc. Dieser Spagat ist jedoch nicht ohne Hilfe zu schaffen. Mein Dank gilt deswegen allen voran Dr. Gerhard Hartmann von Butzon & Bercker, der dieses Projekt nicht nur intensiv begleitet hat, sondern von unserer ersten Begegnung an – dem Zufall sei Dank – vom

Gelingen dieses Vorhabens überzeugt war. Ein herzlicher Dank geht auch an Prof. Dr. Christoph Augustynowicz vom Institut für Osteuropäische Geschichte der Universität Wien, dem ich viele Hinweise verdanke, sowie an alle anderen Kollegen und Freunde, die mit mir ihr Wissen über verschiedene Aspekte des „Vampir-Mythos“ geteilt haben. Am Ende sei all jenen gedankt, die sich die letzten Monate mit mir über Vampire unterhalten haben wollen (und müssen) – die Gedanken brauchen ihr Ventil! – allen voran meiner Astrid, die sich meine Aufmerksamkeit für eine gewisse Zeit mit untoten Blutsaugern geteilt hat.

Anhang

Weiterführende Literatur

Textsammlungen

Sturm, Dieter und Völker, Klaus, Von denen Vampiren oder Menschensaugern. Dichtungen und Dokumente (= Phantastische Bibliothek, Bd. 306) München 1994.
Seit den Sechzigerjahren immer wieder aufgelegt, gehört diese Sammlung von literarischen und historischen Vampir-Texten noch immer zu den maßgeblichen Quellen.

http://www.kakanien.ac.at/beitr/vamp
„Kakanien revisited" versteht sich als Plattform für interdisziplinäre Forschung und Vernetzung im Bereich Mittelost-, Zentral- und Südosteuropa. In der „digitalen Anthologie" zum Thema Vampirismus finden sich frei zugänglich aktuelle Aufsätze zu Teilaspekten des Vampir-Komplexes, darunter auch die Beiträge der Konferenz „Vampirglaube und *magia posthuma* im Diskurs der Habsburgermonarchie im 18. und 19. Jahrhundert", die 2009 in Wien stattgefunden hat.

http://magiaposthuma.blogspot.com/
Der wahrscheinlich umfassendste und aktuellste Blog zum Thema, der laufend vom Betreiber, einem versierten Laien, aktualisiert wird. An diesem Blog geht kaum eine einschlägige Publikation aus dem deutschen, englischen und französischen Sprachraum vorbei. Die einführenden Kommentare sind kompetent und in gut lesbarem Englisch verfasst.

Lexikon

Bunson, Matthew, Das Buch der Vampire. Von Dracula, Untoten und anderen Fürsten der Finsternis. Ein Lexikon, Wien, Bern 2002.
Umfassendes Nachschlagewerk zum Thema Vampire. Durch den sehr weit gefassten Vampirbegriff werden auch vergleichbare Phänomene auf der ganzen Welt beschrieben.

Der Vampir im Volksglauben

Kreuter, Peter Mario, Der Vampirglaube in Südosteuropa. Studien zur Genese, Bedeutung und Funktion. Rumänien und der Balkanraum, Berlin 2001.
Exzellente Studie zum Vampir im Volksglauben. Speziell untersucht werden die Gründe für die „Existenz" des Vampirs. Wissenschaftlich, jedoch in gut zu lesender Sprache verfasst.

Schürmann, Thomas, Nachzehrerglauben in Mitteleuropa, Marburg 1990.
Detaillierte Studie über den „Verwandten" des Vampirs nach wissenschaftlichen Kriterien inkl. eines vergleichenden Kapitels zu Vampir und Nachzehrer.

Textvampire

Bertschik, Julia und Tuczay, Christa Agnes (Hrsg.), Poetische Wiedergänger. Deutschsprachige Vampirismus-Diskurse vom Mittelalter bis zur Gegenwart, Tübingen 2005.
Aufsatzsammlung zu Themen der vampirischen Literatur mit einem Seitenblick auf Computerspiele und Subkultur.

Brittnacher, Hans Richard, Ästhetik des Horrors. Gespenster, Vampire, Monster, Teufel und künstliche Menschen in der phantastischen Literatur, Frankfurt am Main 1994.

Der Autor, ein ausgewiesener Experte zur phantastischen Literatur, untersucht umfassend die „klassischen" Horrorgestalten aus einer literaturwissenschaftlichen Perspektive. Empfehlenswert auch für alle, die sich über andere Textmonster informieren wollen.

Praz, Mario, Liebe, Tod und Teufel. Die schwarze Romantik, München 1988.
Nimmt verschiedene Elemente der schwarzen Romantik, von den Metamorphosen Satans bis zur *femme fatale*, unter die Lupe. In den Sechzigern erstmals erschienen, ist es noch immer eines der besten Bücher zum Thema, auch wenn der Autor Bram Stokers Dracula nicht berücksichtigt hat.

Leinwandvampire

Keppler, Stefan und Will, Michael, Der Vampirfilm. Klassiker des Genres in Einzelinterpretationen, Würzburg 2006.
Sammlung von ausgezeichneten Aufsätzen zu den Filmen des „Kanons" von Murnau bis in die Neunzigerjahre.

Klewer, Detlef, Die Kinder der Nacht: Vampire in Film und Literatur. Frankfurt am Main u. a. 2007.
Ambitionierte Ansammlung von Fakten und Schnurren über viele Vampirfilme auf der ganzen Welt. Der Mehrwert dieses Buches liegt im seinem enzyklopädischen Charakter – hier erfährt man tatsächlich zu fast jedem Film (s)eine Geschichte.

„Echte" Vampire

Ramsland, Katherine, Vampire unter uns, Köln 1999.
Die Autorin, die bereits mehrere Bücher zu Anne Rice' Oeuvre verfasst hat, beschreibt in diesem Buch die Welt der „echten Vampire", einem Komplex an verschiedenen

Subkulturen, deren Anhänger Interessen wie Bluttrinken oder Sado-Maso-Praktiken teilen.

„Vorbilder" des Vampirs

Märtin, Ralf-Peter, Dracula. Das Leben des Fürsten Vlad Țepeș, Berlin 2004.
Beste deutschsprachige Auseinandersetzung mit dem Leben und Wirken des walachischen Woiwoden des 15. Jahrhunderts, dessen Geschichte immer wieder als Vorbild für Stokers Dracula beschrieben wird.

Farin, Michael (Hrsg.), Heroine des Grauens. Wirken und Leben der Elisabeth Báthory in Briefen, Zeugenaussagen und Phantasiespielen, München 2003.
Umfassende und sorgfältig recherchierte Arbeit über die ungarische Gräfin, deren Biographie mithilfe von Originaldokumenten rekonstruiert wird. Die Lektüre ermöglicht es, die großen Divergenzen zwischen dem Mythos und den historischen Fakten zu erfassen.

Blut-Mythos

Braun, Christina von und Wulf, Christoph, Mythen des Blutes, Frankfurt am Main 2007.
Sorgfältig zusammengestellte Beiträge zum Themenkomplex „Blut", von religiösen, juristischen, rituellen Aspekten bis zum „virtuellen Blut" Tinte.

Anmerkungen

1 Kreuter, Peter Mario, Der Vampirglaube in Südosteuropa. Studien zur Genese, Bedeutung und Funktion. Rumänien und der Balkanraum, Berlin 2001, 28.

2 „Forscher graben ‚Vampir' aus", Spiegel Online, http://www.spiegel.de/wissenschaft/mensch/0,1518,613365,00.html, 14.03.2009.

3 Bräunlein, Peter, Die Rückkehr der „lebenden Leichen". Das Problem der Untoten und die Grenzen ethnologischen Erkennens. In: KEA – Zeitschrift für Kulturwissenschaften, Vol. 9/1996, 106.

4 Schaub, Hagen, Knochen und Bestattungsriten. Die Bedeutung archäologischer Funde zum Wiedergänger- bzw. Vampirglauben, Wien 2009 (= Digitale Anthologie „Vampirismus" auf http://www.kakanien.ac.at, 13.02.2010).

5 Kreuter meint, mit der Tollwut könne man erklären, warum vor allem Männer von der „Vampirkrankheit" befallen worden seien, da sich diese auf dem Feld eher dem Kontakt mit tollwütigen Tieren ausgesetzt hätten als Frauen. Diese Feststellung scheint jedoch nicht zu berücksichtigen, dass in der Liste der „Vampirkranken" auch mehrere Frauennamen aufscheinen.

6 Kreuter, Vampirglaube, 101.

7 Reiter, Christian, Der Vampyr-Aberglaube und die Militärärzte, Wien 2009 (= Digitale Anthologie „Vampirismus" auf http://www.kakanien.ac.at, 13.02.2010).

8 Harenberg, Johann Christoph, Vernünftige Gedancken über die Vampirs oder Blutsaugende Todten, Wolfenbüttel 1733, 80f.

9 Klaniczay, Gábor, Historische Hintergründe. Der Aufstieg der Vampire im Habsburgerreich des 18. Jahrhunderts. In: Bertschik, Julia, Tuczay, Christa Agnes, Poetische Wiedergänger. Deutschsprachige Vampirismus-Diskurse vom Mittelalter bis zur Gegenwart, Tübingen 2004, 109.

10 Sturm, Dieter und Völker, Klaus, Von denen Vampiren oder Menschensaugern. Dichtungen und Dokumente, München 1994, 551.

11 Ebd., 553.

12 Augustynowicz, Christoph, „Trag mich nach Südamerika". Schauplätze der osteuropäischen Vampirliteratur des 19. Jahrhunderts und ihre Konnotationen, 2003 (= Digitale Anthologie „Vampirismus" auf http://www.kakanien.ac.at, 13.02.2010).

[13] Weber, Albert, Das Projekt des Schäßburger Dracula-Parks: Konkurrenzsituation oder Synthese der Dracula-Mythen?, Diplomarbeit, München 2009, 78–87.
[14] Stoker, Bram, Dracula, Frankfurt am Main und Leipzig, 1988, 312.
[15] Klewer, Detlev, Die Kinder der Nacht, Frankfurt am Main, Wien u. a. 2007, 78.
[16] Ebd., 83.
[17] Brittnacher, Hans Richard, Ars morendi. Werner Herzogs Nosferatu – Phantom der Nacht (1979). In: Keppler, Stefan und Will, Michael, Der Vampirfilm. Klassiker des Genres in Einzelinterpretationen, Würzburg 2006, 127.
[18] Klewer, Kinder der Nacht, 85. „Snuff-Filme“ zeigen den realen Tod eines Menschen, der nur für einen solchen Film ermordet wird.
[19] Dorn, Margit, Vampirfilme und ihre soziale Funktionen. Ein Beitrag zur Genregeschichte, Frankfurt am Main, Wien u. a. 1994, 55.
[20] http://www.kath.net/detail.php?id=24609, 20.11.2009.
[21] „,Twilight‘-Hype: Alte Erfolgsregeln in neuem Gewand“, DiePresse.com, http://diepresse.com/home/kultur/film/523601, 23.11.2009.
[22] „,Twilight‘: Eine anmutige Romanze mit blutigen Bissen“, DiePresse.com, http://diepresse.com/home/kultur/film/filmkritik/444240, 16.01.2009.
[23] http://www.textlog.de/tucholsky-heinz-vampir.html, 12.01.2010.
[24] Ruthner, Clemens, Dämon des Geschlechts. VampirInnen in der österreichischen Literatur nach 1955 (Bachmann, Artmann, Jelinek, Neuworth). In: Modern Austrian Literature – Journal of the International Arthur Schnitzler Research Association, Vol. 31, 3–4 (1998) 73 f.
[25] Ebd.
[26] Brittnacher, Hans Richard, Die bleichen Geliebten. In: LeBlanc, Thomas, Ruthner, Clemens und Twrsnick, Bettina (Hrsg.), Draculas Wiederkehr, Wetzlar 1997, 99.
[27] Vgl. z. B. Frayling, Christopher, Alpträume. Die Ursprünge des Horrors, Köln 1996, 80.
[28] http://www.gottwein.de/Grie/hom/od11de.php, 20.12.2009.
[29] „Vampir beißt Grippevirus“, Der Tagesspiegel, http://www.tagesspiegel.de/zeitung/Sonntag-Sonntag-Wewetzer;art2566, 2786949, 03.05.2009.

[30] Brittnacher, Phantasmen der Niederlage. Über weibliche Vampire und ihre männlichen Opfer um 1900. In: Bertschik, Poetische Wiedergänger, 168.

[31] Zitiert nach: ebd., 172f.

[32] Zitiert nach: ebd., 175.

[33] Zitiert nach: ebd., 178.

[34] „Selbstbewusste Slayer-Schnitte“ In: an.schläge. Das feministische Magazin, 12/2009–1/2010, 18f.

[35] „Schmusegrusel für Sittenwächter“, Spiegel Online, http://www.spiegel.de/kultur/kino/0,1518,662815,00.html, 24.11.2009.

[36] „Generation Porno: Aufklärung aus dem Internet“, DiePresse.com, http://diepresse.com/home/bildung/erziehung/536526, 30.01.2010.

[37] Sturm, Völker, Von denen Vampiren, 483.

[38] Ebd., 484.

[39] Summers, Montague, The Vampire in Europe, London 1996, 122.

[40] Summers, Montague, The Vampire. His Kith and Kin, London 1928, 194.

[41] Thorne, Tony, Kinder der Nacht. Die Vampire sind unter uns, Berlin 2002, 201–206.

[42] Vampires in the Twilight, Laurent Courau, KSM, 2007, 85 min.

[43] Benecke, Mark, Vampire unter uns. Jugendliche Subkulturen. In: Bertschik, Poetische Wiedergänger, 288.

Literaturverzeichnis

ARNOLD, Loy, FARIN, Michael und SCHMID, Hans, Nosferatu. Eine Symphonie des Grauens, München 2000.

AUGUSTYNOWICZ, Christoph, „Trag mich nach Südamerika". Schauplätze der osteuropäischen Vampirliteratur des 19. Jahrhunderts und ihre Konnotationen, 2003 (= Digitale Anthologie „Vampirismus" auf http://www.kakanien.ac.at, 13.02.2010).

ders., Von Messbechern, Klöstern und Waisenhäusern oder Vampire, Galizien und langes 19. Jahrhundert, Wien 2007 (= Digitale Anthologie „Vampirismus" auf http://www.kakanien.ac.at, 13.02.2010).

AXELROD, Gerald, Transsylvanien. Im Reich von Dracula, Würzburg 2009.

BÄCHTOLD-STÄUBLI, Hanns (Hrsg.), Handwörterbuch des deutschen Aberglaubens, Berlin, New York 1987. Einträge: „Wiedergänger", 570–578, „Nachzehrer", 812–823, „Begräbnis", 976–997, „Grab", 1076–1081, „Grabbeigabe", 1082–1103.

BANDINI, Ditte und BANDINI, Giovanni, Das Vampirbuch, München 2008.

BARTHES, Roland, Mythen des Alltags, Frankfurt am Main 2006.

BARTLETT, Wayne und IDRICEANU, Flavia, Legends of Blood. The Vampire in History and Myth, Stroud 2005.

BEGEMANN, Christian, Dracula unbound. Kulturwissenschaftliche Lektüren des Vampirs, Freiburg im Breisgau, Berlin, Wien 2008.

BENECKE, Mark u. a., Vampire unter uns!, Rudolstadt 2009.

BERESFORD, Matthew, From Demons to Dracula. The Creation of the Modern Vampire Myth, London 2008.

BERTSCHIK, Julia, TUCZAY, Christa Agnes, Poetische Wiedergänger. Deutschsprachige Vampirismus-Diskurse vom Mittelalter bis zur Gegenwart, Tübingen 2004.

BOHN, Thomas M., Das Gespenst von Lublau. Michael Kaspereks Verwandlung vom Wiedergänger zum Blutsauger, Wien 2009 (= Digitale Anthologie „Vampirismus" auf http://www.kakanien.ac.at, 13.02.2010).

ders., Vampirismus in Österreich und Preußen. Von der Entdeckung einer Seuche zum Narrativ der Gegenkolonisation, 2009 (= Digitale Anthologie „Vampirismus" auf http://www.kakanien.ac.at, 13.02.2010).

BORRMANN, Norbert, Vampirismus oder die Sehnsucht nach Unsterblichkeit, München 1998.
BRADBURNE, James M. (Hrsg.), Blut. Kunst, Macht, Politik, Pathologie. Anlässlich der gleichnamigen Ausstellung im Museum für Angewandte Kunst Frankfurt am Main und der Schirn Kunsthalle Frankfurt vom 11.11.2001 bis 27.01.2002, München u.a. 2001.
BRAUN, Christina von, Mythen des Blutes, Frankfurt am Main 2007.
BRÄUNLEIN, Peter, Die Rückkehr der „lebenden Leichen“. Das Problem der Untoten und die Grenzen ethnologischen Erkennens. In: KEA – Zeitschrift für Kulturwissenschaften, Vol. 9/1996, 97–126.
BRITTNACHER, Hans Richard, Ästhetik des Horrors. Gespenster, Vampire, Monster, Teufel und künstliche Menschen in der phantastischen Literatur, Frankfurt am Main 1994.
BUNSON, Matthew, Das Buch der Vampire. Von Dracula, Untoten und anderen Fürsten der Finsternis. Ein Lexikon, Wien, Bern 2002.
BURKHART, Dagmar, Kulturraum Balkan. Studien zur Volkskunde und Literatur Südosteuropas, Berlin u.a. 1989.
BUŞE, Ionel, Dracula. Un mythe politique. In: Arhivele Olteniei, Seria Noua 21, Bukarest 2007, 233–241.
CAZACU, Matei, L'histoire du prince Dracula en Europe centrale et orientale (XVe siécle), Genève 1988.
COHUŢ, Cornelia und VULPE, Magdalena, Graiuri din zona „Porţile de Fier“. Texte. Sintaxă, Bukarest 1973.
COPPER, Basil, Der Vampir in Legende, Kunst und Wirklichkeit, Leipzig 2005.
DALLOS, Nina, Carmilla von Karnstein – die steirische Vampirgräfin. Eine filmhistorische und literaturwissenschaftliche Untersuchung über die Verbindung von Sheridan Le Fanus Carmilla zur Steiermark, Dissertation, Wien 2004.
DORN, Margit, Vampirfilme und ihre soziale Funktionen. Ein Beitrag zur Genregeschichte, Frankfurt am Main, Wien u.a. 1994.
DOYLE, Arthur Conan, Der Vampir von Sussex. In: ders., Sherlock Holmes. Der Vampir von Sussex und andere Detektivgeschichten, Köln 1993, 105–125.
ELIADE, Mircea, Fräulein Christine, Frankfurt am Main 1992.
dies., Kosmos und Geschichte. Der Mythos der ewigen Wiederkehr, Frankfurt am Main 1989.

EWERS, Hanns Heinz, Vampir. Ein verwilderter Roman in Fetzen und Farben, München 1922.
FARIN, Michael (Hrsg.), Heroine des Grauens. Wirken und Leben der Elisabeth Báthory in Briefen, Zeugenaussagen und Phantasiespielen, München 2003.
FLOCKE, Petra, Vampirinnen. „Ich schaue in den Spiegel und sehe nichts". Die kulturellen Inszenierungen der Vampirin, Tübingen 1999.
FRATZ, Kirstine, Dandy und Vampir, die Sehnsucht nach Ungewöhnlichkeit, Sankt Augustin 2001.
FRAYLING, Christopher, Alpträume. Die Ursprünge des Horrors, Köln 1996.
ders., Vampyres. Lord Byron to Count Dracula, London u. a. 1991.
GOLDSWORTHY, Vesna, Der Imperialismus der Imagination. Konstruktionen Europas und des Balkans. In: Kaser, Karl, Gramshammer-Hohl, Dagmar und Pichler, Robert (Hrsg.), Europa und die Grenzen im Kopf, Klagenfurt, Wien 2003, 253–274.
GORDON, Joan und HOLLINGER, Veronica, Blood Read. The Vampire as Metaphor in Contemporary Culture, Philadelphia 1997.
GOTTSCHALK, Herbert, Lexikon der Mythologie, München 1993.
GRIESSNER, Petra, Vamp und Vampirismus in der literarischen Filmrezeption in der Zwischenkriegszeit, Diplomarbeit, Wien 2005.
HAMBERGER, Klaus, Mortuus non mordet. Dokumente zum Vampirismus 1689–1791, Wien 1992.
ders., Über Vampirismus. Krankengeschichten und Deutungsmuster 1801–1899, Wien 1992.
HARENBERG, Johann Christoph, Vernünftige Gedancken über die Vampirs oder Blutsaugende Todten, Wolfenbüttel 1733.
HARMENING, Dieter, Der Anfang von Dracula. Zur Geschichte von Geschichten, Würzburg 1983.
HAUMANN, Heiko, Dracula und die Vampire Osteuropas. Zur Entstehung eines Mythos. In: Zeitschrift für Siebenbürgische Landeskunde 28 (2005), Heft 1, 1–17.
HAUZENBERGER, Gerald Igor, Dracula und seine Töchter. Eine filmanalytische Studie über Spiegelungen, Affektbewegungen, beliebige Räume, Triebbilder und Bild-Amplifikationen in den Filmen von 1921–1994, Diplomarbeit, Wien 1999.

HEIDEN, Anne von der, Der Jude als Medium. „Jud Süß". Bochum 2003.
HEINEN, Armin, Auf den Schwingen Draculas nach Europa? Die öffentliche Debatte um neue Schulbücher als Indikator der Transformationskrise der rumänischen Geschichtskultur. In: Jahrbücher für Geschichte und Kultur Südosteuropas, 2 (2000), 91–104.
HOENSCH, Jörg K., Kaiser Sigismund. Herrscher an der Schwelle zur Neuzeit. 1368–1437, München 1996.
HOLTE, James Craig (Hrsg.), The Fantastic Vampire. Studies in the Children of the Night – Selected Essays from the Eighteenth International Conference on the Fantastic (= Contributions to the study of science fiction and fantasy, Bd. 91), Westport u.a. 2002.
HOLTE, James Craig, Dracula in the Dark: The Dracula Film Adaptations (= Contributions to the Study of Science Fiction and Fantasy, Bd. 73), Westport u.a. 1997.
HÖPFLINGER, Anna-Katherina (Hrsg.), Handbuch Gender und Religion, Göttingen 2008.
HUGHES, William, Beyond Dracula. Bram Stoker's Fiction and its Cultural Context, Basingstoke 2000.
HURST, Matthias, Blutige Küsse. Bram Stokers Dracula. Der Vampir als Wunschbild und Angsttraum des Mannes. In: Tebben, Karin (Hrsg.), Abschied vom Mythos Mann. Kulturelle Konzepte der Moderne, Göttingen 2002.
IONESCU, Ioana-Maria, Rumänische Übergangsriten. Dargelegt am Beispiel der Lebensbräuche in Oltenien, Dissertation, Münster 1987.
JONASCH, Monika, Vampire. Eine Untersuchung der literarischen Figur des Vampirs anhand ausgewählter Texte: E.T.A. Hoffmann, Der Vampir, Karl Hans Strobl, Das Grabmal auf dem Père Lachaise, H. C. Artmann, Dracula Dracula – Ein transsylvanisches Abenteuer, Diplomarbeit, Wien 1995.
JOSLIN, Lyndon W., Count Dracula goes to the Movies. Stoker's Novel adapted, 1922–1995, Jefferson 1999.
KEESEY, Pam, Draculas Töchter, Frankfurt am Main 1997.
KEPPLER, Stefan und WILL, Michael, Der Vampirfilm. Klassiker des Genres in Einzelinterpretationen (= Film – Medium – Diskurs, Bd. 14) Würzburg 2006.
KLAMPER, Elisabeth (Red.), Die Macht der Bilder. Antisemitische Vorurteile und Mythen. Anlässlich der Ausstellung „Die Macht der Bilder – antisemitische Vorurteile und Mythen". Eine Ausstellung des Jüdischen Museums der Stadt Wien in

der Volkshalle des Wiener Rathauses vom 27. April bis 31. Juli 1995, Wien 1995.

KLANICZAY, Gábor, Heilige, Hexen, Vampire. Vom Nutzen des Übernatürlichen, Berlin 1991.

KLEIN, Jürgen, Der gotische Roman und die Ästhetik des Bösen (= Impulse der Forschung, Bd. 20) Darmstadt 1975.

KLEMENS, Elke, Dracula und „seine Töchter". Die Vampirin als Symbol im Wandel der Zeit, Tübingen 2004.

KLEWER, Detlev, Die Kinder der Nacht, Frankfurt am Main, Wien u.a. 2007.

KNÖDL, Gerda, Der Vampir in der Literatur des 20. Jahrhunderts. Untersuchungen zu ausgewählten Texten von Hanns Heinz Ewers, Elfriede Jelinek, Adolf Muschg und H. C. Artmann, Diplomarbeit, Wien 1994.

KÖHLBACH, Markus, Ein Fall von Vampirismus bei den Osmanen, In: Balkan Studies. Vol 20, Thessaloniki 1979, 82–90.

KÖPPL, Rainer M. (Hrsg.): 100 Jahre Dracula (= Maske und Kothurn. Internationale Beiträge zur Theaterwissenschaft. 41. Jg., 1/2) Wien u.a. 1998.

KREMER, Peter, Wo das Grauen lauert. Blutsauger und kopflose Reiter. Werwölfe und Wiedergänger an Inde, Erft und Rur, Düren 2003.

KREUTER, Peter Mario, Der Vampir, ein Fremder? Ethnische Minderheiten im Vampirglauben Südosteuropas, Wien 2003 (= Digitale Anthologie „Vampirismus" auf http://www.kakanien.ac.at, 13.02.2010).

ders., Der Vampirglaube in Südosteuropa. Studien zur Genese, Bedeutung und Funktion. Rumänien und der Balkanraum (= Romanice. Berliner Schriften zur romanischen Kultur- und Literaturgeschichte, Bd. 9), Berlin 2001.

ders., *Er* steht sogar im Merian oder: Über die Karriere vampiresken Verwaltungsschriftguts des 18. Jahrhunderts aus dem Hofkammerarchiv, Wien 2009 (= Digitale Anthologie „Vampirismus" auf http://www.kakanien.ac.at, 13.02.2010).

KRONER, Michael, Dracula. Wahrheit, Mythos und Vampirgeschäft, Heilbronn am Neckar 2005.

KYORA, Sabine, Unheimliche Doubles. Freuds Analyse des Unheimlichen und die Unheimlichkeit der Vampirinnen. In: Alt, Peter-André (Hrsg.), Sigmund Freud und das Wissen der Literatur, Berlin u.a. 2008, 87–98.

LE GOFF, Jacques, Die Geburt des Fegefeuers. Vom Wandel des Weltbildes im Mittelalter, München 1990.

LEBLANC, Thomas, RUTHNER, Clemens und TWRSNICK, Bettina (Hrsg.), Draculas Wiederkehr (= Schriftenreihe und Materialien der Phantastischen Bibliothek Wetzlar, Bd. 35) Wetzlar 1997.

LECOUTEUX, Claude, Geschichte der Gespenster und Wiedergänger im Mittelalter, Köln 1987.

LINSE, Ulrich, Geisterseher und Wunderwirker. Heilssuche im Industriezeitalter, Frankfurt am Main 1996.

LURIA, Ion, Probleme der gegenwärtigen „Draculiana". In: Lemberg, Hans, Nitsche, Peter und Oberländer, Erwin (Hrsg.), Osteuropa in Geschichte und Gegenwart. Festschrift für Günther Stökl zum 60. Geburtstag, Köln 1977, 316–327.

MAGYAR, Lászlo András, Über die siebenbürgische Vampir-Krankheit. Ein Bericht des deutschen Chirurgen Georg Tallar aus dem Jahr 1755. In: Zeitschrift für Siebenbürgische Landeskunde 25 (2002), Heft 2, 161–164.

MÄRTIN, Ralf-Peter, Dracula. Das Leben des Fürsten Vlad Ţepeş, Berlin 2004.

MAUROIS, André, Lord Byron. Don Juan oder Das Leben Byrons. Biographie, München 1979.

MCGINN, Colin, Apes, Humans, Aliens, Vampires and Robots. In: Cavalieri, Paola und Singer, Peter (Hrsg.), The Great Ape Project, New York 1993, 146–151.

MEURER, Hans, Vampire – die Engel der Finsternis. Der dunkle Mythos von Blut, Lust und Tod, Freiburg im Breisgau 2001.

MIANOWSKI, Jarosław, Die Rückkehr des Vampirs – zwischen deutscher romantischer Oper und postmoderner Soap Opera. In: European Journal for Semiotic Studies, Vol. 13 (3–4) 2001, 635–643.

MIKUNDA, Christian, Die emotionale Sprache des Films. Phänomenologie und Systematik, Dissertation, Wien 1983.

MILLER, Elizabeth, „Dracula's Homepage", http://www.ucs.-mun.ca/~emiller/, 14.02.2010.

NETHERCOT, Arthur H., Coleridge's „Christabel" and Lefanu's „Carmilla". In: Modern Philology, Vol. 47, No. 1 (1949), 32–38.

NEUWIRTH, Barbara (Hrsg.), Blaß sei mein Gesicht. Vampirgeschichten, Wien 1988.

NOWOSADTKO, Jutta, Der „Vampyrus Serviensis" und sein Habitat: Impressionen von der österreichischen Militärgrenze. In: Militär und Gesellschaft in der Frühen Neuzeit 8 (224) Heft 2, 151–167.

dies., Der Vampir als abergläubisches Wunderwerk. Konfessionell geprägte Auseinandersetzungen mit dem südosteuropäischen Vampirglauben. In: Walz, Rainer, Küppers-Braun, Ute und dies. (Hrsg.), Anfechtungen der Vernunft. Wunder und Wunderglaube in der Neuzeit, Essen 2006, 175–189.

NUZUM, Eric, The Dead Travel Fast: Stalking Vampires from Nosferatu to Count Chocula, New York 2007.

PATULOVA, Radostina S., Säkularisierung des Bösen. Eine Untersuchung der Funktionen, Gestaltungen und Veränderungen der Vampirfigur und ihrem Bezug zu Theorien des Bösen, Diplomarbeit, Wien 2000.

PAULOWITZ, Brigitte, Nippen nur darf ich an dir. Vampirtexte der deutschsprachigen Literatur des 19. Jahrhunderts, Diplomarbeit, Wien 1997.

PETERSEN, Niels K., Magia posthuma: A Weblog Approach to the History of Central and East European Vampire Cases of the 18th Century, Wien 2009 (= Digitale Anthologie „Vampirismus" auf http://www.kakanien.ac.at, 13.02.2010).

PETZOLDT, Ruth und NEUBAUER, Paul (Hrsg.), Demons. Mediators Between This World and the Other. Essays on Demonic Beings from the Middle Ages to the Present (= Beitrage zur Europäischen Ethnologie, Tagungsberichte und Materialien, Bd. 8) Frankfurt am Main, Wien 1998.

PILGRIM, Volker Elis, Der Vampirmann. Über Schlaf, Depression und die Weiblichkeit. Eine Forschungsnovelle, Düsseldorf 1989.

PRAZ, Mario, Liebe, Tod und Teufel. Die schwarze Romantik, München 1963.

PÜTZ, Susanne, Vampire und ihre Opfer. Der Blutsauger als literarische Figur, Bielefeld 1992.

RADKOWSKY, Britta, Moderne Vampire. Mythos als Ausdruck von Persönlichkeit, Neusäß 2005.

RĂDUŢIU, Aurel, Zum Namen „Dracula". In: Zeitschrift für Siebenbürgische Landeskunde 19 (1996), Heft 2, 129–138.

RAMSLAND, Katherine, Vampire unter uns, Köln 1999.

RAUER, Constantin, Von der Aufklärung des Vampirismus zum Vampirismus der Aufklärung. Eine west-östliche Debatte zwischen einst und heute. In: ethnic@ – Revista internacional de Filosofia da moral, 87–107.

REITER, Christian, Der Vampyr-Aberglaube und die Militärärzte, Wien 2009 (= Digitale Anthologie „Vampirismus" auf http://www.kakanien.ac.at, 13.02.2010).

ROHRBACHER, Stefan und SCHMIDT, Michael, Judenbilder. Kulturgeschichte antijüdischer Mythen und antisemitischer Vorurteile, Reinbek bei Hamburg 1991.

ROTH, Harald, Kleine Geschichte Siebenbürgens, Wien u.a. 2007.

RUBIN, Eli, Der Vampir rote Gewerkschaft, Wien 1929.

RUTHNER, Clemens, Dämon des Geschlechts. VampirInnen in der österreichischen Literatur nach 1955 (Bachmann, Artmann, Jelinek, Neuworth). In: Modern Austrian Literature – Journal of the International Arthur Schnitzler Research Association, Vol. 31, 3–4 (1998) 65–88.

ders., Forschungsliteratur: Vampirismus. Forschungsliteratur: Vampirismus. Kommentierte interdisziplinäre Auswahlbibliografie, Wien 2003 (= Digitale Anthologie „Vampirismus" auf http://www.kakanien.ac.at, 13.02.2010).

ders., Sexualität Macht Tod/t. Prolegomena zu einer Literaturgeschichte des Vampirismus, Wien 2002 (= Digitale Anthologie „Vampirismus" auf http://www.kakanien.ac.at, 13.02. 2010).

ders., Süd/Osteuropäer als Vampire: Draculas Karriere vom blutrünstigen Tyrannen zum mythischen Blutsauger. Prolegomena zu einer Literaturgeschichte des Vampirismus II, Wien 2003 (= Digitale Anthologie „Vampirismus" auf http://www.kakanien.ac.at, 13.02.2010).

ders., Unheimliche Wiederkehr. Interpretationen zu den gespenstischen Romanfiguren bei Ewers, Meyrink, Soyka, Spunda und Strobl (= Studien zur phantastischen Literatur, Bd. 10), Meitingen 1993.

ders., Untotes Wachsen im Textgrab. Zur narrativen Ausarbeitung von Flückingers Vampirismus-Protokoll (1732) bei Herbert Mayo (1846), Wien 2010 (= Digitale Anthologie „Vampirismus" auf http://www.kakanien.ac.at, 13.02.2010).

SABERHAGEN, Fred, Die Geständnisse des Grafen Dracula, Leipzig 2006.

SAFRANSKI, Rüdiger, Romantik. Eine deutsche Affäre, München 2007.

SALGÓ, Ágnes und Monok, István, Drakula (= Margaritae Bibliothecae Nationalis Hungariae) Budapest 2002.

SCHARFE, Martin, Wiedergänger. Die Lebenden sterben, die Toten leben – Anmerkungen zu einer flüssigen Kultur-Grenze. In: Rolshoven, Johanna, „Hexen, Wiedergänger, Sans-Papiers ..." Kulturtheoretische Reflexionen zu den Rändern des sozialen Raumes, Marburg 2003, 66–90.

SCHAUB, Hagen, Blutspuren. Die Geschichte der Vampire. Auf den Spuren eines Mythos, Graz 2008.
ders., Knochen und Bestattungsriten. Die Bedeutung archäologischer Funde zum Wiedergänger- bzw. Vampirglauben, Wien 2009 (= Digitale Anthologie „Vampirismus“ auf http://www.kakanien.ac.at, 13.02.2010).
SCHÄUBLE, Michaela, Wiedergänger, Grenzgänger, Doppelgänger, Rites de Passage in Bram Stokers Dracula, Berlin, Münster 2006.
SCHLESAK, Dieter, Die Dracula-Korrektur, Ludwigsburg 2007.
SCHLINTER, Isabella Eleonore, Die Gestalt des Vampirs in der zeitgenössischen Kinder- und Jugendliteratur, Diplomarbeit, Wien 2007.
SCHMITT, Jean-Claude, Heidenspaß und Höllenangst. Aberglaube im Mittelalter, Frankfurt am Main u.a. 1993.
SCHNEIDEWIND, Friedhelm, Das Lexikon rund ums Blut. Der rote Lebenssaft in Mystik und Mythologie, Magie und Medizin, Religion und Volksglaube, Legende und Literatur, Berlin 1999.
SCHOEPS, Julius H., „Du Doppelgänger, du bleicher Geselle …“ Deutsch-jüdische Erfahrungen im Spiegel dreier Jahrhunderte. 1700–2000, Berlin, Wien 2004.
ders., Antisemitismus. Vorurteile und Mythen, München u.a. 1995.
SCHOMBURG, Petra, Bram Stokers Vampirroman „Dracula“. Mit Roland Barthes als mythisches System gelesen. In: Script, Nr. 3/1993, 18–21.
SCHROEDER, Aribert, Vampirismus. Seine Entwicklung vom Thema zum Motiv, Frankfurt am Main 1973.
SCHÜRMANN, Thomas, Nachzehrerglauben in Mitteleuropa, Marburg 1990.
SEIPEL, Wilfried und RAUCH, Margot, Dracula. Woiwode und Vampir. Eine Ausstellung des Kunsthistorischen Museums Wien, Schloss Ambras, Innsbruck, 18. Juni – 31. Oktober 2008, Ausstellungskatalog, Wien 2008.
SOMMER-BODENBURG, Angela, Der kleine Vampir, Rheda-Wiedenbrück 2000.
SIEGERIST, Joachim, Der rote Vampir, Bremen 1990.
SÖRRIES, Reiner, Ruhe sanft. Kulturgeschichte des Friedhofs, Kevelaer 2009.
STARR, Douglas, Blut. Stoff für Leben und Kommerz, München 1999.

STEFENELLI, Norbert (Hrsg.), Körper ohne Leben. Begegnung und Umgang mit Toten, Wien u. a. 1998.

ders., Lazaruserfahrungen. Leben nach Rückkehr aus Bereichen des Todes, Wien u. a. 2003.

STOKER, Bram und EIGHTEEN-BISANG, Robert (Hrsg.), Bram stoker's notes for Dracula. A Facsimile Edition, Jefferson u. a. 2008.

STOKER, Bram, KLINGER, Leslie S., The new annotated Dracula, New York u. a. 2008.

STÜLZEBACH, Annett, Vampir- und Wiedergängererscheinungen aus volkskundlicher und archäologischer Sicht. In: Concilium medii aevi (1998), 97–121.

STURM, Dieter und VÖLKER, Klaus, Von denen Vampiren oder Menschensaugern. Dichtungen und Dokumente (= Phantastische Bibliothek, Bd. 306) München 1994.

SUMMERS, Montague, The Vampire. His Kith and Kin, London, 1928.

ders., The Vampire in Europe, London 1996.

TAFERNER, Hedwig, Der Mythos des Vampirs im Wandel der Zeiten und die Darstellung in Literatur und Film, Diplomarbeit, Wien 1997.

THORNE, Tony, Kinder der Nacht. Die Vampire sind unter uns, Berlin 2002.

THUDT, Anneliese, Zum Namen „Dracula". Diskussionsforum. In: Zeitschrift für Siebenbürgische Landeskunde 20 (1997), Heft 2, 186.

TRAUTWEIN, Wolfgang, Erlesene Angst. Schauerliteratur im 18. und 19. Jahrhundert. Systematischer Aufriss, Untersuchungen zu Bürger, Maturin, Hoffmann, Poe und Maupassant, München, Wien u. a. 1980.

TUCZAY, Christa A., Alb – Buhlteufel – Vampirin und die Geschlechter- und Traumtheorien des 19. Jahrhunderts, Wien 2009 (= Digitale Anthologie „Vampirismus" auf http://www.kakanien.ac.at, 13.02.2010).

UNTERHOLZNER, Bernhard, Vampire im Habsburgerreich, Schlagzeilen in Preußen. Zum Nutzen des Vampirs für politische Schmähungen, 2009 (= Digitale Anthologie „Vampirismus" auf http://www.kakanien.ac.at, 13.02.2010).

VLAČIĆ, Vlado, Militärberichte und Vampirmythos, Wien 2009 (= Digitale Anthologie „Vampirismus" auf http://www.kakanien.ac.at, 13.02.2010).

VRONSKY, Peter, Serial Killers. The Method and Madness of Monsters, New York 2004.

WEBER, Albert, Das Projekt des Schäßburger Dracula-Parks: Konkurrenzsituation oder Synthese der Dracula-Mythen?, Diplomarbeit, München 2009.

WERNHART, Karl R., Ethnische Religionen. Universale Elemente des Religiösen, Kevelaer 2004.

WILSON, Katherine M., The History of the Word „Vampire". In: Journal of the History of Ideas, 577–583.

Abbildungsverzeichnis

S. 119: picture-alliance / maxppp © Leemage
S. 127: Christoph Kemkes, Geldern
S. 131: © Iosif Szasz-Fabian – Fotolia.com
S. 143: © http://www.britannica.com/EBchecked/topic-art/566975/118447/Bram-Stoker

In derselben Reihe ebenfalls erschienen:

INGE DEUTSCHKRON

Überleben als Verpflichtung

Den Nazi-Mördern entkommen

240 Seiten
Format: 13 x 21 cm
Gebunden mit Schutzumschlag

ISBN 978-3-7666-1398-1

Die deutsch-israelische Autorin Inge Deutschkron beschäftigt sich in ihren zahlreichen Publikationen mit der Verfolgung von Juden in der Nazi-Zeit und mit ihrer eigenen Situation als Jüdin in Deutschland. Ihr Schicksal als Überlebende sieht sie als Verpflichtung, die dunklen wie auch die lichten Erlebnisse der Vergangenheit gegen das Vergessen wachzuhalten. Nach ihrem Bestseller „Ich trug den gelben Stern", in dem sie ihr Überleben im Berliner Untergrund zwischen 1943 und 1945 schildert, legt Inge Deutschkron in diesem Band nun die Quintessenz ihrer zahlreichen Beiträge aus über fünf Jahrzehnten vor.

„Es gab Menschen, die sahen nicht zu, wie sie uns verfolgten, peinigten, quälten. Sie standen uns bei, halfen uns, versteckten uns, ohne an ihr eigenes Risiko zu denken. Nur wenigen widerfuhr dieses große Glück. Meine Familie sah ich nie wieder. Auch die vielen anderen nicht, die mir Freunde waren. An sie denke ich, wenn ich spreche, wenn ich arbeite, wenn ich mein Leben lebe." *(Inge Deutschkron)*

BUTZON BERCKER

www.religioeses-sachbuch.de
www.bube.de

In derselben Reihe ebenfalls erschienen:

UTE LEIMGRUBER

Der Teufel

Die Macht des Bösen

206 Seiten
Format: 13 x 21 cm
Gebunden mit Schutzumschlag

ISBN 978-3-7666-1358-5

Wer oder was ist der Teufel? Der gehörnte Satan, mit Bocksbeinen und langem Schwanz? Ist er Relikt einer verschrobenen Glaubenswelt? Oder ist er ein Symbol für das Böse an sich, das in seiner Alltäglichkeit und Ungeheuerlichkeit aus unserem Leben nicht wegzudenken ist? Aus der Sicht von Bibel und kirchlicher Tradition ist der Teufel derjenige, der zum Bösen verführt. Doch ist die Rede vom Teufel überhaupt noch zeitgemäß? All diesen Fragen geht das Buch nach und zeigt, wie sich das Böse heute darstellt.

BUTZON BERCKER

www.religioeses-sachbuch.de
www.bube.de

Weitere Titel in dieser Reihe:

LEONARDO BOFF

Die Erde ist uns anvertraut.

Eine ökologische Spiritualität

255 Seiten, Format: 13 x 21 cm, gebunden mit Schutzumschlag

ISBN 978-3-7666-1355-4

LEONARDO BOFF

Tugenden für eine bessere Welt

352 Seiten, Format: 13 x 21 cm, gebunden mit Schutzumschlag

ISBN 978-3-7666-1285-4

In Gemeinschaft mit Publik-Forum Edition

HANNA BARBARA GERL-FALKOVITZ

Frau – Männin – Menschin

Zwischen Feminismus und Gender

286 Seiten, Format: 13 x 21 cm, gebunden mit Schutzumschlag

ISBN 978-3-7666-1313-4

JÜRGEN HOLTKAMP

Verblöden unsere Kinder?

Neue Medien als Herausforderung für Eltern

239 Seiten, Format: 13 x 21 cm, gebunden mit Schutzumschlag

ISBN 978-3-7666-1286-1

HANS KESSLER

Evolution und Schöpfung in neuer Sicht

221 Seiten, Format: 13 x 21 cm, gebunden mit Schutzumschlag

ISBN 978-3-7666-1287-8

MARTIN LOHMANN

Das Kreuz mit dem C

Wie christlich ist die Union?

202 Seiten, Format: 13 x 21 cm, gebunden mit Schutzumschlag

ISBN 978-3-7666-1242-7

HANS MAIER

Mit Herz und Mund.

Gedanken zur Kirchenmusik

231 Seiten, Format: 13 x 21 cm, gebunden mit Schutzumschlag

ISBN 978-3-7666-1318-9